図解 早わかり業界地図2014

ビジネスリサーチ・ジャパン

講談社+α文庫

※図版の社名上下などに付した数字は、但書がない場合、売上高を示しています。原則、連結ベースで、億円未満は切り捨てしています。カッコ内は決算期を示しています。(12.12)なら12年12月期、(13.3)なら13年3月期を意味しています。「予」が入っている場合は、当該企業が発表している予想数値です。各社の事業別売上高は、原則として外部顧客向けの数値です。スペースの関係で社名の一部を省略している場合もあります。「ホールディングス」をＨＤ、「フィナンシャルグループ」ないしは「フィナンシャル・グループ」をＦＧと略している箇所もあります。当該ページの業界関連性が薄い親会社や子会社、海外企業などは社名文字が細かったり、囲みのケイが四角くなっていない場合もあります。データは13年5月25日現在のものです。

はじめに

シェール革命、TPP、円安……激変必至の業界・企業を探る！

　安倍政権の経済政策〝アベノミクス〟に真っ先に反応したのは、為替と株式市場だ。対ドルや対ユーロで円高修正が進み、日経平均株価も上昇。それにともない、12年度の業績を急回復させた企業が目に付く。輸出型企業を中心に、今年度の増収増益を見込む企業も多い。景気浮揚への期待感から、高額品の消費も動き出しているようだ。

　だが、日本は人口減少という、根本的な課題を抱えているのが現実。〝将来の客〟がいないのだ。人口減による国内販売の落ち込みが避けられない以上、企業が海外市場を視野に入れるのは、当然といえば当然のことだろう。

　海外市場では、革命ともいうべき新型ガス「シェールガス」に沸くアメリカ経済の復権に注目が集まる。シェールガス開発地区にあるウォルマート・ストアーズやマクドナルドの店員のバイト代は、他地区に比べて2倍以上に上昇しているなど米国の友人が伝えてくれた。好調な自動車販売や住宅新設の回復など米国ではすでに、シェール革命効果が数字に表れてきた。もともと、米国は世界最大の経済大国。世界全体の

GDP（国内総生産）の2割強を占める。米国がリーマンショックによる低迷から復活してくれば、世界経済やグローバル企業の勢力図が大きく変わることは確実だ。米国企業が安価なエネルギーを手に入れることで、ハンデを背負うことになる日本企業や産業が出てくるのは必至。一方で、米シェール革命の波に乗り収益を拡大する企業も出現するはずだ。TPP（環太平洋経済連携協定）参加や円安や円高の為替にしても、追い風を受ける企業と向かい風を受ける企業に分かれる。海外移転を進めてきた企業にとっては、過度の円安は減益要因にもなりかねない。グローバル化を進めれば進めるほど、新興国を含めた世界経済の影響は避けがたいのだ。

本書は2550社を超える企業を掲載し、情報量では類書で随一であると自負している。激動が不可避の日本企業。業界や企業の動向を調べるための基本書として、本書を手にしていただけたら幸いだ。

2013年6月

ビジネスリサーチ・ジャパン代表　鎌田正文

目次●図解 早わかり 業界地図2014

Part 1 シェール革命、TPP、環境、官民ファンド、海外M&A……「注目業界」

- 自動車・二輪車 ………… 10
- 化学 ………… 16
- 農業 ………… 22
- 生命保険 ………… 26
- プラント・環境浄化ビジネス ………… 30
- 水ビジネス ………… 32
- 官民ファンド ………… 36
- 海外M&A ………… 40

Part 2 健康・美・飲料食品・外食

- 医薬品 ………… 46
- 医療機器 ………… 52
- 化粧品・トイレタリー ………… 54
- フィットネスクラブ ………… 56
- ビール・ノンアルコール飲料 ………… 58
- 調味料・食用油・製粉・パン・即席メン・製菓 ………… 62
- 食肉加工・乳製品・精製糖・水産物・冷凍食品 ………… 66
- 外食 ………… 70

Part 3 電機・機械

電機 78
スマホ・タブレット・パソコン・デジカメ 82
液晶テレビ・パネル 84
事務・精密・計測・制御機器 86
造船・重機 90
建設鉱山機械・産業用車両 92
航空宇宙 94
鉄道車両 96
工作機械・産業用ロボット 98

Part 4 部品・半導体・素材

半導体 104
電子部品 108
自動車部品 110
ガラス・セメント 114
タイヤ・ゴム 116
繊維 118
鉄鋼 120
非鉄金属・製錬 122
紙・パルプ 124

Part 5 社会インフラ・エネルギー

空運 130
海運 132
鉄道 134

物流	136
建設	140
不動産	142
住宅・マンション	144

Part 6 サービス・レジャー

冠婚葬祭	166
介護サービス	168
教育サービス	170

Part 7 通信・IT・ネット・コンテンツ・広告

通信	186
ITサービス	190
インターネットビジネス	192

住宅回り	146
電力設備	148
電力・ガス	150
石油	152
太陽電池・風力発電・家庭用燃料電池	156
リチウムイオン電池	160

企業サポート・人材サービス	172
賃貸仲介・駐車場	174
ホテル	176
旅行代理店	180
レジャー施設	182

ゲーム・玩具	198
音楽・芸能	200
映画・アニメ	202
広告	204
テレビ局・新聞社	206

Part 8 流通・商社

- スーパー・コンビニ … 212
- 百貨店 … 220
- 通販・宅配 … 222
- ファッション・アパレルショップ … 226
- 家電量販店・100円ショップ … 232
- ドラッグストア・調剤薬局 … 234
- ホームセンター・ディスカウントショップ・カー用品 … 236
- 雑貨・インテリア・家具 … 238
- 専門商社 … 240
- 総合商社 … 244

Part 9 金融

- 地方銀行 … 250
- 中堅・ネット・新銀行 … 254
- メガバンク … 256
- リース … 258
- 損害保険 … 262
- 証券・投資銀行 … 264
- みずほFG … 266
- 三井住友FG … 268
- 三菱UFJFG … 270

コラム 主要企業の社内取締役年俸推移 … 44　76　102　128　164　184　210　248

企業索引 … 272

Part 1

シェール革命、TPP、環境、
官民ファンド、海外M&A……

「注目業界」

自動車・二輪車

シェール革命の米国で、収益拡大を実現する自動車各社

12年(暦年)の国内乗用車メーカー8社合計の世界販売台数は2400万台超だったが、シェール革命による米国の復権、経済回復が確実になれば、わが国の自動車メーカーにとってはさらなる収益拡大のチャンスだ。とくに、北米での稼ぎが大きい**トヨタ自動車**や**ホンダ**、それに**富士重工業**などに追い風が吹く。日本がTPPに参加しても、米国が日本からの輸出車にかける関税(トラック25%、乗用車2・5%)は当面維持されるようだが、円安で推移すればある程度のカバーは可能。米国では比較的利幅が大きいクルマが売れるということもあり、早くから北米市場を開拓してきた国内各社は、中国や新興国よりも稼ぎやすいという点も見逃せない。

トヨタでいえば、世界販売台数の4分の1は北米であり、日本からの輸出総台数の4割近くは北米向けだ。営業利益の2割弱も北米で稼ぎ出す。トヨタの得意市場はアジア、それに北米だ。「F1」に復帰するホンダはトヨタ以上に北米に事業をシフトしており、世界販売および世界生産の5割弱が北米、営業利益も北米で4割近く稼ぐ。

Part 1 「注目業界」

〈北米で稼ぐ国内大手3社〉

(数値は12年度。カッコ内は全体に占める割合)

ホンダ
〈北米売上高〉
4兆6123億円(46.7%)
〈北米営業利益〉
2089億円(38.3%)
〈日本売上高〉
1兆9253億円(19.5%)
〈日本営業利益〉
1784億円(32.8%)
〈四輪車輸出台数割合〉
18.6%

日産自動車
〈北米売上高〉
3兆4522億円(35.8%)
〈北米営業利益〉
1773億円(33.8%)
〈日本売上高〉
2兆922億円(21.7%)
〈日本営業利益〉
2057億円(39.3%)
〈四輪車輸出台数割合〉
57.3%

トヨタ自動車
〈北米売上高〉
6兆1678億円(27.9%)
〈北米営業利益〉
2219億円(16.8%)
〈北米四輪車生産台数〉
167.6万台(19.2%)
〈北米四輪車販売台数〉
246.8万台(27.8%)

〈輸出〉
トヨタ自動車単体の
輸出台数の
約37%
が北米向け

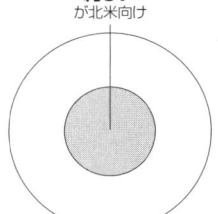

グループ輸出台数
202万台
国内生産台数に
占める割合**47.3%**

[生産台数]
全体
971.9万台

〈日本国内〉
427万台
全生産台数の
44.0%

〈海外〉
544万台
全生産台数の
56.0%

[工場等の資産価値]
全体
6兆2353億円

〈日本国内〉
2兆9819億円
全体の
47.8%

〈海外〉
3兆2533億円
全体の
52.2%

また、トラックやバスを含めた12年の国内各社合計の国内生産台数994万台（軽を除く）のおよそ半分が輸出であり、その輸出の4割は北米。北米、とりわけ米国は、国内各社にとってはドル箱なのである。カントリーリスクも少ない。

懸念材料は、販売台数の下降傾向がはっきりしている国内市場と、尖閣問題に端を発する中国での日本車販売不振、それに欧州の経済低迷だ。新興国シフトが目立つ**日産自動車**にとっては、連合を組むルノーの動向が気になるところ。その日産・ルノーは、ロシア最大手のアフトワズを傘下に収める予定で、約3割のシェアを握るという同国市場でのさらなる拡大を目指す。ロシアを重要市場と位置づけ、PSAと合弁工場を立ち上げている**三菱自動車**は、現地の販売会社に資本参加。米国本土での四輪事業からの撤退を選択した**スズキ**は、トップシェアを維持しているインドでの生産増強に加え、ベトナムやミャンマーでも四輪車の生産販売を本格化する予定だ。

マツダはフィアットのスポーツ車を本社工場で生産するなど同社と提携、メキシコ工場ではトヨタ車の生産も手がける。究極のエコカーとされる燃料電池車では、「トヨタとBMW」「日産・ルノー、フォード、ダイムラー」が、それぞれ提携。

Part 1 「注目業界」

〈主要各社の世界販売台数と経営成績〉

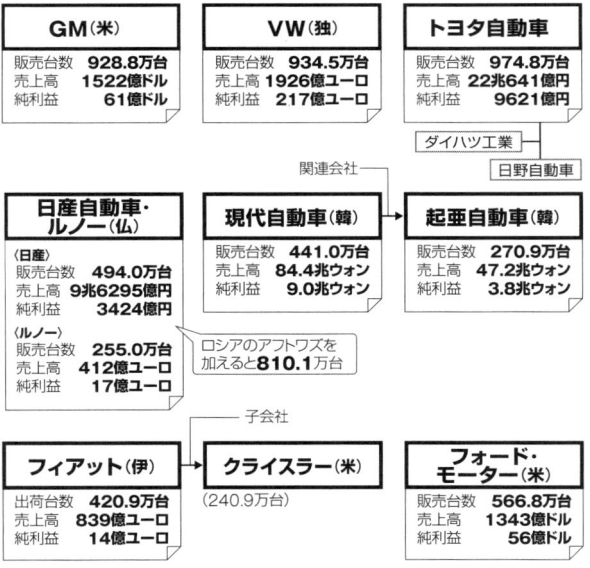

社名	売上高	純利益	販売台数
ホンダ	9兆8779億円	3671億円	381.7万台
スズキ	2兆5783億円	803億円	267.9万台
マツダ	2兆2052億円	343億円	124.9万台
三菱自動車	1兆8151億円	379億円	110.7万台
富士重工業	1兆9129億円	1195億円	73.5万台
PSA(仏)	554億ユーロ	赤字50億ユーロ	282.0万台
ダイムラー	1142億ユーロ	60億ユーロ	219.8万台
BMW(独)	768億ユーロ	51億ユーロ	184.5万台

(国内メーカーの売上高、純利益は13年3月期。販売台数や海外勢の数値は12年暦年)

13

〈国際的な主な資本・提携関係〉

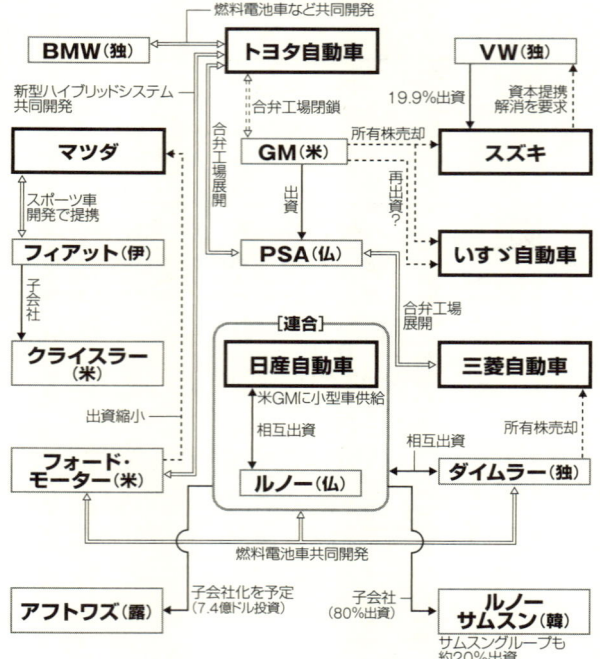

〈国内大手3社の14年3月期予想〉

(単位：億円)

	トヨタ自動車	ホンダ	日産自動車
売 上 高	220641→235000	98779→121000	96295→103700
設 備 投 資	8527→9100	5936→7000	5245→5700
減価償却費	7273→7500	2866→3600	3158→3500
研究開発費	8074→8900	5602→6300	4699→5200
世界販売台数	969(万台)→1010(万台)	401(万台)→443(万台)	491(万台)→530(万台)

Part1 「注目業界」

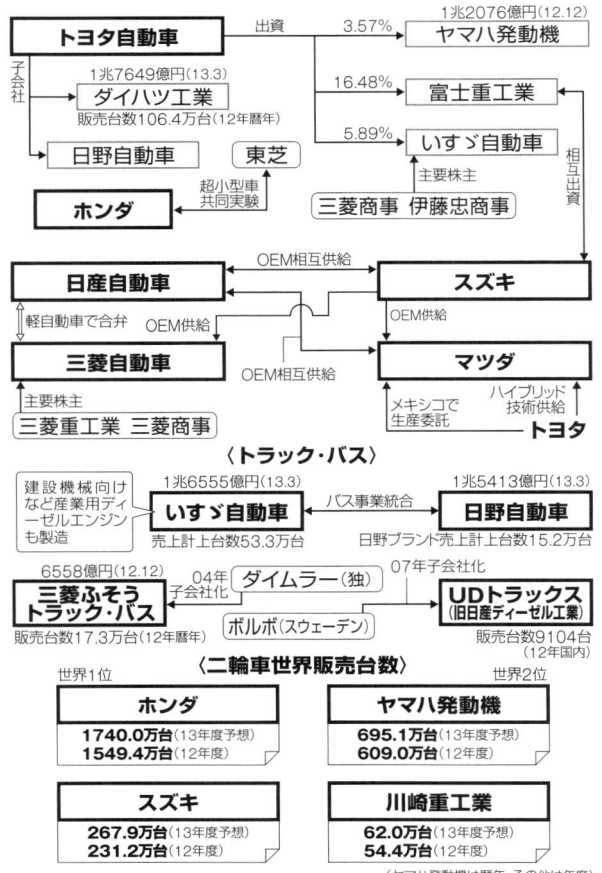

化学

塩ビ世界一の米国工場を持つ信越化学、シェール革命の恩恵は？

米シェール革命の恩恵を受ける日本企業の代表格は**信越化学工業**だろう。同社が米国で1974年に操業を開始した塩化ビニル製造のシンテックは今や、世界最大の塩ビメーカーに成長。世界化学大手のダウ・ケミカルから原料を調達する一方で、一貫生産体制も強化しており、11年には約1000億円を新たに投じ、原料を生産する第2工場を完成させている。

基本的に、工場などの設備は、年々資産価値が下がってくるものだが、左ページにあるようにシンテックのそれは右肩上がり。追加投資が実行されていることを示す。

そのシンテックは、従業員数こそ国内の直江津工場を下回るが、現在の工場等資産価値は直江津工場の6倍を超す規模だ。信越化学全体でも、シンテックを含め海外工場等の資産価値はすでに、国内を上回っているほどだ。

シンテックの12年12月期の純利益は296億円（前期比2・2倍）。シェール革命の進行にともなう米国の住宅着工件数が今後増加に転じれば、塩ビの需要拡大・業績伸

Part1 「注目業界」

[注目業界]

〈信越化学工業〉

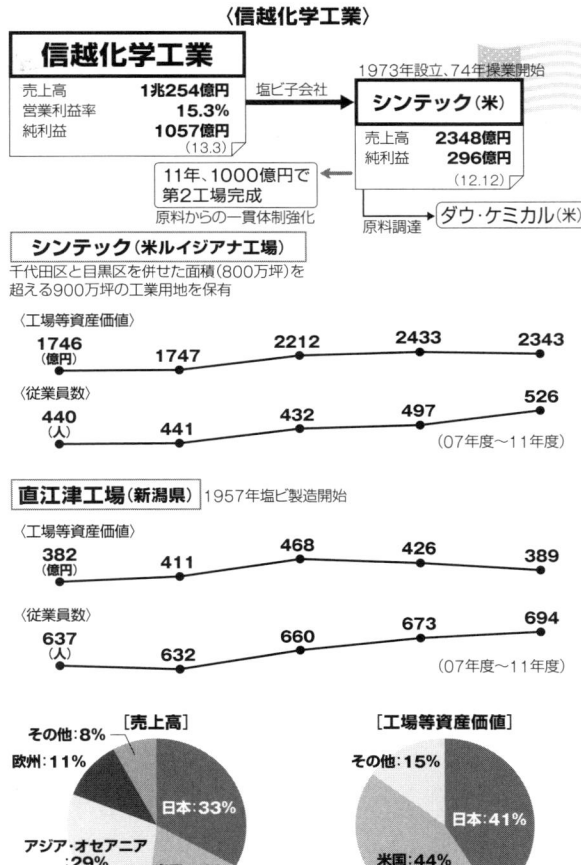

張も見込めるはず。エネルギー価格や原材料の調達などコスト面でもシェール革命の恩恵を受ける可能性が高い。シェールガスや石油掘削用のPGA樹脂を手がける**クレハ**も米国に製造プラントを建設、シェールガスの流れに乗って売上増を見込む。

ダウ・ケミカルや**エクソン・モービル**など、割安のシェールガスを利用したエチレンプラントや化学工場の新設計画が相次ぐ米国とは対照的に、厳しい局面を迎えようとしているのが、国内の石油化学各社が手がけるエチレンプラントだ。鉄鋼でいえば高炉に相当する、石油化学の象徴。すでに**三菱化学**と**旭化成**などが一体運営に転じているが、過剰設備と高コストは明らか。**住友化学**は国内のエチレン生産から撤退し、すでに稼働しているサウジアラビアの合弁プロジェクトに新たに約70億ドルを投資する予定。**出光興産**も08年から検討を進めていた**三井化学**などとのベトナムでの「製油所・石油化学コンプレックス」建設を決断。投資額は90億ドルを予定し、13年夏から建設に入る。出光興産は米国での石油化学コンビナート建設も視野に入れる。

化学は40兆円産業とされ、各社は付加価値の高い高機能化学品や最先端の電子材料で存在感を示してきたが、米国発シェール革命によって大転換期を迎えるようだ。

18

Part1 「注目業界」

「注目業界」

〈クレハの米国工場〉

クレハ		
売上高	**1305億円**	
営業利益率	**6.4%**	
純利益	**32億円**	
	(13.3)	

→ PGA(ポリグリコール酸)樹脂を世界で最初に工業化

用途 ↓

シェールガス・石油掘削用

米国にPGA製造プラント

約170億円投資

→ クレハPGA(米)

本格稼働へ

〈国内のエチレンプラント〉

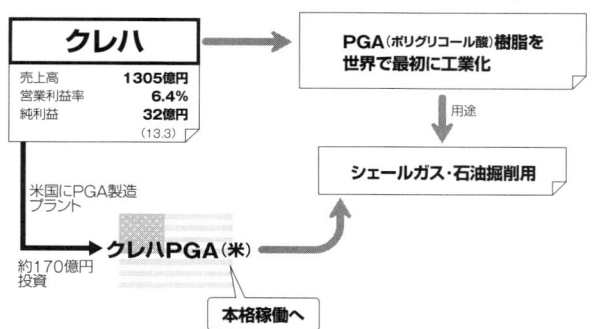

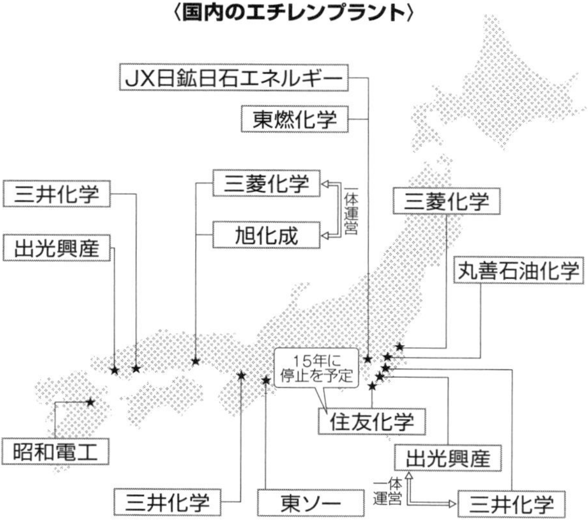

- JX日鉱日石エネルギー
- 東燃化学
- 三井化学
- 出光興産
- 三菱化学 ┐ 一体運営
- 旭化成 ┘
- 三菱化学
- 丸善石油化学
- 15年に停止を予定
- 住友化学
- 昭和電工
- 三井化学
- 東ソー
- 出光興産 ┐ 一体運営
- 三井化学 ┘

19

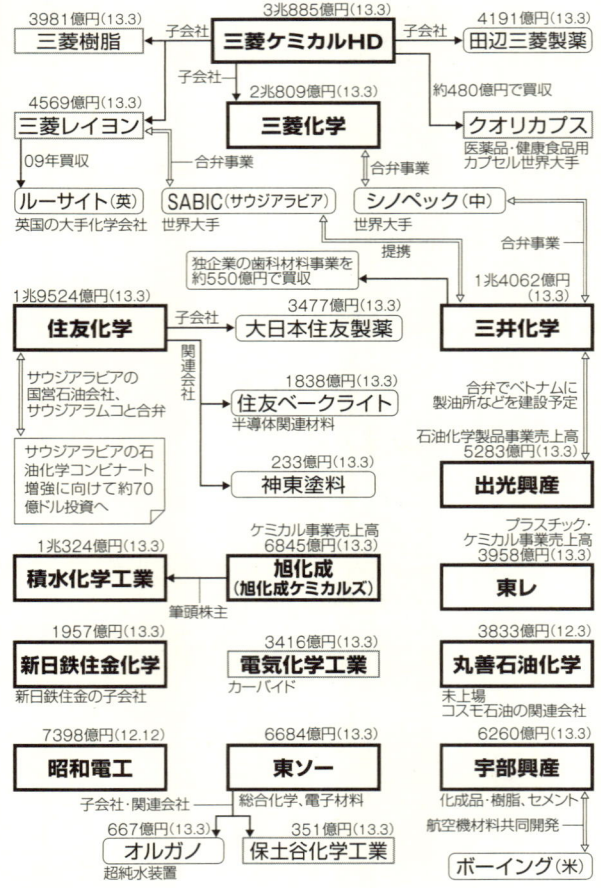

Part 1 「注目業界」

〈基礎・機能性化学〉

4646億円(13.3)
日立化成
電子材料、自動車部品

4764億円(13.3)
カネカ
医薬品、化成品、機能性樹脂

4679億円(13.3)
三菱ガス化学
メタノール、キシレン

3694億円(13.3)
クラレ
化成品、樹脂、繊維
液晶TV用光学フィルム
各種カラム
自動車窓ガラス用フィルム

3585億円(13.3)
ダイセル
セルロース、合成樹脂
各種カラム

3714億円(13.3)
JSR
合成ゴム、電子材料
関連会社
↓
32億円(13.1)
トリケミカル研究所
高純度化学薬品

2586億円(13.3)
トクヤマ
塩ビ、多結晶シリコン

2695億円(13.3)
日本触媒
機能性化学品

2507億円(13.3)
日本ゼオン
合成ゴム

1848億円(13.3)
ADEKA
化学品、マーガリン

1482億円(12.12)
東亞合成
「アロンアルファ」

1538億円(13.3)
日産化学工業
電子材料、農薬

1275億円(13.3)
日本曹達
工業薬品、農業化学

1399億円(13.3)
ニフコ
合成樹脂、英字紙

1426億円(13.3)
三洋化成工業
界面活性剤

1004億円(13.3)
石原産業
酸化チタン、農薬

919億円(13.3)
日本合成化学工業
合成樹脂

899億円(13.3)
日本パーカライジング
金属表面処理剤

831億円(13.3)
ダイソー
基礎・機能化学品

361億円(13.3)
太陽HD
フラットパネル用
部材

〈インキ・塗料・工業ガス・火薬〉

7037億円(13.3)
DIC
インキ
大日本印刷と国内印刷
インキ事業統合

2486億円(13.3)
東洋インキSC HD
印刷インキ
↑
資本提携

1230億円(13.3)
サカタインクス
印刷インキ

2940億円(13.3)
関西ペイント
塗料

2333億円(13.3)
日本ペイント
塗料

836億円(13.3)
中国塗料
塗料

4683億円(13.3)
大陽日酸
産業ガス
三菱ケミカルHD系

5400億円(13.3)
エア・ウォーター
産業ガス

1519億円(13.3)
大日精化工業
顔料

1488億円(13.3)
日油
火薬、油脂

1471億円(12.5)
日本化薬
火薬

1189億円(13.3)
高砂香料工業
香料世界大手

〈世界大手〉

721億ユーロ(12.12)
BASF(独)

567億ドル(12.12)
ダウ・ケミカル(米)

348億ドル(12.12)
デュポン(米)

21

農業

どうなるTPP問題、日本の農業の未来は?

TPPの参加交渉では、各国の主張がぶつかり合う。米国は日本の輸出トラックにかけている関税25%の現状維持を主張。日本側では農業問題に注目が集まる。

農家から集荷する農作物の取扱高(販売高)はおよそ4兆円規模、農家への肥料や農機具などの販売額が約3兆円の巨大組織であるJAグループを中心に「関税の自由化で農業は壊滅、国内生産が失われる」という主張も根強い。たとえば、778%という高い関税率が撤廃されるとコメの生産量は90%減、サトウキビなどの甘味資源作物は国内生産量がゼロになるという。

一方では、世界的な人口増加にともなう食糧不足が懸念されており、農業が将来的な成長期待産業であるのも事実。そのため政府は「農林漁業成長産業化支援機構」を立ち上げ、守りから攻めの農業に転換。強い農家の育成を進める方針だ。

その強い農家の代表といえば、日本一の米づくり集団である大潟村あきたこまち生産者協会(秋田県)だろう。同協会は、年商40億円を超える米作会社であり、事業会

Part 1 「注目業界」

[注目業界]

〈農林水産業基本データ〉

農業総産出額:8兆2463億円

〈米〉 1兆8497億円
〈野菜〉 2兆1343億円
〈畜産〉 2兆5509億円 など

農家:253万戸　農業就業人口:251万人

漁業生産額:1兆4210億円
漁業就業者:17.8万人

林業産出額:4166億円
林家戸数:91万戸　林業就業者:6.9万人

農林水産物輸入額:8兆652億円
農林水産物輸出額:4511億円

(10年から11年のデータ)

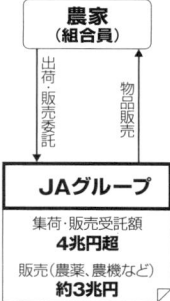

農家(組合員)

出荷・販売委託 ↓　↑ 物品販売

JAグループ

集荷・販売受託額 **4兆円超**
販売(農薬、農機など) **約3兆円**

〈上場農林・畜産関連企業〉

484億円(13.3)
ホクト
ブナシメジ、エリンギ

514億円(12.5)
カネコ種苗
種子、苗、球根

469億円(12.5)
サカタのタネ
種子、球根、苗木

265億円(13.3)
雪国まいたけ
まいたけ、エリンギ

205億円(13.3)
タカラバイオ ← 子会社 ─ **宝HD**
遺伝子工学、きのこ

152億円(12.6)
アクシーズ
鶏肉

主要販売先 → **三菱商事**(日本KFC)

42億円(13.3)
秋川牧園
鶏肉、鶏卵

35億円(12.6)
ホープ
いちご

35億円(12.10)
ベルグアース
野菜苗

カゴメ ─ 生鮮野菜事業「こくみ」ブランド売上高 **89億円**

農業部門黒字化(12年度)
ワタミ
居酒屋チェーン

イオン
イオンアグリ創造

セブン&アイHD
セブンファーム

ローソン
ローソンファーム

キユーピー
植物工場「TSファーム」

8451億円(13.3)
住友林業
住宅、山林事業

社有林保有国内トップ
王子HD
19万ha (大阪府の面積に相当)

23

社だ。個人産直顧客と業務用顧客を合計すれば2万件は優に超える。生産者は約110人。全国的には高齢化にともなう後継者不足が指摘されているが、こまち協会の生産者には無縁の話。農業が事業として成り立てば、子どもも仕事を継ぐということだ。

ただし、こまち協会は例外中の例外。農業のビジネス化は容易ではない。農業生産法人を設立したり、植物工場などで農業に参入する企業が相次いでいるが、カゴメのように本格的な展開ができている企業は少数派。同社は、生鮮トマトの生産を「生鮮野菜事業」として、売上高（12年度は89億円）を開示しているほどだ。

そもそも、輸入の自由化が進んできたことで、農林水産物の輸出を1兆円に増額させるのが政府の目標だが、原発事故のため日本産の輸入を制限している国も少なくない。世界的な日本食ブームにのって農産物の輸出は圧倒的な輸入超過になっているのが現実だ。

い。ホクトやサカタのタネ、カネコ種苗、日本KFC（ケンタッキー・フライド・チキン）向け販売が多いアクシーズ、生活協同組合を主要顧客とする秋川牧園など、農林・畜産を専業としている上場企業、農薬や肥料を手がける化学会社や農機具メーカー、それに総合商社を含め、農業や食料への取組みが注目される。

24

Part1 「注目業界」

〈農薬〉

肥料事業統合

1兆9524億円(13.3)	1兆4062億円(13.3)	1538億円(13.3)
住友化学	**三井化学** ⇔	**日産化学工業**
	コメ種子事業も展開	

1275億円(13.3)	1004億円(13.3)	440億円(12.10)
日本曹達	**石原産業**	**クミアイ化学工業**

422億円(12.9)	398億円(12.11)	269億円(12.10)
日本農薬	**北興化学工業**	**イハラケミカル工業**

119億円(12.12)	113億円(13.3)	103億円(12.12)
アグロカネショウ	**理研グリーン**	**エス・ディー・エス バイオテック**
	緑化関連材中心	出光興産の子会社

〈肥料・飼料関連〉

1364億円(13.3)	1272億円(13.3)	865億円(13.3)
中部飼料	**協同飼料**	**日本配合飼料**

462億円(13.3)	401億円(13.3)	332億円(12.12)
日和産業	**朝日工業**	**多木化学**
肥料・飼料	肥料 鉄鋼が主力	肥料

214億円(13.3)	203億円(13.3)	172億円(12.9)
コープケミカル	**片倉チッカリン**	**日東エフシー**
肥料	肥料・飼料 丸紅の関連会社	肥料

〈農業機械・資材〉

5511億円(12.3)	1兆1676億円(13.3)	1556億円(13.3)
ヤンマーHD	**クボタ**	**井関農機**
未上場 農業機械	農業機械	農業機械

472億円(12.12)	309億円(12.9)	890億円(13.3)
片倉工業	**丸山製作所**	**やまびこ**
農業機械	防除機	噴霧機

52億円(13.3)	61億円(13.3)	
タカキタ	**ネポン**	**ホンダ**
土づくり作業機	施設園芸用機器	耕運機、草刈機

4342億円(13.2)	2849億円(13.2)	3192億円(13.3)	
DCM HD	**コーナン商事**	**コメリ**	園芸・農業用品売上高 **688億円**
ホームセンター	ホームセンター	ホームセンター	

25

生命保険

TPP参加交渉で「かんぽ生命」が取引材料に！

TPP参加を巡る日米間の事前協議では、農業問題と並んで保険分野が争点になった。参加国圏内での自由貿易を目指すTPPだが、一方で自国の国内産業や企業を守ることも重要なテーマ。米国は日本における保険の現状を維持すべく、主張を強めたはずだ。結局、**かんぽ生命**のがん保険など第3分野への参入は、見送ることでTPPの日米事前協議は決着。本交渉に入る。

たとえば、**アフラック**（アメリカンファミリー生命）。同社の12年度収益は253億ドル。1ドル95円で換算すれば約2兆4000億円だが、そのうち日本での収益は1兆9000億円。実に収益の79％は日本であげていることになる。総資産12兆4450億円のうち日本での資産は約10兆8000億円と、こちらの日本比率はおよそ86％だ。アリコを買収した**メットライフ**や日本で生保会社を3社擁する**プルデンシャル**にしても事業に占める日本の割合は高い。国内における保険料収入でも、プルデンシャルやアフラック、メットライフアリコは、上位にランクインしている。

26

Part 1 「注目業界」

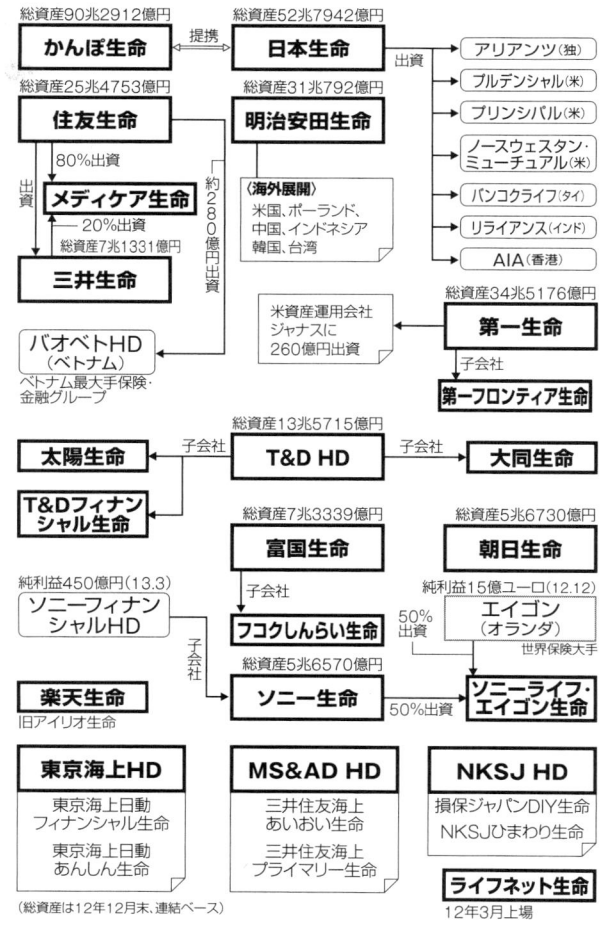

(総資産は12年12月末、連結ベース)

米系保険会社が日本で事業を拡大してきた背景には、日本の金融当局の意向や指導があった。商品開発力に勝る外資系から国内保険会社を守るために、日本の金融当局は、外資系が新商品を企画開発しても国内各社の態勢整備を待つなど、認可までに時間をかけた時代があり、国内各社は死亡保険中心、第3分野は外資系と棲み分けできた経緯がある。米国の医療制度は、公的保険は限定的で、民間保険が中心であることから、商品開発力では圧倒的な差があった。

もちろん、今日では国内各社も守勢一方ではない。**住友生命**はベトナム最大手の保険・金融グループ、**第一生命**は米国の資産運用会社に出資したように、大手を中心に海外展開を加速。海外企業への資本参加で他社に先駆けている**日本生命**は、プルデンシャルやアリアンツなど、欧米保険大手にも出資をしているほどだ。

日本は米国に次ぐ世界2位の保険市場だが、人口減少にともなう加入者減が確実であることに加え、バブル期の高利回り契約という〝負の遺産〟がない身軽な損保系生保の台頭もあって、国内大手が経営の軸足を海外に移す動きは止まらないだろう。アイリオ生命は、楽天の子会社になり、**楽天生命**に商号を変更している。

28

Part 1 「注目業界」

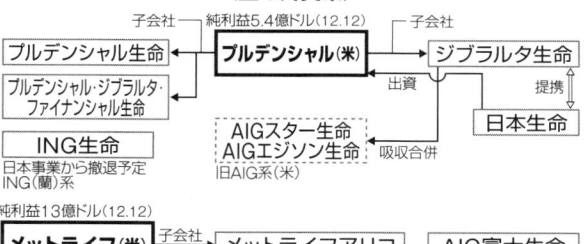

〈主な外資系〉

```
                    子会社 ─ 純利益5.4億ドル(12.12)    ─ 子会社
   プルデンシャル生命 ←─────── プルデンシャル(米) ───────→ ジブラルタ生命
   プルデンシャル・ジブラルタ・                出資               提携
   ファイナンシャル生命                                        日本生命

   ING生命              AIGスター生命
   日本事業から撤退予定    AIGエジソン生命   吸収合併
   ING(蘭)系             旧AIG系(米)

純利益13億ドル(12.12)      子会社
   メットライフ(米) ───────→ メットライフアリコ    AIG富士生命
                                 旧AIG系(米)       米AIG系 旧富士生命

              純利益41億ユーロ(12.12)
   アクサ生命 ←─── 子会社 ─── アクサ(仏) ─── 子会社 ──→ ネクスティア生命
                                                      アクサダイレクト生命に
                                                      商号変更
```

〈各社の保険料等収入〉

(12年4月~12月の累計。太字は基本的に連結。※は子会社単体ベースの単純合算)

社名	金額	社名	金額
かんぽ生命	**4兆9385億円**	**三井生命**	**4187億円**
日本生命	**3兆7949億円**	**東京海上HD**	**※4060億円**
明治安田生命	**2兆7609億円**	あんしん	3986億円
第一生命	**2兆5519億円**	フィナンシャル	74億円
住友生命	**2兆2873億円**	**マニュライフ**	**3626億円**
プルデンシャル	**※2兆8826億円**	**朝日生命**	**3504億円**
ジブラルタ	1兆5351億円	**NKSJ HD**	**※2712億円**
ファイナンシャル	9030億円	ひまわり	2683億円
プルデンシャル	4444億円	損保ジャパンDIY	28億円
アフラック	**1兆5100億円**	**ING生命**	**1905億円**
T&D HD	**1兆4303億円**	**マスミューチュアル**	**1778億円**
太陽生命	7657億円	**オリックス生命**	**951億円**
大同生命	5484億円	**ハートフォード**	**771億円**
T&Dフィナンシャル	1153億円	**AIG富士**	**517億円**
メットライフアリコ	**1兆0704億円**	**ソニーライフ・エイゴン**	**274億円**
ソニー生命	**6574億円**	**カーディフ**	**255億円**
富国生命	**6491億円**	**楽天生命**	**200億円**
MS&AD HD	**※6520億円**	**PCA**	**95億円**
プライマリー	3499億円	**チューリッヒ**	**74億円**
あいおい	3020億円	**クレディ・アグリコル**	**62億円**
アクサ	**※5246億円**	**ライフネット生命**	**43億円**
アクサ生命	5232億円	**みどり生命**	**36億円**
アクサダイレクト	14億円	**アリアンツ**	**1.3億円**

プラント・環境浄化ビジネス

アルジェリア人質事件の日揮、受注残高は売上高の2.4年分！

13年1月、**日揮**が手がけていたアルジェリアのプラント建設現場で人質事件が起こり多数の犠牲者が出た。同社はLNG（液化天然ガス）プラントなどの建設を請負うのが主力業務。北米のシェールオイルでは生産開発事業にも参画。中東などの海外売上高比率が7割を超えるように、常にカントリーリスクにさらされる企業でもある。

日揮、**千代田化工建設**、**東洋エンジニアリング**の専業3社は、世界的な資源開発の拡大という追い風を受けて業績が堅調に推移。日揮と千代田化工建設が韓国企業などとともに、出光興産が主体となって進めるベトナムの製油所・石油化学コンプレックスプロジェクト（総投資額約90億ドル）を受注したように、各社とも受注を積重ねており、日揮でいえば、受注残高は年間売上高のほぼ2.4倍に達するほど好調である。

13年の春先に中国の大気汚染が問題になったが、工業化・都市化を急ピッチで進める新興国は同時に、環境問題に直面するのは必然。日本企業は大気汚染やごみ問題の解決技術を持っているだけに、活躍場面は大きいはずだ。

Part 1 「注目業界」

「注目業界」

日揮 6246億円
受注残高1兆5141億円

千代田化工建設 3989億円
三菱商事の関連会社

東洋エンジニアリング 2287億円
三井物産の関連会社

機械・鉄構事業売上高 4760億円
三菱重工業
廃棄物処理・排ガス処理装置

プラント・環境事業売上高 1158億円
川崎重工業
ごみ焼却・水処理プラント

環境・プラント事業売上高 785億円
住友重機械工業
大気汚染防止設備
排水処理施設

社会基盤事業売上高962億円
IHI

エンジニアリング事業売上高722億円
三井造船
バイオマス利活用
汚泥処理施設

環境プラント事業売上高 1810億円
日立造船
ごみ焼却・水処理システム

エンジニアリング事業売上高2482億円
新日鉄住金
環境プラント

エンジニアリング事業売上高2568億円
JFE HD
エネルギー・都市環境

統合報道

神鋼環境ソリューション 726億円
神戸製鋼所の子会社
ごみ焼却・溶融施設

火力発電事業統合へ

日立製作所
プラント事業

東芝プラントシステム 1728億円(13.3)
東芝の子会社

三菱電機
重電事業

クボタ 1兆1676億円
汚泥焼却・溶融装置
下水処理装置

横河電機 3478億円
プラント制御機器

横河ブリッジHD 887億円
橋梁事業

筆頭株主

荏原 4263億円
ごみ焼却プラント
水処理施設

機工事業売上高1666億円
山九
物流が主力

太平工業 1307億円
エンジニアリング事業

三機工業 1546億円
下水処理設備
汚泥焼却設備

タクマ 963億円
廃棄物処理プラント

月島機械 798億円
廃棄物処理プラント

島津製作所 2640億円
環境測定機器

極東開発工業 767億円
ごみ処理施設

イビデン 2859億円
排ガス浄化装置

日本ガイシ 2527億円
排ガス浄化装置

堀場製作所 1176億円(12.12)
排ガス測定装置

環境・リサイクル事業売上高667億円
DOWA HD
貴金属リサイクル

アミタHD 44億円(12.12)
廃棄物再資源化

(但書がないものは13年3月期売上高)

31

水ビジネス

東京都や北九州市が水ビジネスで海外展開へ

　地球は"水の惑星"といわれるほど水が豊富だが、その97％強は海水というのが定説。そのため、新興国や途上国の経済発展、人口増による世界的な"水不足"の深刻化が懸念されている。水の安全性も不可欠だ。日本人が海外旅行で直面する問題のひとつが水の衛生面。国内ではごく当たり前の水道水の飲用で体調を崩す例が少なくない。配管からの漏水など、上下水道設備が未整備の国もまだまだ残る。

　海水の淡水化、下水の高度処理によるトイレや噴水、工場用水などへの再利用、上下水道の運営といった、いわゆる"水ビジネス"が将来的には100兆円に達する成長市場とされる所以(ゆえん)だ。

　国際的な水ビジネスで先行しているのは、海水淡水化や排水浄化装置に不可欠な「ろ過膜」を手がけている企業。「高分子化学」や「成膜技術」を応用して開発したものだが、**日東電工、東レ、東洋紡、旭化成、三菱レイヨン**などが世界大手として、中東やアジアを中心に受注実績を重ねている。耐震性・耐腐性に優れた上下水道管、ポ

32

Part 1 「注目業界」

[注目業界]

〈国内各社の海外展開と世界水メジャー〉

〈英国〉
住友商事
水道会社を買収

伊藤忠商事
水道会社に20%出資

〈韓国〉
旭化成
下水処理施設向けのろ過膜受注

三菱レイヨン
排水処理施設向けのろ過膜受注

〈サウジアラビア〉
東洋紡
海水淡水化用のろ過膜受注

〈アラブ首長国連邦〉
東レ
海水淡水化用のろ過膜受注

〈中国〉
三井物産
シンガポール企業と組み中国で水事業に参入

151億ユーロ(12.12)
スエズ・エンバイロメント(仏)
世界水メジャー

294億ユーロ(12.12)
ヴェオリア・エンバイロメント(仏)
世界水メジャー
松山市の水道事業受託

〈モルディブ〉
日立製作所
上下水道事業に参入

〈インド〉
日立製作所
海水淡水化プロジェクトへの給水契約締結

〈フィリピン〉
丸紅
サービスエリア内の人口規模では世界最大の上下水道会社に資本参加(20%)

〈豪州〉
三菱商事
日揮、産業革新機構などと水道会社を買収

〈台湾〉
東京都
2事業者と技術協力等に関する覚書締結

〈マレーシア〉
東京都
下水道整備を進める合弁会社を設立

〈シンガポール〉
日東電工
水処理事業で地元企業と提携

日立製作所
水処理膜企業を買収

〈タイ〉
東京都
タイでの水道事業を担うため現地企業と合弁

〈カンボジア・インドネシア〉
北九州市
下水道整備計画等策定業務を受注

33

ンプ、浄化槽など機器・装置類で高い技術力を発揮している国内企業も少なくない。常に指摘される国内勢の課題は、水処理施設の維持・運営・管理システムまでを手がける総合的な運用力。施設を保有する国・地方自治体と契約を結びサービスを提供するか、施設建設など事業そのものに参画・投資する代わりに長期契約でサービスを提供する、というのが主なビジネスモデルだ。

"水世界メジャー"と呼ばれるスエズ・エンバイロメントのフランス企業は、欧州にとどまらず全世界的に自治体や民間企業を顧客に、上水・下水処理施設の運転維持管理事業などを展開。売上規模が3兆円を超すヴェオリアのグループ会社、ヴェオリア・ウォーターは、松山市の水道事業を受託。スエズも豪州や北米などの売上高が欧州（フランスを除く）とほぼ同額での推移になっているように、世界規模で事業を展開している。

それに対して、**東京都**や**北九州市**といった地方自治体の海外展開は、ようやくスタートを切った段階。**住友商事**が約66万人に上水の供給サービス事業を行っている英国の水道会社を買収しているように、総合商社の水ビジネスへの取組みも鍵を握る。

Part1 「注目業界」

〈水ビジネス関連企業〉

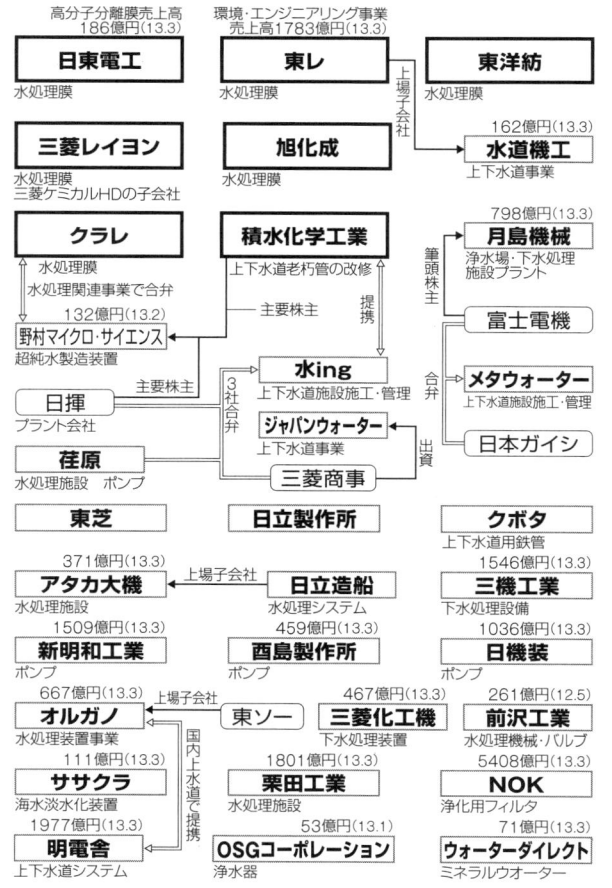

官民ファンド

積極的な投資を推進する産業革新機構

投資家から資金を募り、ファンドを組成して企業や事業に投資し、投資家を上回る回収益を獲得するのが投資ファンドの基本。最低でも7〜8%の運用利回りが求められ、運用成績が思わしくなければ、新たにファンドを組成することは難しくなる。

投資ファンド、それも海外勢の代表といえば、リップルウッドHD（現RHJインターナショナル）。日本長期信用銀行（現新生銀行）への投資では1100億円、日本テレコム（現ソフトバンクテレコム）へのそれでは800億円程度の投資利益があったと推定されている。だが、同ファンドはフェニックス・シーガイア・リゾート（運営はシーガイアリゾート）など、国内企業への投資を回収。他の海外投資ファンドも目立つ活動がなく、投資先である西武HDの経営陣との意見対立で、米サーベラスが話題になる程度だ。サーベラスもまた、あおぞら銀行への投資は手仕舞いした。

海外投資ファンドに代わり、積極的な動きを見せているのが、官民ファンドの**産業革新機構**。同機構は、政府保証付きの民間からの借入を原資として投資。半導体のル

Part 1 「注目業界」

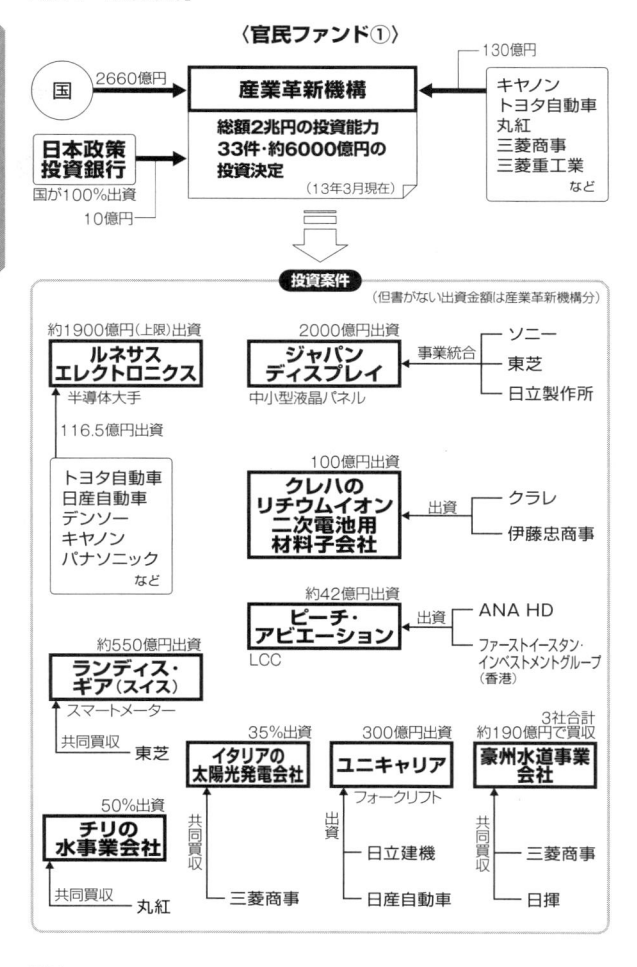

〈官民ファンド①〉

- 国 →2660億円→ **産業革新機構**
- **日本政策投資銀行**（国が100%出資）→10億円→
- キヤノン／トヨタ自動車／丸紅／三菱商事／三菱重工業 など →130億円→

産業革新機構
総額2兆円の投資能力
33件・約6000億円の投資決定
（13年3月現在）

投資案件
（但書がない出資金額は産業革新機構分）

- **ルネサスエレクトロニクス**（半導体大手）← 約1900億円（上限）出資
  - 116.5億円出資 ← トヨタ自動車／日産自動車／デンソー／キヤノン／パナソニック など

- **ジャパンディスプレイ**（中小型液晶パネル）← 2000億円出資
  - 事業統合 ← ソニー／東芝／日立製作所

- **クレハのリチウムイオン二次電池用材料子会社** ← 100億円出資
  - 出資 ← クラレ／伊藤忠商事

- **ピーチ・アビエーション**（LCC）← 約42億円出資
  - 出資 ← ANA HD／ファーストイースタン・インベストメントグループ（香港）

- **ランディス・ギア（スイス）**（スマートメーター）← 約550億円出資
  - 共同買収 ← 東芝

- **イタリアの太陽光発電会社** ← 35%出資
  - 共同買収 ← 三菱商事

- **チリの水事業会社** ← 50%出資
  - 共同買収 ← 丸紅

- **ユニキャリア**（フォークリフト）← 300億円出資
  - 出資 ← 日立建機／日産自動車

- **豪州水道事業会社** ← 3社合計約190億円で買収
  - 共同買収 ← 三菱商事／日揮

37

ネサスエレクトロニクスには1383億円出資(最大500億円の追加出資も用意)。ソニー、東芝、日立製作所が事業統合した、中小型液晶パネル会社のジャパンディスプレイには2000億円を出資。商社などと共同で海外企業の買収も手がけている。

産業革新機構にも出資している**日本政策投資銀行**は、国100%出資機関。3大銀行などと事業再生ファンド運営の**ジャパン・インダストリアル・ソリューションズ**を設立しており、半導体用シリコンウエハのSUMCOなどに出資。日本政策投資銀行は、単独でも旅行代理店の近畿日本ツーリストとクラブツーリズムの統合会社であるKNT-CTHDや、ソニーの化学子会社だった企業にも投資している。

そのほかにも、**民間資金等活用事業推進機構**や**農林漁業成長産業化支援機構**、**地域経済活性化支援機構**といった官民ファンドが誕生。政府が資金投入の予算措置を積極的に進めていることによる。地域経済活性化支援機構は、日本航空の支援・回収で約3000億円の収益を実現した企業再生支援機構が衣替えしたもの。

投資ファンドは、投資資金をいかに回収するかという出口戦略がカギを握る。事実上は税金が投入されるだけに、官民ファンドの活動から目が離せない。

Part 1 「注目業界」

〈官民ファンド②〉

```
                            ジャパン・インダストリアル・
三井住友FG ──出資──→  ソリューションズ  ←──出資── 三菱UFJFG
みずほFG  ─────────↗  事業再生ファンド              三菱商事
                                                          │
                                                         出資
                                                          ↓
                    150億円                        丸の内
                    出資    → アルバック         キャピタル
                              真空機器            投資ファンド
                                                    │
                    30億円                         投資
                    出資    → 日本電子              ↓
日本政策投資銀行              電子顕微鏡         タカラトミー
国が100%出資
                    150億円
 ─出資              出資    → SUMCO
  │                           シリコンウエハ      成城石井
  ├→ KNT-CT HD                                    高級スーパー
  │   旅行代理店     10億円    常磐興産
  │   近畿日本ツーリストなど   → スパリゾート
  │                           ハワイアンズ
  └→ デクセリアルズ
      旧ソニーケミカル&
      インフォメーションデバイス
                                                602億円の
                                                債権放棄要請
                                       支援へ  → 中山製鋼所
  競争力強化ファンド ←─  地域経済活性化
                         支援機構        再生 → JAL
  13年3月設立             旧企業再生支援機構
                              ↑
        16億円出資    農林漁業成長産業化           カゴメ
   国 ─────────→  支援機構        ─出資─→  農林中央金庫
    │                                            ハウス食品
  100億円出資                                     味の素
    ↓                農林漁業成長産業化          キッコーマン
  民間資金等活用     ファンド                    キユーピー
  事業推進機構                                   日清製粉グループ本社
  公共施設運営会社に出資
```

官民ファンド創設へ

| 良質な不動産形成を | ← | 国土 |
| 目的としたファンド | | 交通省 |

39

海外M&A

キリン、アサヒ、武田、第一三共……海外M&Aの効果は?

企業は持続的な成長を実現するためにM&Aを実行したり、生産設備などの新設・増強に資金を投じる。一方で、コスト削減や事業構造の変革のために子会社や工場、遊休地などの売却も進める。それら投資活動にともなうキャッシュベースの出金と入金を示すのが「投資活動によるキャッシュフロー(表では「M&A等出金超過額」としてある)」である。成長を目指す企業は、出金が入金を上回る「出金超過」が基本。

キリンHDはブラジルの同業他社を3000億円強で買収するなど、07年度から12年度にかけての投資活動で出金が入金を約1兆3000億円上回っている。アジアやオセアニアの企業買収を積極的に繰り広げている**アサヒグループHD**も、約7000億円の出金超過だ。**武田薬品工業**と**第一三共**は、入金が出金を上回った年度もあるが、武田薬品がスイスの製薬会社を買収した11年度の出金超過額が1兆円強だったように、両社とも海外M&Aを中心に積極的な投資活動を行っている代表的な企業である。

投資活動による出金が、子会社売却などによる入金を大幅に上回っているパナソニ

Part 1 「注目業界」

〈海外M&Aの効果は？〉

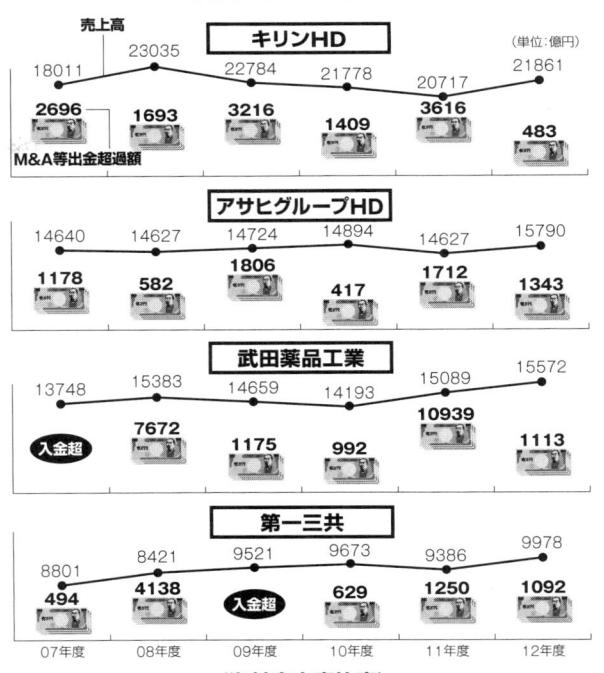

キリンHD

(単位:億円)

売上高
- 07年度: 18011
- 08年度: 23035
- 09年度: 22784
- 10年度: 21778
- 11年度: 20717
- 12年度: 21861

M&A等出金超過額
- 2696
- 1693
- 3216
- 1409
- 3616
- 483

アサヒグループHD

- 14640
- 14627
- 14724
- 14894
- 14627
- 15790

- 1178
- 582
- 1806
- 417
- 1712
- 1343

武田薬品工業

- 13748
- 15383
- 14659
- 14193
- 15089
- 15572

- 入金超
- 7672
- 1175
- 992
- 10939
- 1113

第一三共

- 8801
- 8421
- 9521
- 9673
- 9386
- 9978

- 494
- 4138
- 入金超
- 629
- 1250
- 1092

07年度　08年度　09年度　10年度　11年度　12年度

〈海外売上高比率〉

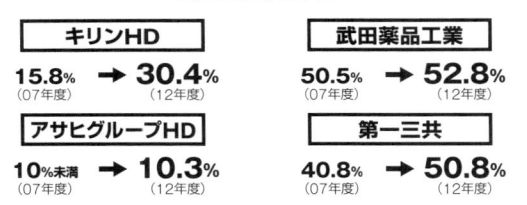

キリンHD	武田薬品工業
15.8% (07年度) → **30.4%** (12年度)	**50.5%** (07年度) → **52.8%** (12年度)

アサヒグループHD	第一三共
10%未満 (07年度) → **10.3%** (12年度)	**40.8%** (07年度) → **50.8%** (12年度)

ックやソニー、シャープの電機3社が、6期合計では大幅な赤字に陥っていることでも明らかなように（79ページ参照）、投資活動に投じる巨額資金に見合う成果が求められることはいうまでもない。海外M&A効果がすぐに数値に示されるとは限らないが、4社とも売上高や海外売上高比率に、海外M&A効果が見えるようになったといっていいだろう。アサヒグループHDは売上高を伸張。第一三共は売上高が1兆円に届くところまできた。第一三共は08年に約5000億円で買収したインドの製薬会社にトラブルが発生、株式市場の一部からは「高い買い物」という見方が出たが、ここにきてインド社も利益貢献をするまでになってきた。

大型M&Aの場合は、買収完了まで時間を要するが、発表段階のものを含めて、12年度も国内企業による海外企業の買収が活発だった。最も大型なのは**ソフトバンク**による米国携帯電話運営会社、スプリントの買収。JT（日本たばこ産業）の英国たばこ会社買収の約2兆2500億円に次ぐ金額だ。**三井住友FGと三井住友ファイナンス＆リース、住友商事**は共同で英国金融大手のロイヤルバンク・オブ・スコットランドから航空機リース事業を約73億ドルで買収。各社の海外M&A効果に注目したい。

42

Part1 「注目業界」

〈国内企業による最近の主な海外M&A〉

〈三井住友FG〉
住友商事などと共同で、英国金融大手のロイヤルバンク・オブ・スコットランドから航空機リース事業を約73億ドル(約5700億円)で買収(12年6月)

〈旭化成〉
米国の救命救急医療機器大手であるゾール・メディカルを約1800億円で買収 (12年4月)

〈電通〉
英国の大手広告代理店イージスを買収。買収額は約31.64億ポンド(約4090億円)
(13年3月)

〈伊藤忠商事〉
世界最大の青果物メジャー、米国ドール・フードのアジアにおける青果物事業などを買収。買収金額は16.85億ドル(約1330億円)
(13年4月)

〈イオン〉
仏カルフールのマレーシア事業を1.47億ユーロ(約151億円)で買収
(12年10月)

〈三井化学〉
独国のヘレウスの歯科材料事業を4.5億ユーロ(約543億円)で買収すると発表 (13年4月)

〈富士フイルムHD〉
携帯型超音波診断装置大手の米ソノサイトを約590億円で買収
(12年3月)

〈丸紅〉
米国の穀物取引大手ガビロンを買収すると発表。買収予定額は約36億ドル(約2900億円)
(12年5月)

〈豊田通商〉
仏の大手商社CFAOを約2400億円で買収
(12年12月)

〈豊田自動織機〉
米国のフォークリフト用機器メーカー、カスケードを買収。買収総額は約7.59億ドル(約710億円)
(13年3月)

〈ダイキン工業〉
米国住宅用空調大手のグッドマンを37億ドル(約2960億円)で買収
(12年11月)

〈三菱UFJFG〉
ベトナム国営大手銀行のヴィエティンバンクへの約600億円の出資を発表
(12年12月)

〈ソフトバンク〉
米国携帯電話運営会社、スプリントの買収を発表。買収予定額は約201億ドル(約1兆5709億円)
(12年10月)

〈東京海上HD〉
米国の生保・損保デルファイを約2150億円で買収
(12年5月)

〈ABCマート〉
米国の靴製造販売会社ラクロスを1.38億ドル(約110億円)で買収
(12年8月)

〈日立製作所〉
英国の原子力発電事業会社のホライズン・ニュークリア・パワーを6.96億ポンド(約890億円)で買収
(12年11月)

〈ファーストリテイリング〉
米国ジーンズメーカー、JブランドHDを約3億ドル(約250億円)で買収
(12年12月)

〈オリックス〉
オランダの銀行大手ラボバンクの子会社で資産運用のロベコを約19億ユーロ(約2402億円)で買収すると発表(13年2月)

(邦貨は買収完了および発表当時のレートによる)

Column 1 主要企業の社内取締役年俸推移

　結果責任という重責を担うだけに、経営トップや社内取締役の年俸は、業績に大きく左右されます。経営陣の年俸推移は企業の経営成績を映す鏡だといっても過言ではありません。コラムでは主要企業の社内取締役の平均年俸を算出してみました。

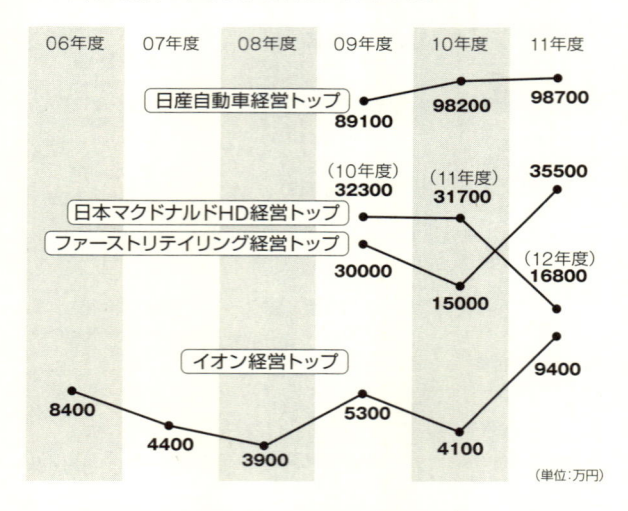

　　　06年度　　07年度　　08年度　　09年度　　10年度　　11年度

日産自動車経営トップ
　　　　　　　　　　　　　　　　　89100　　98200　　98700

　　　　　　　　　　　　　　（10年度）　（11年度）　35500
　　　　　　　　　　　　　　　32300　　31700
日本マクドナルドHD経営トップ
ファーストリテイリング経営トップ
　　　　　　　　　　　　　　30000
　　　　　　　　　　　　　　　　　　　　　　　　　　（12年度）
　　　　　　　　　　　　　　　　　　　　　15000　　16800

イオン経営トップ

　　　　　　　　　　　　　　　　　5300　　　　　　　9400
8400
　　　4400　　　　　　　　　　　　　　　4100
　　　　　　　3900

（単位：万円）

社名	11年度 平均(万円)	12年度 総額(万円)	人数	平均(万円)	1億円超
キヤノン	9052	184200	18人	10233	5人
旭硝子	9950	37100	4人	9275	1人
昭和シェル石油	10200	35000	4人	8750	0人
楽天	7336	76700	10人	7670	0人
キリンHD	7557	51100	7人	7300	1人
アサヒグループHD	5600	40000	7人	5714	0人
サッポロHD	3514	26800	7人	3828	0人

※コラムでは万円未満は切り捨てます（以下すべてのコラム同）。

Part 2
健康・美・飲料食品・外食

医薬品

武田やアステラス、第一三共など国内企業──輸入超過を覆す新薬の開発は？

医薬品業界の国内生産額はおよそ7兆円。国内有数の産業である。ただし、輸出額が1000億円台にとどまる一方で、輸入は2兆5000億円規模と、圧倒的な輸入超過状態が長年続いているのも事実。それだけ、ファイザーを筆頭とする世界大手の存在感が強いということだ。国内最大手である**武田薬品工業**の12年度国内医療医薬品売上高は5884億円。それに対してファイザーの日本での売上高は、武田薬品に迫る5242億円である。医療用医薬品が主力の会社にとっては、年間売上高が1000億円を超す大型薬の特許切れを相次いで迎える問題も抱える。

つまり、国内医薬品メーカーにとっては、新薬の開発と規模の拡大が課題ということ。そのためここ数年、**アステラス製薬や第一三共、エーザイ、大塚HD**など大手を中心に各社は海外企業の買収を積極的に推進。武田薬品にいたっては、2兆円を超す資金を投じて海外医薬品会社を傘下に収めてきた。

12年度に限っても、武田薬品は米国企業やブラジル企業を買収。調味料で知られる

Part2 健康・美・飲料食品・外食

〈医療用医薬大手〉

1兆5572億円(13.3)
武田薬品工業
研究開発費3242億円

1兆56億円(13.3)　←大衆薬事業買収
アステラス製薬 ← 9978億円(13.3) **第一三共**
研究開発費1819億円　　　　　研究開発費1330億円

5736億円(13.3)
エーザイ
研究開発費1203億円

1兆2180億円(13.3)
大塚HD ─子会社→ 大塚製薬
医療関連売上高8508億円 ─関連会社→ 大鵬薬品工業
研究開発費1923億円 　　　　　大塚食品
　　　　　　　　　　　　　　　アース製薬

3912億円(12.12)
中外製薬 ←子会社─ 454億スイスフラン(12.12) ロシュ（スイス） 世界大手
研究開発費551億円

4191億円(13.3)
田辺三菱製薬 ─子会社→ 三菱ケミカルHD
研究開発費665億円

キリンHD
│子会社
3331億円(12.12)
協和発酵キリン ← 住友化学 → 3477億円(13.3) **大日本住友製薬**
　　　　　　　　　バイオ後発薬で合弁事業　　研究開発費598億円
研究開発費447億円
　　　　　　　　→ 富士フイルムHD

2929億円(13.3)
塩野義製薬
研究開発費530億円

丸栄 ←子会社─ 2923億円(12.3) **興和** ←大衆薬事業買収
百貨店　　　　　医薬事業売上高1220億円
　　　　　　　　医療用医薬・大衆薬
　　　　　　　　「コルゲンコーワ」

1453億円(13.3)
小野薬品工業

1427億円(13.2)
久光製薬

1070億円(13.3)
キョーリン製薬HD

589億ドル(12.12)
ファイザー（米）
世界大手
│子会社
5242億円
日本ファイザー

566億ドル(12.12)
ノバルティス
（スイス）
世界大手

472億ドル(12.12)
メルク（米）
世界大手
│子会社
MSD
旧万有製薬

264億ポンド(12.12)
グラクソ・スミス
クライン（英）
世界大手

349億ユーロ(12.12)
サノフィ（仏）
世界大手

279億ドル(12.12)
アストラゼネカ（英）
日本法人2198億円(12年度)

672億ドル(12.12)
J&J（米）
ジョンソン&ジョンソン

味の素も13年4月、米国のバイオ医薬品の開発・製造受託会社を約160億円で買収した。バイオ医薬品は、これまで治療が困難だった疾患への適用が可能であり、安全性が高く最小限の副作用で高い効能が期待されることから、注目が集まっている医薬品である。

基礎研究からはじまって、前臨床試験（動物実験）や、人間を対象とした臨床試験、さらには関係機関の承認を経てはじめて販売に至るように、新薬を世に出すためには長時間に及ぶ労力、膨大な費用を要する。臨床試験にしても「フェーズI～III」のすべてのステージでのクリアが求められる。新薬に最も近いフェーズIIIという最終ステージに進んでいる新薬候補（パイプライン）も目につくようになってきているだけに、国内関連各社の一層の奮闘が待たれるところだ。

国内における使用量が医療用医薬品の25％を占めるまでになってきた、「ジェネリック」と呼ばれる後発医薬品では、専業の**日医工**や**沢井製薬**などが業績を順調に伸張。先進国の高齢化や新興国の所得水準の上昇などを背景に、世界の医薬品販売の伸びは確実視されているだけに、各社の経営成績や今後の舵取りには注目したい。

Part2 健康・美・飲料食品・外食

〈医療用医薬中堅〉

1056億円	892億円	870億円
ツムラ	**持田製薬**	**科研製薬**
医療用漢方薬		

699億円	624億円	531億円	486億円
日本新薬	**キッセイ薬品工業**	**ゼリア新薬工業**	**扶桑薬品工業**

409億円	522億円	266億円	140億円
あすか製薬	**鳥居薬品**	**生化学工業**	**日本ケミカルリサーチ**
	JTの子会社		ヒト成長ホルモン製剤

99億円	45億円	ヘルスケア 1383億円	医薬品1273億円
わかもと製薬	**アールテック・ウエノ**	**帝人**	**明治HD**

医薬医療1334億円	医薬714億円	ライフサイエンス 565億円	医薬品370億円
旭化成	**味の素**	**東レ**	**ヤクルト本社**

796億円	医薬品98億円	医薬事業105億円	メディカル151億円
堺化学工業	**クレハ**	**日産化学工業**	**日東電工**
風邪薬「改源」	抗悪性腫瘍剤	新薬開発	新薬開発

〈後発薬（ジェネリック）〉

939億円	805億円	552億円
日医工	**沢井製薬**	**東和薬品**

出資 ↑
サノフィ（仏）

319億円
日本ケミファ

第一三共
買収 ↓
ランバクシー（インド）
インドの後発薬大手

215億円(12.9)
富士製薬工業

テバ製薬（イスラエル系）
後発薬世界大手傘下
大洋薬品工業買収

富山化学工業
大正製薬HDも出資
医療用医薬
↓子会社化

富士フイルムHD
メディカル・ライフ
サイエンス関連
売上高3373億円

三菱商事
東邦HD（医薬卸）
↓合弁
富士フイルムファーマ
医薬品の開発・製造
後発薬

協和キリン富士フイルム
バイオロジクス ←合弁
バイオ後発薬

協和発酵キリン
医療用医薬

サンド（独） →提携→ **ニプロ**
後発薬世界大手   医療機器大手
                    医薬品製造受託

5.6億円
J-TEC
再生医療ベンチャー

（但書がないものは13年3月期売上高）

49

〈原料・原体・中間体・製造受託〉

- 東洋紡
- 宇部興産
- ダイソー
- JSR
- 旭硝子
- ニプロ
- 有機合成薬品工業
- 日本化薬
- 川口化学工業
- ダイト
- 三井物産

〈臨床検査関連〉

- みらかHD
- ビー・エム・エル
- ファルコSD HD
- シミックHD
- イーピーエス
- 栄研化学
- 札幌臨床検査センター
- 新日本科学
- アイロムHD
- エイアンドティー
- 医学生物学研究所
- メディサイエンスプラニング
- カイノス
- イナリサーチ
- リニカル
- 綜合臨床HD
- コスモ・バイオ
- 日東紡

〈バイオベンチャー〉

- タカラバイオ
- オンコセラピー・サイエンス
- メディネット
- プレシジョン・システム・サイエンス
- アンジェスMG
- 免疫生物研究所
- そーせいグループ
- キャンバス
- トランスジェニック
- DNAチップ研究所
- ナノキャリア
- ジャパン・ティッシュ・エンジニアリング(J-TEC)
- メディビックグループ
- デ・ウエスタン・セラピテクス研究所
- セルシード
- メディシノバ
- ラクオリア創薬
- シンバイオ製薬
- カイオム・バイオサイエンス
- ジーンテクノサイエンス
- UMNファーマ
- カルナバイオサイエンス
- メドレックス
- ファーマフーズ
- スリー・ディー・マトリックス

[医薬品販売までの流れ]

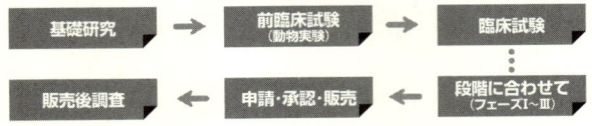

基礎研究 → 前臨床試験(動物実験) → 臨床試験 ⋮ 段階に合わせて(フェーズI～III) ← 申請・承認・販売 ← 販売後調査

Part2 健康・美・飲料食品・外食

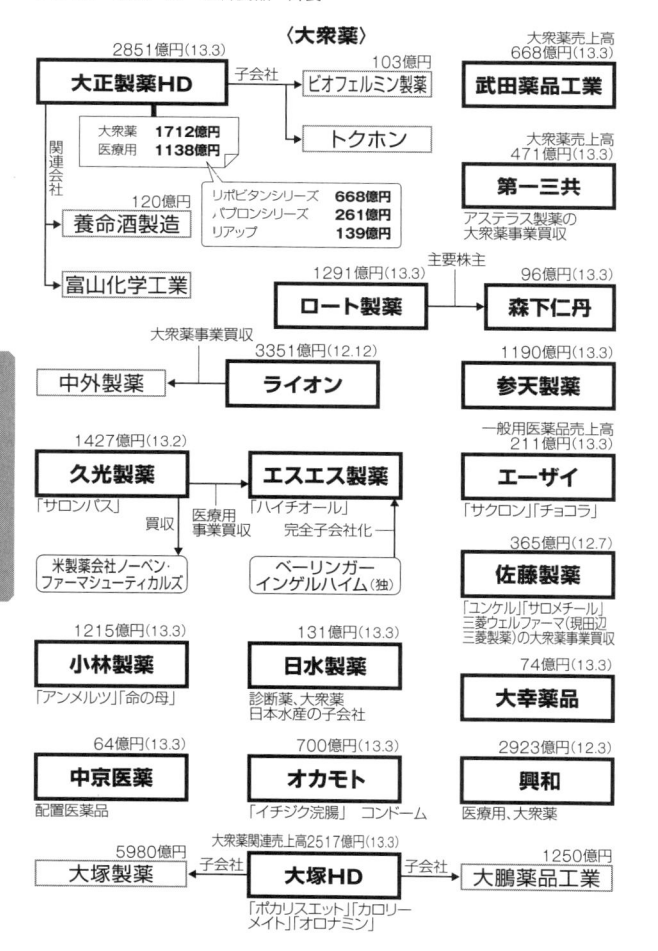

〈大衆薬〉

- **大正製薬HD** 2851億円(13.3)
  - 大衆薬 1712億円
  - 医療用 1138億円
    - リポビタンシリーズ 668億円
    - パブロンシリーズ 261億円
    - リアップ 139億円
  - 子会社 → ビオフェルミン製薬 103億円
  - → トクホン
  - 関連会社 → 養命酒製造 120億円
  - → 富山化学工業

- **武田薬品工業** 大衆薬売上高 668億円(13.3)

- **第一三共** 大衆薬売上高 471億円(13.3)
  アステラス製薬の大衆薬事業買収

- **ロート製薬** 1291億円(13.3) — 主要株主 → **森下仁丹** 96億円(13.3)

- **ライオン** 3351億円(12.12) — 大衆薬事業買収 → 中外製薬

- **参天製薬** 1190億円(13.3)

- **久光製薬** 1427億円(13.2) 「サロンパス」
  - 買収 → 米製薬会社ノーベン・ファーマシューティカルズ
  - → **エスエス製薬** 「ハイチオール」 完全子会社化 ← 医療用事業買収 ベーリンガーインゲルハイム(独)

- **エーザイ** 一般用医薬品売上高 2211億円(13.3) 「サクロン」「チョコラ」

- **佐藤製薬** 365億円(12.7) 「ユンケル」「サロメチール」 三菱ウェルファーマ(現田辺三菱製薬)の大衆薬事業買収

- **小林製薬** 1215億円(13.3) 「アンメルツ」「命の母」

- **日水製薬** 131億円(13.3) 診断薬、大衆薬 日本水産の子会社

- **大幸薬品** 74億円(13.3)

- **中京医薬** 64億円(13.3) 配置医薬品

- **オカモト** 700億円(13.3) 「イチジク浣腸」 コンドーム

- **興和** 2923億円(12.3) 医療用、大衆薬

- **大塚製薬** 5980億円 ← 子会社 — **大塚HD** 大衆薬関連売上高 2517億円(13.3) 「ポカリスエット」「カロリーメイト」「オロナミン」 子会社 → **大鵬薬品工業** 1250億円

51

医療機器

ソニーはオリンパスに出資し、内視鏡の新会社を設立

厚生労働省によれば、医療機器生産額は1兆8084億円で、うち輸出は4808億円にとどまる。一方、輸入は1兆583億円(いずれも11年)。医薬品ほどではないが、輸入超過状態が続いている。国内市場も大きいが、先進国における医療の高度化や新興国の所得アップによる受診機会の増加で、医療機器の世界市場の拡大ははっきりしているだけに、国内企業の奮起が不可欠。**テルモ**や**ニプロ**、**東芝**、**富士フイルムHD**、**旭化成**など各社はこれまで、大型の海外M&Aを実行してきたが、その果実の回収の実現や国際競争力のアップも課題である。

ソニーは、消化器内視鏡で世界トップの**オリンパス**に500億円を出資し、ソニーが得意とするイメージセンサーや画像関連技術を活用して、外科用内視鏡などの開発で手を組む。両社は合弁事業分野である外科用内視鏡機器およびその関連事業の市場は3300億円に成長すると予想しており、20%超のシェア獲得を目指す。

GE(米)、シーメンス(独)、フィリップス(蘭)が、医療機器の〝世界3強〟だ。

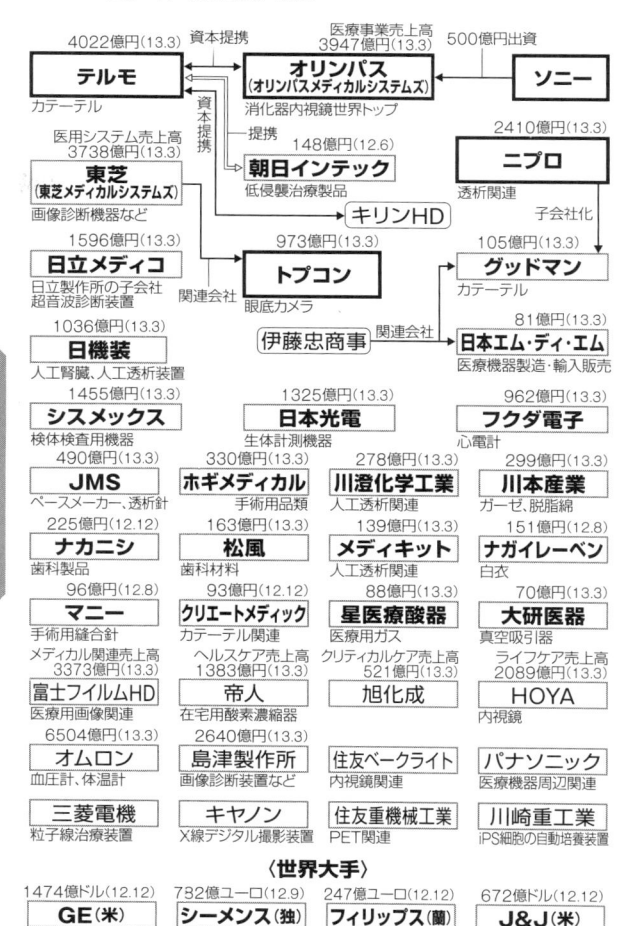

Part2 健康・美・飲料食品・外食

```
                    医療事業売上高
  4022億円(13.3) 資本提携  3947億円(13.3)    500億円出資
  ┌─────────┐           ┌──────────────────┐       ┌─────────┐
  │ テルモ  │←─────────→│   オリンパス     │←──────│ ソニー  │
  └─────────┘           │(オリンパスメディカルシステムズ)│       └─────────┘
   カテーテル     ↑      │ 消化器内視鏡世界トップ │
                 資       └──────────────────┘
  医用システム売上高本      ↓提携                       2410億円(12.6)
  3738億円(13.3) 提      148億円(12.6)                ┌─────────┐
  ┌─────────┐   携    ┌──────────────┐              │ ニプロ  │
  │  東芝   │─────────→│朝日インテック│              └─────────┘
  │(東芝メディカルシステムズ)│  └──────────────┘               透析関連
  └─────────┘         低侵襲治療用製品                    子会社化
   画像診断機器など               ↓
                          ┌────────┐
  1596億円(13.3)         │キリンHD│              105億円(13.3)
  ┌──────────┐         └────────┘            ┌──────────┐
  │日立メディコ│    973億円(13.3)                │グッドマン│
  └──────────┘      ┌────────┐                └──────────┘
   日立製作所の子会社  │トプコン│                 カテーテル
   超音波診断装置      └────────┘
                  関連会社↑ 眼底カメラ              81億円(13.3)
  1036億円(13.3)          │                    ┌──────────────┐
  ┌────────┐        ┌──────────┐              │日本エム・ディ・エム│
  │ 日機装 │        │伊藤忠商事│関連会社──────└──────────────┘
  └────────┘        └──────────┘                医療機器製造・輸入販売
   人工腎臓、人工透析装置
```

1455億円(13.3)	1325億円(13.3)		962億円(13.3)
シスメックス	**日本光電**		**フクダ電子**
検体検査用機器	生体計測機器		心電計
490億円(13.3)	330億円(13.3)	278億円(13.3)	299億円(13.3)
JMS	**ホギメディカル**	**川澄化学工業**	**川本産業**
ペースメーカー、透析針	手術用品類	人工透析関連	ガーゼ、脱脂綿
225億円(12.12)	163億円(13.3)	139億円(13.3)	151億円(12.8)
ナカニシ	**松風**	**メディキット**	**ナガイレーベン**
歯科製品	歯科材料	人工透析関連	白衣
96億円(12.8)	93億円(12.12)	88億円(13.3)	70億円(13.3)
マニー	**クリエートメディック**	**星医療酸器**	**大研医器**
手術用縫合針	カテーテル関連	医療用ガス	真空吸引器
メディカル関連売上高 3373億円(13.3)	ヘルスケア売上高 1383億円(13.3)	クリティカルケア売上高 521億円(13.3)	ライフケア売上高 2089億円(13.3)
富士フイルムHD	**帝人**	**旭化成**	**HOYA**
医療用画像関連	在宅用酸素濃縮器		内視鏡
6504億円(13.3)	2640億円(13.3)		
オムロン	**島津製作所**	**住友ベークライト**	**パナソニック**
血圧計、体温計	画像診断装置など	内視鏡関連	医療機器周辺関連
三菱電機	**キヤノン**	**住友重機械工業**	**川崎重工業**
粒子線治療装置	X線デジタル撮影装置	PET関連	iPS細胞の自動培養装置

〈世界大手〉

1474億ドル(12.12)	782億ユーロ(12.9)	247億ユーロ(12.12)	672億ドル(12.12)
GE(米)	**シーメンス(独)**	**フィリップス(蘭)**	**J&J(米)**

化粧品・トイレタリー

化粧品は、異業種からの参入組との競争が激化！

洗剤を中心とするトイレタリー製品や化粧品は生活や美容に欠かせないだけに、景気動向の影響を受けにくい業界である。事実、関連各社の経営成績は比較的安定傾向で推移。スキンケア商品が中心の**ドクターシーラボ**の営業利益率が20％を超している（12年7月期）ように、高い収益力を示している企業も少なくない。

ただし、売上高8兆円規模を誇るP&G（米）を筆頭に、ユニリーバ（英・蘭）、J&J（米）、ロレアル（仏）といった世界大手が確たるポジションを確保しているのも事実。トイレタリーが主力の各社にとっては人口の減少にともなう将来的な国内需要の減退という課題も抱える。化粧品会社は、販売経路が百貨店・専門店中心からドラッグストア・通販に移行している最近の流れに乗ることも求められる。

とくに化粧品は参入障壁が比較的低いだけに、異業種からの参入組との競争激化は必至の状況。**資生堂**と**カネボウ化粧品**（花王の子会社）の2強はもとより、業界各社は転換期を迎えているといっていいだろう。

Part2 健康・美・飲料食品・外食

```
1兆125億円(12.12)                                          6777億円(13.3)
1兆2700億円(13.12予)                                       7100億円(14.3予)
┌──────────────┐                          ┌──────────────┐
│    花王      │                          │   資生堂     │
└──────────────┘                          └──────────────┘
 化粧品関連売上高4444億円                      生理用品事業買収──┐
 ──06年買収、子会社化                        4957億円(13.3)      │
           ↓                  1808億円(12.12)  ┌──────────────┐ │
┌──────────────┐         ┌──────────────────┐│ ユニ・チャーム │←┘
│カネボウ化粧品│         │ポーラ・オルビスHD ││              │
└──────────────┘         └──────────────────┘└──────────────┘
                          化粧品訪問・通信販売   紙オムツ、生理用品、ペットケア
```

3351億円(12.12)	1706億円(13.3)	1291億円(13.3)
ライオン	**コーセー**	**ロート製薬**
歯磨き、洗剤	化粧品	スキンケア関連

1215億円(13.3)	828億円(13.3)	604億円(13.3)
小林製薬	**ファンケル**	**マンダム**
芳香・消臭剤、スキンケア	無添加化粧品	男性化粧品中心

1254億円(12.12)	543億円(12.3)	390億円(12.7)
アース製薬	**日本メナード化粧品**	**ドクターシーラボ**
殺虫剤 「バスクリン」買収	未上場	高利益率の化粧品会社

650億円(13.1)	472億円(12.9)	218億円(12.12)
ピジョン	**ノエビアHD**	**ミルボン**
育児用品、ヘルスケア商品	化粧品訪問販売	美容室向け

469億円(13.3)	141億円(13.3)	132億円(13.3)
エステー	**シーボン**	**ハーバー研究所**
防虫剤、芳香・消臭剤	スキンケア主力	自然派化粧品

筆頭株主

225億円(13.3)	46億円(13.3)	55億円(13.3)
フマキラー	**アイビー化粧品**	**コタ**
殺虫剤	化粧品訪問販売	美容室向け

	44億円(13.3)	1189億円(13.3)
サンスター	**アジュバンコスメジャパン**	**高砂香料工業**
歯磨き 上場廃止	美容室向け	香水用などの香料

[異業種からの参入]

化粧品売上高 63億円(13.3) **ヤクルト本社** 「パラビオ」	**富士フイルムHD** 「アスタリフト」	**大塚製薬** 「インナーシグナル」	**味の素** 「ジーノ」
ゼリア新薬工業 「イオナ」	**アサヒグループHD** 「素肌しずく」	**森下仁丹** 「ビフィーナ」	**江崎グリコ** 「gg」

健康・美・飲料食品・外食

フィットネスクラブ

ルネサンス、ベトナムで事業展開へ

フィットネスクラブは、フィットネス部門とテニススクールやスイミングスクールなどのスクール部門の両輪で運営するのが基本。全国の個人会員数は200万人強、市場規模は3000億円弱での推移だ。専業上場会社の**セントラルスポーツ**、**ルネサンス**、**メガロス**、**東祥**の4社の中には、運営受託や介護・リハビリ事業も展開しているところもある。カラオケが主力業務の**コシダカHD**は、女性専用のサーキットトレーニングジム「カーブス」をフランチャイズ展開し、店舗数は約1200を数える。

たとえば、会員総数が14万人に迫る「ホリデイスポーツクラブ」の東祥の場合は、会員数2200人、平均会費単価7200円（月）を想定し、新規出店に3億円から3・5億円を投じるのがビジネスモデル。ルネサンスが手がける「ルネサンス幕張」のように、初期投資額が10億円を超す大型店の場合は、会員数の上乗せが不可欠だ。セントラルスポーツは米国で会員制ゴルフクラブを運営。各社とも国内が中心だが、ルネサンスは地元最大手のフィットネス会社と合弁でベトナムでの事業を展開する。

Part 2 健康・美・飲料食品・外食

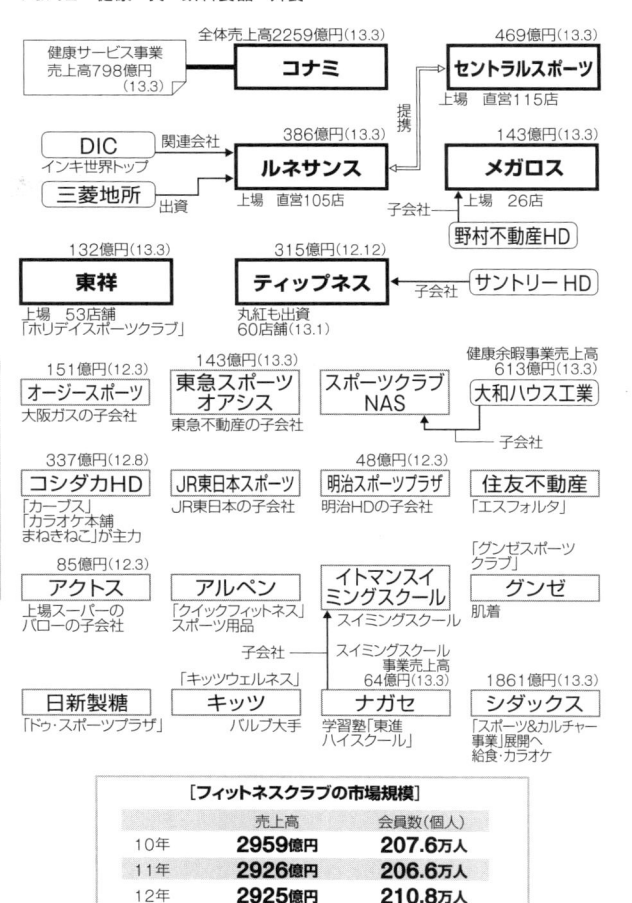

```
健康サービス事業           全体売上高2259億円(13.3)           469億円(13.3)
売上高798億円      ────────→  コナミ  ──────────────→ セントラルスポーツ
    (13.3)                                                  上場 直営115店
                                                 ↑
                                                 │提携
                                                 │
  DIC              関連会社    386億円(13.3)      ↓       143億円(13.3)
  インキ世界トップ ─────→  ルネサンス  ←──────  メガロス
  三菱地所          出資      上場 直営105店              上場 26店
                                             子会社 ↑
                                                    │
                                                  野村不動産HD
```

```
  132億円(13.3)              315億円(12.12)
   東祥                     ティップネス  ←── 子会社 ── サントリーHD
   上場 53店舗              丸紅も出資
「ホリデイスポーツクラブ」   60店舗(13.1)
```

```
                                                        健康余暇事業売上高
  151億円(12.3)     143億円(13.3)                        613億円(13.3)
 オージースポーツ   東急スポーツ   スポーツクラブ     大和ハウス工業
                   オアシス        NAS
 大阪ガスの子会社  東急不動産の子会社                    ─ 子会社
```

```
  337億円(12.8)                         48億円(12.3)
 コシダカHD        JR東日本スポーツ   明治スポーツプラザ   住友不動産
「カーブス」                                              「エスフォルタ」
「カラオケ本舗     JR東日本の子会社    明治HDの子会社
 まねきねこ」が主力
```

```
                                                         「グンゼスポーツ
                                                          クラブ」
   85億円(12.3)
  アクトス         アルペン        イトマンスイ        グンゼ
                                 ミングスクール
  上場スーパーの   「クイックフィットネス」 スイミングスクール   肌着
  バローの子会社   スポーツ用品
                            子会社       スイミングスクール
                           ──────→   事業売上高
                                       64億円(13.3)
                       「キッツウェルネス」                1861億円(13.3)
  日新製糖         キッツ           ナガセ             シダックス
「ドゥ・スポーツプラザ」 バルブ大手       学習塾「東進         「スポーツ&カルチャー
                                    ハイスクール」       事業」展開へ
                                                       給食・カラオケ
```

[フィットネスクラブの市場規模]

	売上高	会員数(個人)
10年	**2959億円**	**207.6万人**
11年	**2926億円**	**206.6万人**
12年	**2925億円**	**210.8万人**

(経済産業省「特定サービス動態統計」より)

ビール・ノンアルコール飲料

ビール4社はM&A効果、国内縮小を海外事業拡大でカバー

 国内需要の縮小にもかかわらず、ビール各社は売上高も4社はそろって増収だった。アルコール以外の飲料部門の再編拡充と、海外事業の進展が主な要因。数年来、各社は多額の資金を投じて海外企業の買収を手がけている（40ページ参照）が、そのM&A効果が表れはじめたようだ。海外売上高比率が10％未満だった**アサヒグループHD**と**サッポロHD**の両社も、ようやく10％超を実現。

 海外売上高比率が最も高いのは**キリンHD**。同社のそれは約30％だが、酒税抜きベースだと36％を占めるまでになっている。「フォーエックス・ゴールド」などのブランドを展開している豪州ビール市場を中心に、現地企業を買収して進出したブラジルでも販売が好調に推移と、海外事業による営業利益も急伸。ただし、シンガポールのフレイザー＆ニーヴについては、所有株の売却で470億円の特別利益を得たが、提携関係を解消。同社との提携をアジア事業の軸にするとしていただけに、新たなアジア戦略が必要になった。キリンHDは子会社の再編にも着手し、**キリン**を発足。

Part2 健康・美・飲料食品・外食

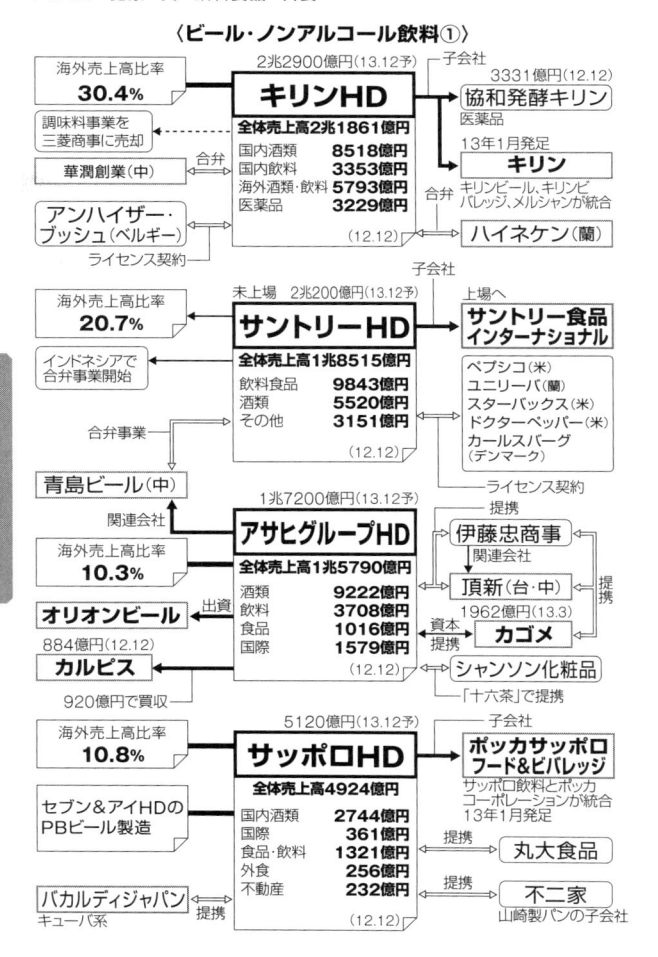

〈ビール・ノンアルコール飲料①〉

キリンHD 2兆2900億円(13.12予)

全体売上高2兆1861億円
- 国内酒類 8518億円
- 国内飲料 3353億円
- 海外酒類・飲料 5793億円
- 医薬品 3229億円
(12.12)

- 海外売上高比率 **30.4%**
- 調味料事業を三菱商事に売却
- 華潤創業(中) —合弁—
- アンハイザー・ブッシュ(ベルギー) —ライセンス契約—

子会社 → **協和発酵キリン** 3331億円(12.12) 医薬品

13年1月発足 → **キリン** キリンビール、キリンビバレッジ、メルシャンが統合

合弁 → **ハイネケン(蘭)**

サントリーHD 未上場 2兆200億円(13.12予)

全体売上高1兆8515億円
- 飲料食品 9843億円
- 酒類 5520億円
- その他 3151億円
(12.12)

- 海外売上高比率 **20.7%**
- インドネシアで合弁事業開始
- 青島ビール(中) —合弁事業—

子会社・上場へ → **サントリー食品インターナショナル**

- ペプシコ(米)
- ユニリーバ(蘭)
- スターバックス(米)
- ドクターペッパー(米)
- カールスバーグ(デンマーク)

ライセンス契約

アサヒグループHD 1兆7200億円(13.12予)

全体売上高1兆5790億円
- 酒類 9222億円
- 飲料 3708億円
- 食品 1016億円
- 国際 1579億円
(12.12)

- 海外売上高比率 **10.3%**
- オリオンビール ←出資
- カルピス 884億円(12.12) ←920億円で買収

提携 → **伊藤忠商事**
関連会社 → **頂新(台・中)** 提携
資本提携 → **カゴメ** 1962億円(13.3)
→ **シャンソン化粧品**
「十六茶」で提携

サッポロHD 5120億円(13.12予)

全体売上高4924億円
- 国内酒類 2744億円
- 国際 361億円
- 食品・飲料 1321億円
- 外食 256億円
- 不動産 232億円
(12.12)

- 海外売上高比率 **10.8%**
- セブン&アイHDのPBビール製造
- バカルディジャパン —提携— キューバ系

子会社 → **ポッカサッポロフード&ビバレッジ**
サッポロ飲料とポッカコーポレーションが統合 13年1月発足

提携 → **丸大食品**
提携 → **不二家** 山崎製パンの子会社

健康・美・飲料食品・外食

59

サントリーHDの海外展開は、買収したオランジーナを中心とする欧州や、オセアニア、東南アジアが中心。中国では青島ビールと合弁会社を上海に設立し、トップシェアの上海ビール市場でのさらなる強化を図る。中核子会社の**サントリー食品インターナショナル**の上場を予定し、獲得する資金はM&Aなどに振り向ける方向だ。

ちなみに、サントリーHDと合弁事業を開始した青島ビールはアサヒグループHDの関連会社。そのアサヒグループHDもこれまで、オセアニアや東南アジアにおいて、飲料・酒類会社5社を買収したことなどにより海外事業基盤を拡大。国内では、乳性飲料メーカーである**カルピス**のグループ化に動いている。

サッポロHDは、買収・資本参加を実施したカナダや米国で販売を伸ばしているほか、自社工場を稼働させているベトナムでの展開も本格化させる。子会社の再編にも取組み、新たに**ポッカサッポロフード&ビバレッジ**としてスタート。セブン&アイHDのプライベートブランドによるビール開発も手がける。

タリーズコーヒージャパンを子会社化した、緑茶飲料の**伊藤園**も海外事業を拡大。国内市場の縮小が確実なだけに、国内外を含めた再編や海外企業の買収は必至だ。

60

Part2 健康・美・飲料食品・外食

〈ビール・ノンアルコール飲料②〉

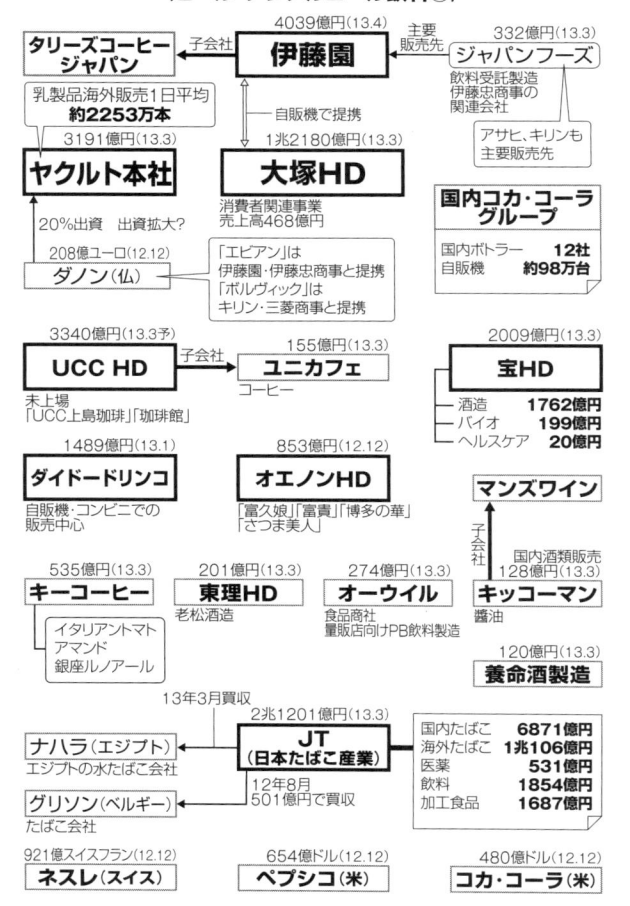

伊藤園 4039億円(13.4)
- 子会社 → **タリーズコーヒージャパン**
- 主要販売先 → **ジャパンフーズ** 332億円(13.3)
  - 飲料受託製造
  - 伊藤忠商事の関連商社
  - アサヒ、キリンも主要販売先

ヤクルト本社 3191億円(13.3)
- 乳製品海外販売1日平均 約2253万本
- 自販機で提携 → **大塚HD** 1兆2180億円(13.3)
  - 消費者関連事業 売上高468億円

ダノン(仏) 208億ユーロ(12.12)
- 20%出資 出資拡大? → ヤクルト本社
- 「エビアン」は伊藤園・伊藤忠商事と提携
- 「ボルヴィック」はキリン・三菱商事と提携

国内コカ・コーラグループ
- 国内ボトラー 12社
- 自販機 約98万台

UCC HD 3340億円(13.3予)
- 未上場「UCC上島珈琲」「珈琲館」
- 子会社 → **ユニカフェ** 155億円(13.3) コーヒー

宝HD 2009億円(13.3)
- 酒造 1762億円
- バイオ 199億円
- ヘルスケア 20億円

ダイドードリンコ 1489億円(13.1)
自販機・コンビニでの販売中心

オエノンHD 853億円(12.12)
「富久娘」「富貴」「博多の華」「さつま美人」

マンズワイン
- 子会社
- 国内酒類販売 128億円(13.3)

キーコーヒー 535億円(13.3)
- イタリアントマト
- アマンド
- 銀座ルノアール

東理HD 201億円(13.3)
老松酒造

オーウイル 274億円(13.3)
食品商社 量販店向けPB飲料製造

キッコーマン
醤油

養命酒製造 120億円(13.3)

JT(日本たばこ産業) 2兆1201億円(13.3)
- 13年3月買収 → **ナハラ(エジプト)** エジプトの水たばこ会社
- 12年8月 501億円で買収 → **グリソン(ベルギー)** たばこ会社
- 国内たばこ 6871億円
- 海外たばこ 1兆106億円
- 医薬 531億円
- 飲料 1854億円
- 加工食品 1687億円

ネスレ(スイス) 921億スイスフラン(12.12)

ペプシコ(米) 654億ドル(12.12)

コカ・コーラ(米) 480億ドル(12.12)

調味料・食用油・製粉・パン・即席メン・製菓

原材料の輸入依存が円安でマイナスに作用

小麦やトウモロコシといった原材料のほぼ全量を輸入に頼っているだけに、輸出型企業とは対照的に円安はマイナスに作用。デフレ環境やTPP問題の行方を見定める必要があるほか、国内では大手流通のプライベートブランド商品志向が強まっており、自社製品との兼ね合いを含め経営の舵取りが難しい局面を迎えている。製パン最大手の**山崎製パン**が、売上不振から業績が悪化していたコンビニ事業のデイリーヤマザキを本体に吸収したように、グループ内再編や事業の再構築なども避けられない状況だ。

主力の調味料に加えバイオ医薬品関連に経営資源を集中する姿勢を強めている**味の素**は、乳性飲料のカルピスを売却する一方で、米国のバイオ医薬品開発・製造受託会社を買収。**日清製粉グループ本社**は、中食・総菜事業を成長分野と位置づけ、コンビニ向け弁当などを手がけているトオカツフーズをグループ化。**カルビー**はインドネシアに、**亀田製菓**はベトナムにそれぞれ進出。ルウカレー製品や「ウコンの力」、米国での豆腐事業などを手がける**ハウス食品**は、持株会社体制に移行する。

Part 2 健康・美・飲料食品・外食

〈調味料・食用油〉

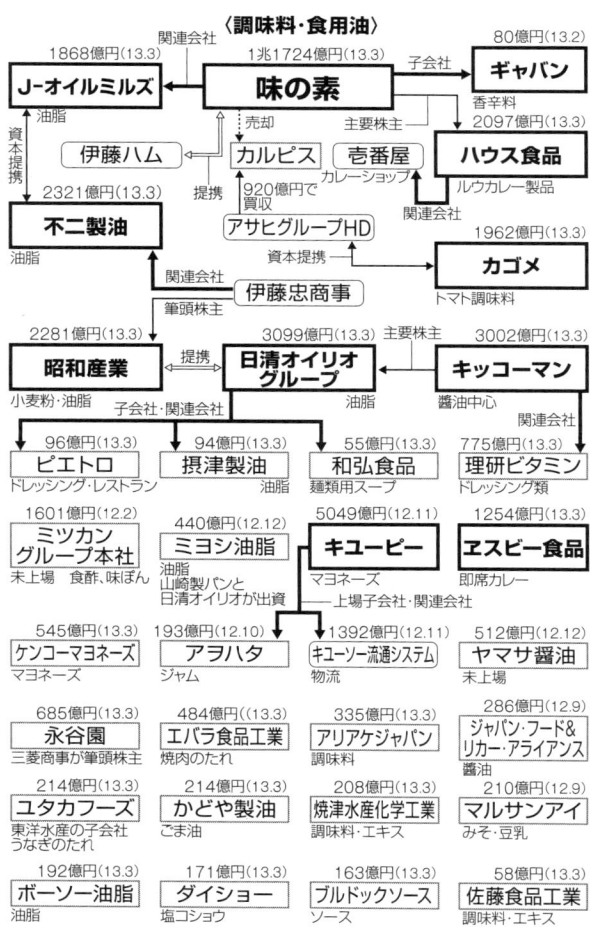

- J-オイルミルズ 1868億円(13.3) 油脂
  - ←関連会社— 味の素 1兆1724億円(13.3)
- 味の素 —子会社→ ギャバン 80億円(13.2) 香辛料
- 味の素 —売却→ 伊藤ハム
- 味の素 ← カルピス
- 味の素 —主要株主→ ハウス食品 2097億円(13.3) ルウカレー製品
- カルピス ←提携— 壱番屋 カレーショップ
- カルピス ←920億円で買収— アサヒグループHD
- 不二製油 2321億円(13.3) 油脂 —資本提携— J-オイルミルズ
- 不二製油 ←関連会社—
- アサヒグループHD —資本提携→ カゴメ 1962億円(13.3) トマト調味料
- 伊藤忠商事 —筆頭株主→ 不二製油
- 昭和産業 2281億円(13.3) 小麦粉・油脂 —提携— 日清オイリオグループ 3099億円(13.3) 油脂 子会社・関連会社
- 日清オイリオグループ ←主要株主— キッコーマン 3002億円(13.3) 醤油中心 関連会社
- ピエトロ 96億円(13.3) ドレッシング・レストラン
- 摂津製油 94億円(13.3) 油脂
- 和弘食品 55億円(13.3) 麺類用スープ
- 理研ビタミン 775億円(13.3) ドレッシング類
- ミツカングループ本社 1601億円(12.2) 未上場 食酢・味ぽん
- ミヨシ油脂 440億円(12.12) 油脂 山崎製パンと日清オイリオが出資
- キユーピー 5049億円(12.11) マヨネーズ —上場子会社・関連会社—
- エスビー食品 1254億円(13.3) 即席カレー
- ケンコーマヨネーズ 545億円(13.3) マヨネーズ
- アヲハタ 193億円(12.10) ジャム
- キユーソー流通システム 1392億円(12.11) 物流
- ヤマサ醤油 512億円(12.12) 未上場
- 永谷園 685億円(13.3) 三菱商事が筆頭株主
- エバラ食品工業 484億円(13.3) 焼肉のたれ
- アリアケジャパン 335億円(13.3) 調味料
- ジャパン・フード&リカー・アライアンス 286億円(12.9) 醤油
- ユタカフーズ 214億円(13.3) 東洋水産の子会社 うなぎのたれ
- かどや製油 214億円(13.3) ごま油
- 焼津水産化学工業 208億円(13.3) 調味料・エキス
- マルサンアイ 210億円(12.9) みそ・豆乳
- ボーソー油脂 192億円(13.3) 油脂
- ダイショー 171億円(13.3) 塩コショウ
- ブルドックソース 163億円(13.3) ソース
- 佐藤食品工業 58億円(13.3) 調味料・エキス

健康・美 飲料食品 外食

63

〈製粉・パン・パスタ・即席メン〉

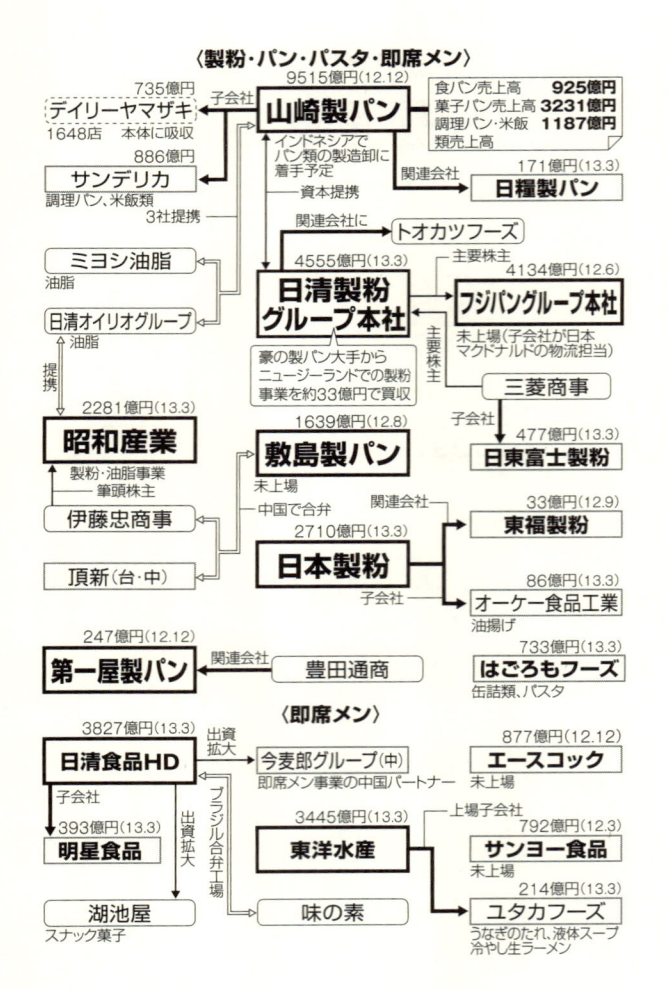

```
                                    9515億円(12.12)              食パン売上高    925億円
        735億円      子会社  ┌──────────┐         菓子パン売上高 3231億円
  ┌──────────┐ ←────── │ 山崎製パン │          調理パン・米飯 1187億円
  │デイリーヤマザキ│         └──────────┘          類売上高
  └──────────┘            │
    1648店  本体に吸収       │ インドネシアで
            886億円         │ パン類の製造卸に              171億円(13.3)
  ┌──────────┐           │ 着手予定        関連会社  ┌──────────┐
  │ サンデリカ  │ ←─────   │──資本提携               │ 日糧製パン │
  └──────────┘           │                         └──────────┘
  調理パン、米飯類           │  関連会社に
            3社提携        │ ┌─→ トオカツフーズ
  ┌──────────┐          │ │
  │ ミヨシ油脂  │          4555億円(13.3)   主要株主   4134億円(12.6)
  └──────────┘         ┌──────────┐         ┌──────────────┐
   油脂                  │ 日清製粉  │ ←─────→ │フジパングループ本社│
  ┌──────────┐ ←─── │ グループ本社│         └──────────────┘
  │日清オイリオグループ│    └──────────┘        未上場(子会社が日本
  └──────────┘      豪の製粉大手から          マクドナルドの物流担当)
    │油脂            ニュージーランドでの   主
    │ 提携           製粉事業を約33億円で買収 要   ┌──────────┐
            2281億円(13.3)                   株  │ 三菱商事  │
  ┌──────────┐    1639億円(12.8)          主  └──────────┘
  │ 昭和産業  │    ┌──────────┐               子会社  477億円(13.3)
  └──────────┘    │ 敷島製パン │              ┌──────────┐
    ↑製粉・油脂事業  └──────────┘              │ 日東富士製粉│
    │筆頭株主         未上場                    └──────────┘
  ┌──────────┐   中国で合弁    関連会社   33億円(12.9)
  │ 伊藤忠商事 │     2710億円(13.3)       ┌──────────┐
  └──────────┘   ┌──────────┐ ──→ │ 東福製粉  │
  ┌──────────┐   │ 日本製粉  │       └──────────┘
  │ 頂新(台・中) │   └──────────┘            86億円(13.3)
  └──────────┘         │ 子会社        ┌──────────┐
                           └───────→ │オーケー食品工業│
     247億円(12.12)                    └──────────┘
  ┌──────────┐  関連会社 ┌──────┐        油揚げ
  │ 第一屋製パン│ ←────  │豊田通商│     733億円(13.3)
  └──────────┘           └──────┘    ┌──────────┐
                                           │ はごろもフーズ│
                                           └──────────┘
                                            缶詰類、パスタ
```

〈即席メン〉

```
     3827億円(13.3)                             877億円(12.12)
  ┌──────────┐ 出資 ┌──────────┐         ┌──────────┐
  │ 日清食品HD │拡大→│今麦郎グループ(中)│         │ エースコック│
  └──────────┘      └──────────┘         └──────────┘
    │子会社            即席メン事業の中国パートナー    未上場
    │    393億円(13.3)
    ↓                                              792億円(12.3)
  ┌──────────┐ ブ     3445億円(13.3)  上場子会社 ┌──────────┐
  │ 明星食品  │ ラ   ┌──────────┐         │ サンヨー食品│
  └──────────┘ ジ出 │ 東洋水産  │ ──────→ └──────────┘
                 ル資  └──────────┘             未上場
                 合拡                              214億円(13.3)
                 弁大                            ┌──────────┐
                 工    ┌──────┐               │ ユタカフーズ│
  ┌──────────┐ 場 → │ 味の素 │               └──────────┘
  │  湖池屋   │       └──────┘               うなぎのたれ、液体スープ
  └──────────┘                                冷やし生ラーメン
   スナック菓子
```

64

Part2 健康・美・飲料食品・外食

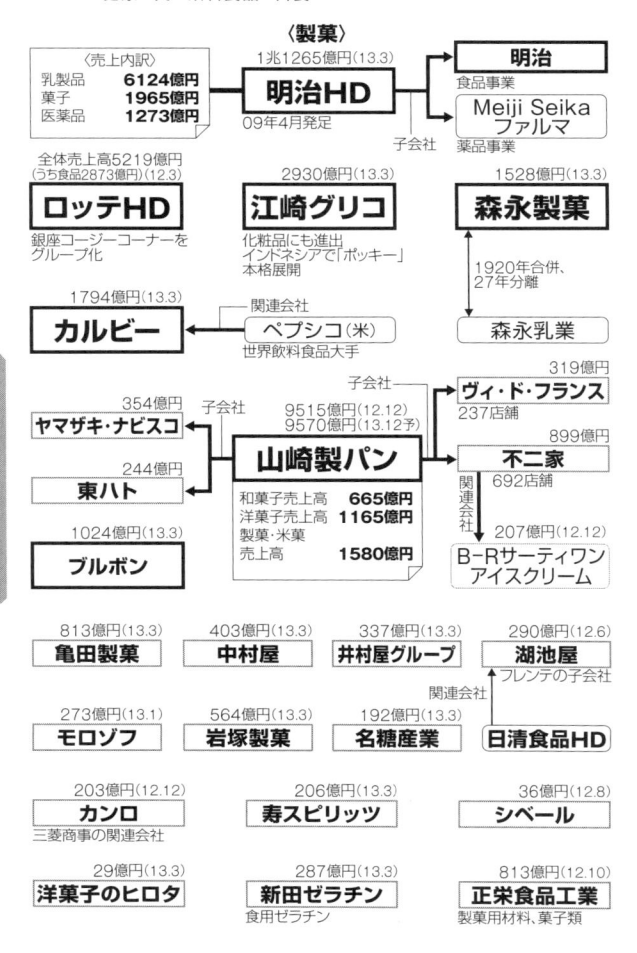

〈製菓〉

〈売上内訳〉
- 乳製品 **6124億円**
- 菓子 **1965億円**
- 医薬品 **1273億円**

明治HD 1兆1265億円(13.3)
09年4月発足

→ **明治** 食品事業
→ **Meiji Seikaファルマ** 薬品事業（子会社）

ロッテHD 全体売上高5219億円（うち食品2873億円）(12.3)
銀座コージーコーナーをグループ化

江崎グリコ 2930億円(13.3)
化粧品にも進出
インドネシアで「ポッキー」本格展開

森永製菓 1528億円(13.3)
↕ 1920年合併、27年分離
森永乳業

カルビー 1794億円(13.3)
― 関連会社 ― **ペプシコ（米）** 世界飲料食品大手

ヤマザキ・ナビスコ 354億円 ← 子会社
山崎製パン 9515億円(12.12) / 9570億円(13.12予)
和菓子売上高 **665億円**
洋菓子売上高 **1165億円**
製菓・米菓売上高 **1580億円**

子会社 → **ヴィ・ド・フランス** 319億円 237店舗
子会社 → **不二家** 899億円 692店舗
関連会社 → **B-Rサーティワンアイスクリーム** 207億円(12.12)

東ハト 244億円

ブルボン 1024億円(13.3)

亀田製菓 813億円(13.3)

中村屋 403億円(13.3)

井村屋グループ 337億円(13.3)

湖池屋 290億円(12.6)
フレンテの子会社

モロゾフ 273億円(13.1)

岩塚製菓 564億円(13.3)

名糖産業 192億円(13.3) ― 関連会社 ― **日清食品HD**

カンロ 203億円(12.12)
三菱商事の関連会社

寿スピリッツ 206億円(13.3)

シベール 36億円(12.8)

洋菓子のヒロタ 29億円(13.3)

新田ゼラチン 287億円(13.3)
食用ゼラチン

正栄食品工業 813億円(12.10)
製菓用材料、菓子類

健康・美・飲料食品・外食

食肉加工・乳製品・精製糖・水産物・冷凍食品

丸大食品はタイ、プリマハムは中国に進出！

海外売上高比率が30〜40％台のキッコーマンや味の素などの食品メーカーに比べ、海外展開が遅れている食品加工各社も、ようやく本格化に向けた動きを見せ始めた。

丸大食品はタイの食品会社と合弁工場を竣工。**プリマハム**は頂新と合弁で、中国市場でのハム・ソーセージの製造販売に取組む。頂新は中国・台湾の流通最大手で、総合商社の伊藤忠商事とアサヒグループHDが資本参加している企業。豪州や米国で生産飼育・加工を手がけている最大手の**日本ハム**も、海外事業の基盤強化に取組む。

ただし、海外展開にはリスクが伴うのも事実。海外で乳製品を1日約2253万本（13年3月）販売し、ブラジルや中国などでは生産設備の増強に動いている**ヤクルト本社**にしてもアルゼンチンからは撤退。**日本水産**も収益改善が見込めないとブラジル事業を整理した。国内販売では**明治HD**や**森永乳業**、日本ハムなどが手がけるヨーグルト販売の好調が持続。**マルハニチロHD**は**ヤヨイ食品**を子会社化したことで冷凍食品の売上を伸ばしている。

Part2　健康・美・飲料食品・外食

〈食肉加工〉

| ハム・ソーセージ **1399億円**
食肉 **5415億円** | 1兆228億円(13.3)
日本ハム
1兆600億円(14.3予) | 加工食品 **2047億円**
水産物 **838億円**
乳製品 **251億円** |

- 味の素 ──提携── 伊藤ハム 4388億円(13.3)
- ニチレイ ←主要販売先── アクシーズ 152億円(12.6)（鶏肉）
- 頂新(台・中) ←出資── 伊藤忠商事
  - 食品・流通大手
  - 合弁 → プリマハム 2756億円(13.3)（関連会社）
- アクシーズ ──主要販売先→ 三菱商事
- 伊藤ハム ─関連会社／子会社化→ 三菱商事
- 伊藤ハム ─提携→ 米久 1423億円(13.2)
- 三菱商事 ─子会社→ 日本KFC（ケンタッキー・フライド・チキン）
- 三井物産 ←食肉事業で提携→ スターゼン 2541億円(13.3)
- 日本KFC ──ハンバーガーパティ供給→
- 丸大食品 2070億円(13.3) ⇄ サッポロHD／日本マクドナルドHD
  - ヨーグルト事業などで合弁
- スターゼン ─子会社→ ローマイヤ（12年7月上場廃止）
- エスフーズ 1480億円(13.2) ─関連会社→ 丸紅
- マルハニチロHD ←主要株主→ 林兼産業 454億円(13.3)（水産、食肉加工、飼料）
- エスフーズ「こてっちゃん」─出資→ ペッパーフードサービス 52億円(12.12)（外食）
- エスフーズ ─子会社→ オーエムツーネットワーク 337億円(13.1)（食肉小売・外食）
- マルハニチロHD ←主要販売先→ 滝沢ハム 281億円(13.3)
- イトーヨーカ堂 ←主要販売先→ 滝沢ハム
- 秋川牧園 42億円(13.3)（鶏肉・鶏卵製造卸）
- 滝沢ハム ─資本提携→ 福留ハム 278億円(13.3)
- 相模ハム（工業ガス大手のエア・ウォーターの子会社）
- グリコハム（江崎グリコの子会社）
- 日本配合飼料 865億円(13.3)（飼料、畜産）

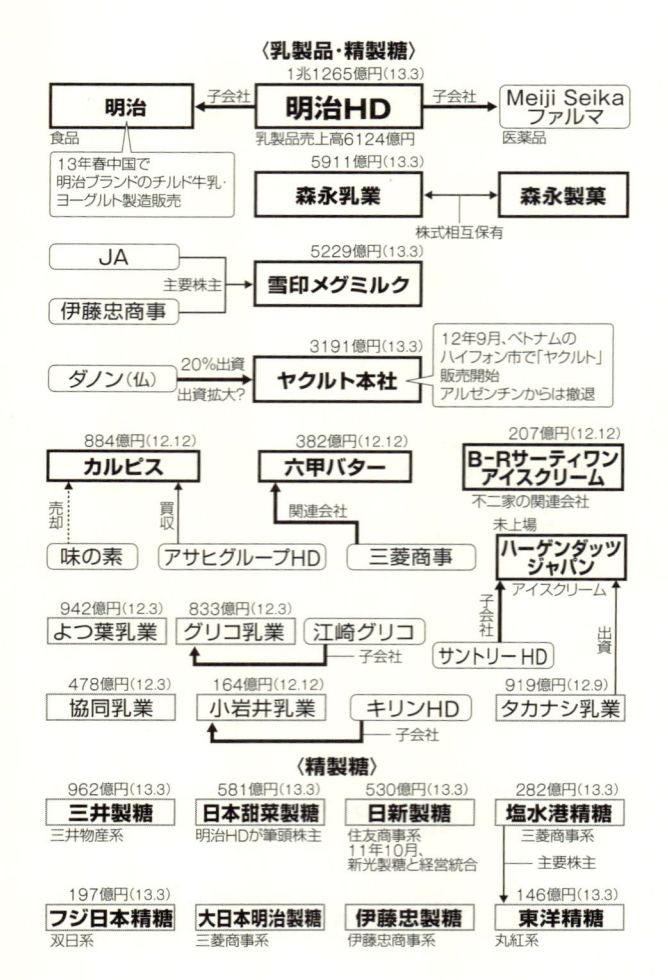

〈乳製品・精製糖〉

```
                          1兆1265億円(13.3)
   ┌──────┐  子会社  ┌──────────┐  子会社  ┌──────────────┐
   │ 明治 │◄────────│  明治HD  │────────►│ Meiji Seika  │
   └──────┘         └──────────┘         │   ファルマ   │
    食品         乳製品売上高6124億円     └──────────────┘
                                              医薬品
  13年春中国で
  明治ブランドのチルド牛乳・
  ヨーグルト製造販売
```

```
                    5911億円(13.3)
                   ┌──────────┐       ┌──────────┐
                   │ 森永乳業 │◄─────►│ 森永製菓 │
                   └──────────┘       └──────────┘
                              株式相互保有
```

```
   ┌──────┐       5229億円(13.3)
   │  JA  │─┐
   └──────┘ │ 主要株主 ┌──────────────┐
            ├─────────►│雪印メグミルク│
   ┌──────────┐       └──────────────┘
   │伊藤忠商事│─┘
   └──────────┘
```

```
                        3191億円(13.3)         12年9月、ベトナムの
   ┌────────┐  20%出資  ┌──────────────┐     ハイフォン市で「ヤクルト」
   │ダノン(仏)│─────────►│ヤクルト本社  │     販売開始
   └────────┘  出資拡大? └──────────────┘     アルゼンチンからは撤退
```

```
   884億円(12.12)        382億円(12.12)       207億円(12.12)
   ┌──────────┐         ┌──────────┐       ┌──────────────┐
   │ カルピス │         │六甲バター│       │B-Rサーティワン│
   └──────────┘         └──────────┘       │アイスクリーム│
     │    ▲                ▲                └──────────────┘
   売│    │買             関連会社           不二家の関連会社
   却│    │収            ┌───┴────┐
     ▼    │              │        │             未上場
   ┌──────┐ ┌──────────┐ ┌──────────┐       ┌──────────────┐
   │味の素│ │アサヒグループHD│ │三菱商事│       │ハーゲンダッツ│
   └──────┘ └──────────┘ └──────────┘       │  ジャパン    │
                                              └──────────────┘
                                                アイスクリーム
                                              子│          │
   942億円(12.3)  833億円(12.3)              会社│          │出
   ┌──────────┐  ┌──────────┐  ┌──────────┐    ▼          │資
   │よつ葉乳業│  │グリコ乳業│  │江崎グリコ│  ┌──────────┐ │
   └──────────┘  └──────────┘  └──────────┘  │サントリーHD│ │
                     ▲      子会社              └──────────┘ │
   478億円(12.3) 164億円(12.12)  919億円(12.9)                │
   ┌──────────┐  ┌──────────┐  ┌──────────┐  ┌──────────────┐
   │ 協同乳業 │  │小岩井乳業│  │ キリンHD │  │ タカナシ乳業 │◄┘
   └──────────┘  └──────────┘  └──────────┘  └──────────────┘
                     ▲              子会社
                     └──────────────┘
```

〈精製糖〉

```
   962億円(13.3)    581億円(13.3)    530億円(13.3)    282億円(13.3)
   ┌──────────┐   ┌────────────┐   ┌──────────┐    ┌──────────┐
   │ 三井製糖 │   │日本甜菜製糖│   │ 日新製糖 │    │塩水港精糖│
   └──────────┘   └────────────┘   └──────────┘    └──────────┘
    三井物産系    明治HDが筆頭株主  住友商事系      三菱商事系
                                   11年10月、         │ 主要株主
                                   新光製糖と経営統合  ▼
   197億円(13.3)                                    146億円(13.3)
   ┌──────────┐   ┌──────────┐   ┌──────────┐    ┌──────────┐
   │フジ日本精糖│ │大日本明治製糖│ │伊藤忠製糖│   │ 東洋精糖 │
   └──────────┘   └──────────┘   └──────────┘    └──────────┘
    双日系        三菱商事系       伊藤忠商事系     丸紅系
```

68

Part 2 　健康・美・飲料食品・外食

〈水産物・冷凍食品〉

```
  1257億円(13.3)     8097億円(13.3)  買収子会社化
  ┌────────┐ 子会社 ┌──────────┐        ┌────────┐
  │ 大都魚類 │←──────│マルハニチロHD│──────→│ヤヨイ食品│
  └────────┘        └──────────┘        └────────┘
   水産卸              ↓ 出資              旧伊藤忠商事系
              07年10月発足                冷凍食品　未上場
```

- 3039億円(13.3) OUG HD 水産卸
- 1238億円(13.3) 東都水産 水産卸
- 454億円(13.3) 林兼産業 食肉加工・魚肉ねり製品

```
   131億円(13.3)        5668億円(13.3)         1269億円(13.3)
  ┌────────┐ 子会社  ┌────────┐  関連会社  ┌──────┐
  │ 日水製薬 │←──────│日本水産│──────────→│ 大水 │
  └────────┘        └────────┘             └──────┘
    医薬     筆頭株主 ↓  関連会社  ↑筆頭株主    水産卸
```

- 1646億円(13.3) 中央魚類 (子会社) 水産卸
- 444億円(13.3) ホウスイ 水産卸・冷蔵倉庫
- 372億円(13.3) 横浜魚類 水産卸
- 396億円(13.3) 中部水産 水産卸

```
  1780億円(13.3)
  ┌──────┐ 主要株主 ┌──────────────┐   ┌──────────────┐
  │ 極洋 │─────────→│カッパ・クリエイトHD│   │近畿大学水産研究所│
  └──────┘          └──────────────┘   │  豊田通商     │
     ↑ クロマグロなどの養殖で提携          回転寿司        └──────────────┘
  865億円(13.3)                                           クロマグロの完全養殖
  ┌──────────┐             767億円(13.3)    主要株主    3445億円(13.3)
  │日本配合飼料│────────→│築地魚市場│←────────│ 東洋水産 │
  └──────────┘             └────────┘              └──────────┘
    飼料、畜産              水産卸                水産食品・即席めん
```

- 4701億円(13.3) ニチレイ 主要株主→ 冷凍食品・水産品
- 1111億円(12.9) ヨコレイ 冷蔵倉庫・水産品
- 733億円(13.3) はごろもフーズ 「シーチキン」

- 味の素 「ギョーザ」などの冷凍食品
- 明治HD ピザ、グラタンなどの冷凍食品
- 471億円(13.3) 日東ベスト 業務用冷凍食品
- 163億円(13.3) ジェーシー・コムサ 冷凍ピザ

```
  2兆1201億円(13.3)  JTの加工食品
                    売上高1687億円
  ┌──────────┐ 子会社 ┌────────────┐ 子会社 ┌──────────┐
  │JT(日本たばこ産業)│──────│テーブルマーク│──────→│サンジェルマン│
  └──────────┘        └────────────┘        └──────────┘
                         冷凍食品　未上場        パン　未上場
```

- 307億円(12.6) 一正蒲鉾 水産ねりもの
- 鐘崎 (上場廃止) 笹かまぼこ
- 342億円(13.3) なとり おつまみ食品・水産加工品
- 538億円(13.3) フジッコ 昆布・豆製品

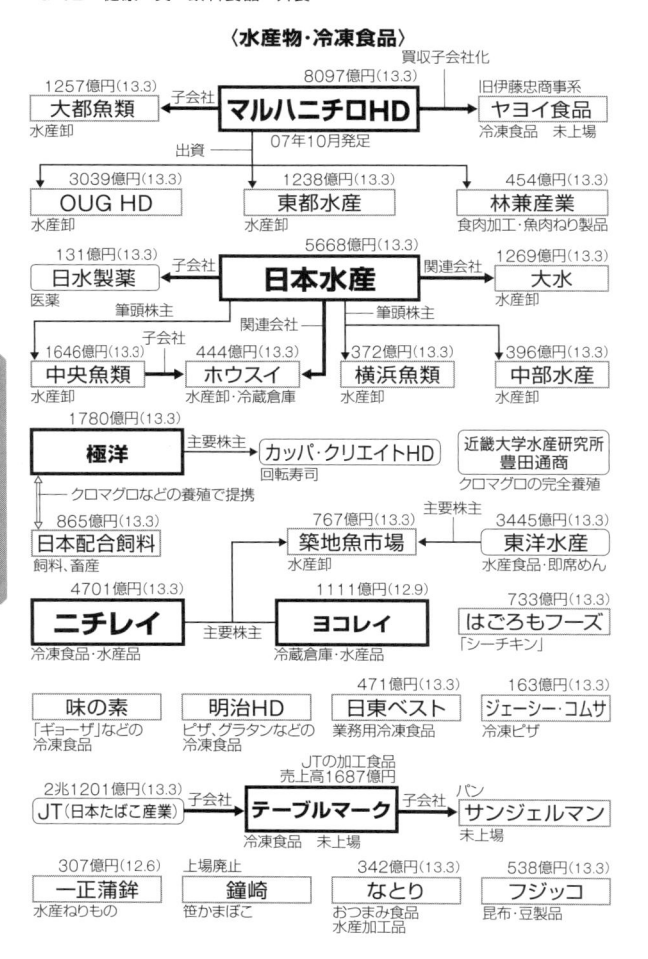

69

外食

コロワイドが焼肉「牛角」と居酒屋「土間土間」をグループ化し多ブランド化

外食チェーンは、直営店もあれば、FC（フランチャイズ）店舗もある。唯一のブランド「マクドナルド」で展開する**日本マクドナルドHD**とは対照的に、**ゼンショーHD**や**コロワイド**らは多ブランドでの展開だ。加工から調理までをそれぞれの店舗でやるところもあれば、自前の工場で食材を加工することで、店舗では手間暇かけずにメニューとして提供する店舗もある。店舗運営も従業員主体のところもあれば、従業員数と店舗数から計算すると従業員は3店舗に1人という店も存在する。資産価値が1億円以上の店舗に対して、100万円を切る店舗も存在する。とにかく、外食チェーンのスタイルは様々だ。

どちらが儲け易いか、ということではなく、あくまでも、食材費や店舗運営のコストと売上のバランス。客単価が1万5000円の店舗もある高級レストラン**ひらまつ**と、390円中華そばの**ハイデイ日高**の営業利益率は、ほぼ同水準。コンビニなどとの競合で減収減益の店舗が目立つが、増収増益の店舗も存在するのも事実である。

Part 2 健康・美・飲料食品・外食

〈大手〉

ゼンショーHD
4175億円(13.3)
4739億円(14.3予)
全4629店舗

全店舗売上高 **5298億円**

日本マクドナルドHD
2947億円(12.12)
2695億円(13.12予)
3280店舗
- 直営 1105店舗
- FC 2175店舗

子会社:
- **ココスジャパン** 571億円(13.3) ファミレス
- **サンデーサン** 171億円(13.3) ファミレス
- **マルヤ** 12年11月に買取子会社化 スーパー

〈店舗ブランド〉
「すき家」
「なか卯」
「ココス」
「久兵衛屋」
「ビッグボーイ」
「はま寿司」

12年10月買取子会社化

コロワイド
1283億円(13.3) 1509億円(14.3予)
全2118店舗

〈店舗ブランド〉
「甘太郎」「三間堂」
「いろはにほへと」
「NIJYU-MARU」
「ステーキ宮」「北の味紀行と地酒 北海道」「イタメシャラバウザ」「にぎりの徳兵衛」「カルビ大将」「寧々家」

上場子会社 → **アトム** 406億円(13.3)

ジェーシー・コムサ 163億円(13.3) ピザ製造・外食

FC契約

アスラポート・ダイニング 73億円(13.3)
「牛角」などをFC展開

レインズインターナショナル 旧レックスHD
「牛角」「土間土間」

中華宅配事業買収

ワタミ
1577億円(13.3) 1750億円(14.3予)
「和民」「和み亭」など720店舗

吉野家HD
1645億円(13.2) 1730億円(14.2予)
「吉野家」など2813店舗

〈店舗ブランド〉
「吉野家」「京樽」「三崎丸」「三崎港」「どん」「はなまる」「千吉」「ビーターパンコモコ」

ハブ 75億円(13.2)
英国風パブ

関連会社

ロイヤルHD
1149億円(12.12)
1170億円(13.12予)
「ロイヤルホスト」253店舗など全店舗754

テンコーポレーション 子会社
天丼「てんや」

〈店舗ブランド〉
「ロイヤルホスト」「シェーキーズ」「カフェクロワッサン」「リッチモンドホテル」

〈未上場大手〉

すかいらーく 3295億円(12.12)
「ガスト」など2960店舗

モンテローザ 1489億円(12.3)
「白木屋」「魚民」「笑笑」など1970店舗

セブン&アイ・フードシステムズ 782億円(13.2)
「デニーズ」 476店舗

子会社

セブン&アイHD

ベインキャピタル・パートナーズ(米)
投資ファンド

投資

ドミノ・ピザジャパン

日本レストランエンタプライズ 632億円(13.3)

子会社

JR東日本

いずれにしても、外食産業は参入が容易な反面、競争や浮沈が激しいだけに、各社は店舗運営の改善や、業態の変革・開発に必死の取組み。米国産牛の輸入緩和を受けて**吉野家HD**などの牛丼チェーンは、値下げ競争を繰り広げる可能性が高いが、その牛丼業態で存在感を発揮し始めた「東京チカラめし」を手がける**三光マーケティングフーズ**の主力は居酒屋業態だ。

M&Aも相変わらず活発である。業界最大手のゼンショーHDが買収したのは、スーパーのマルヤ（埼玉県）だ。精肉や鮮魚など、ゼンショーの調達力を活用して商品を供給するとともに、共同仕入れによる商品力向上で相乗効果を上げようということだろう。コロワイドは焼肉チェーンの「牛角」や居酒屋の「土間土間」など約1200店舗を擁する**レインズインターナショナル**を子会社化。三菱商事の関連会社から外れた**クリエイト・レストランツHD**は、主力の和食「はーべすと」に加え、居酒屋業態の展開を目的に手羽先唐揚専門店「鳥良」などを運営している企業を買収。コーヒー製造のキーコーヒーの関連会社に入ったのは、カフェの**銀座ルノアール**である。海外進出も加速化しており、社員食堂や給食事業の**シダックス**はベトナムに進出。

72

Part 2　健康・美・飲料食品・外食

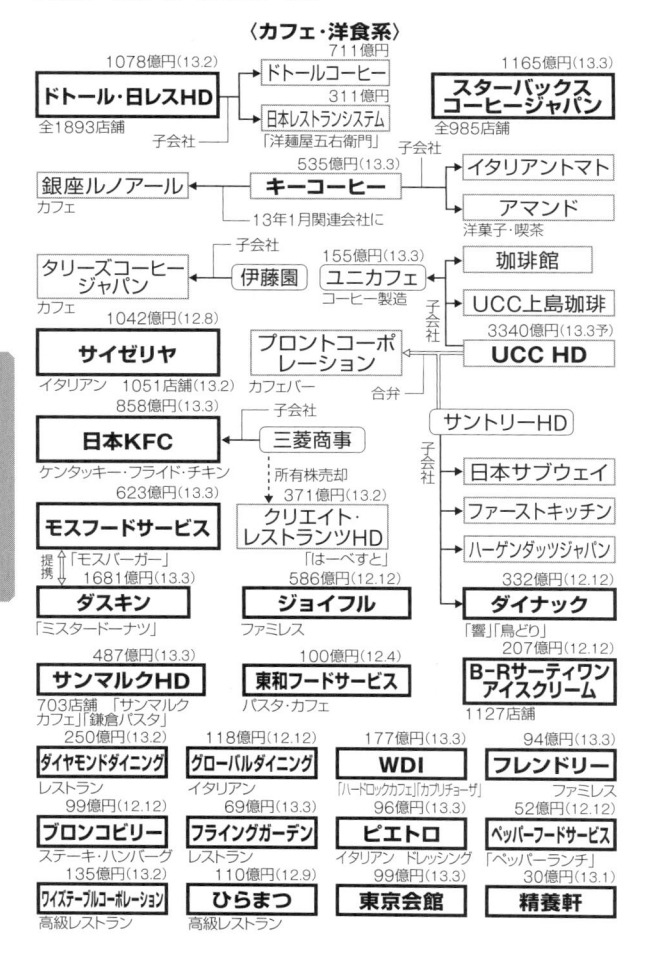

〈カフェ・洋食系〉

- **ドトール・日レスHD** 1078億円(13.2) 全1893店舗
  - → ドトールコーヒー 711億円（子会社）
  - → 日本レストランシステム 311億円「洋麺屋五右衛門」（子会社）

- **スターバックスコーヒージャパン** 1165億円(13.3) 全985店舗

- **キーコーヒー** 535億円(13.3)
  - → 銀座ルノアール（カフェ）13年1月関連会社に
  - → イタリアントマト（子会社）
  - → アマンド（洋菓子・喫茶）

- **伊藤園**
  - → タリーズコーヒージャパン（カフェ）（子会社）

- **ユニカフェ** 155億円(13.3) コーヒー製造
  - → 珈琲館
  - → UCC上島珈琲（子会社）

- **UCC HD** 3340億円(13.3予)
  - → プロントコーポレーション（カフェバー）（合弁）

- **サイゼリヤ** 1042億円(12.8) イタリアン 1051店舗(13.2)

- **日本KFC** 858億円(13.3) ケンタッキー・フライド・チキン
  - 三菱商事（子会社）──所有株売却──→ クリエイト・レストランツHD 371億円(13.2)「はーべすと」

- **モスフードサービス** 623億円(13.3) 提携「モスバーガー」
- **ダスキン** 1681億円(13.3)「ミスタードーナツ」
- **ジョイフル** 586億円(12.12) ファミレス

- **サントリーHD**（子会社）
  - → 日本サブウェイ
  - → ファーストキッチン
  - → ハーゲンダッツジャパン
  - → ダイナック 332億円(12.12)「響」「鳥どり」

- **サンマルクHD** 487億円(13.3) 703店舗「サンマルクカフェ」「鎌倉パスタ」 250億円(13.2)
- **東和フードサービス** 100億円(12.4) パスタ・カフェ
- **B-Rサーティワンアイスクリーム** 207億円(12.12) 1127店舗

- **ダイヤモンドダイニング** 118億円(12.12) レストラン
- **グローバルダイニング** 177億円(13.3) イタリアン
- **WDI** 94億円(13.3)「ハードロックカフェ」「カプリチョーザ」
- **フレンドリー** 52億円(12.12) ファミレス

- **ブロンコビリー** 99億円(12.12) ステーキ・ハンバーグ
- **フライングガーデン** 69億円(13.3) レストラン
- **ピエトロ** 96億円(13.3) イタリアン ドレッシング
- **ペッパーフードサービス** 30億円(13.1)「ペッパーランチ」

- **ワイズテーブルコーポレーション** 135億円(13.3) 高級レストラン
- **ひらまつ** 110億円(12.9) 高級レストラン
- **東京会館** 99億円(13.3)
- **精養軒**

〈和食系〉

1113億円(12.9)	941億円(13.2)	789億円(12.10)
あきんどスシロー	**カッパ・クリエイトHD**	**くらコーポレーション**
回転寿司	回転寿司	回転寿司

245億円(13.3)	179億円(12.5)	137億円(13.2)	248億円(13.3)
元気寿司	**銚子丸**	**魚喜**	**魚力**
回転寿司	回転寿司	回転寿司	鮮魚店、飲食店

397億円(12.5)	790億円(13.3)	453億円(13.3)
壱番屋	**松屋フーズ**	**木曽路**
「カレーハウスCoCo壱番屋」	牛めし「松屋」	しゃぶしゃぶ

232億円(13.3)	161億円(13.3)	182億円(12.6)
あみやき亭	**安楽亭**	**物語コーポレーション**
焼肉	焼肉	焼肉、ラーメン

257億円(13.3)	228億円(12.12)	203億円(13.3)
サトレストランシステムズ	**フジオフードシステム**	**大戸屋HD**
「和食さと」	「まいどおおきに食堂」	「大戸屋ごはん処」

120億円(13.2)	73億円(13.2)	127億円(12.12)	56億円(13.3)
ライフフーズ	**カルラ**	**アークランドサービス**	**関門海**
「ザめしや」	和風レストラン	とんかつ「かつや」	「玄品ふぐ」

743億円(13.3)	709億円(13.3)	359億円(13.3)
王将フードサービス	**トリドール**	**グルメ杵屋**
「餃子の王将」	「丸亀製麺」	「めん坊」「そじ坊」

360億円(13.3)	350億円(13.2)	295億円(13.2)
幸楽苑	**リンガーハット**	**ハイデイ日高**
ラーメン「幸楽苑」	長崎ちゃんぽん	ラーメン「日高屋」

89億円(13.1)	64億円(13.3)	53億円(13.3)	22億円(13.3)
丸千代山岡家	**ハチバン**	**JBイレブン**	**ワイエスフード**
ラーメン	「8番らーめん」	「一刻魁堂」	「筑豊ラーメン山小屋」

198億円(13.3)	195億円(13.1)	194億円(13.3)	
イートアンド	**サガミチェーン**	**家族亭** ←子会社	**H2Oリテイリング**
「大阪王将」	和食麺処「サガミ」	うどん、そば ←出資	百貨店

116億円(13.3)		300億円(12.9)
うかい		**梅の花**
高級和洋食		湯葉・豆腐料理

[グループ]	155億円(13.3)	72億円(13.3)	54億円(13.3)
	ジー・テイスト	**ジー・ネットワークス**	**さかい**
	「平禄寿司」	「長崎ちゃんめん」	焼肉

Part2 健康・美・飲料食品・外食

〈居酒屋系〉

780億円(12.8)	283億円(13.3)	258億円(12.6)
大庄	**ヴィアHD**	**三光マーケティングフーズ**
「庄や」「やるき茶屋」	「備長扇屋」「ぼちぼち」	「月の雫」「東方見聞録」「東京チカラめし」

大庄 ⇔ FC契約 ⇔ かんなん丸

63億円(12.6)	153億円(13.3)	122億円(13.3)	100億円(13.2)
かんなん丸	**テンアライド**	**マルシェ**	**一六堂**
	「旬鮮酒場天狗」	「酔虎伝」「八剣伝」	「天地旬鮮八吉」

419億円(12.12)	99億円(13.2)	75億円(13.3)	57億円(12.6)
チムニー	**ジェイグループHD**	**ホリイフードサービス**	**きちり**
「はなの舞」「魚鮮水産」	「芋蔵」	「忍家」「益益」	「丸の内タニタ食堂」

〈給食・弁当・惣菜〉

1861億円(13.3)
シダックス ←提携→ ローソン

企業学校の給食関連 363億円
病院の給食関連 360億円
コンビニ中食関連 144億円
レストランカラオケ 452億円

539億円(13.3)
ハークスレイ
持帰り弁当「ほっかほっか亭」

1415億円(13.2)
プレナス
持帰り弁当
「ほっともっと」
〈店舗ブランド〉
「やよい軒」
「しゃぶしゃぶ
ダイニングMIC」

1750億円(13.2)	202億円(13.3)	458億円(12.2)	202億円(12.12)
わらべや日洋	**カネ美食品**	**オリジン東秀**	**小僧寿し**
主要販売先	主要販売先	イオンの子会社	持帰り寿司
↓	↓		
セブン-イレブン・ジャパン	サークルKサンクス		

390億円(13.3)	98億円(13.3)
シノブフーズ	**アスモ**
主要販売先	給食
↓	
ファミリーマート	

491億円(12.4)	426億円(13.2)	242億円(13.3)
ロック・フィールド	**柿安本店**	**デリカフーズ**
「RF1」「神戸コロッケ」	「柿安」	外食向けカット野菜

538億円(13.3)	355億円(13.3)	240億円(13.2)	244億円(13.3)
フジッコ	**あじかん**	**ピックルスコーポレーション**	**ジーエフシー**
昆布・煮豆	玉子焼	漬物・そう菜	業務用加工食材

[未上場・上場廃止]

日清医療食品	エームサービス	西洋フード・コンパスグループ
グリーンハウス	LEOC	トオカツフーズ

Column 2　主要企業の社内取締役年俸推移

社名	10年度 平均(万円)	11年度 総額(万円)	11年度 人数	11年度 平均(万円)	11年度 1億円超
\[医薬・トイレタリー\]					
中外製薬	13900	64300	5人	12860	2人
大塚HD	10645	124500	10人	12450	10人
アステラス製薬	13900	44400	4人	11100	4人
第一三共	10283	59200	6人	9866	4人
武田薬品工業	12140	58900	6人	9816	3人
小林製薬	7614	52000	6人	8666	0人
資生堂	12466	40100	5人	8020	1人
塩野義製薬	5325	24000	3人	8000	0人
ユニ・チャーム	5877	56300	8人	7037	1人
ツムラ	6625	56400	9人	6266	1人
ノエビアHD	2366	34800	6人	5800	2人
協和発酵キリン	4966	32400	6人	5400	0人
エーザイ	5685	87500	18人	4861	2人
田辺三菱製薬	4383	25600	6人	4266	0人
花王	4200	53800	13人	4138	0人
大日本住友製薬	3925	30100	8人	3762	0人
コーセー	4971	32900	9人	3655	1人
大正製薬HD	4922	7800	9人	866	0人
\[食品\]					
JT	6477	60800	8人	7600	2人
味の素	6646	78600	12人	6550	1人
日清食品HD	6262	49900	8人	6237	1人
ピエトロ	3525	20439	4人	5109	1人
ニチレイ	5085	34600	7人	4942	0人
伊藤園	3523	89800	21人	4276	1人
明治HD	2312	23800	6人	3966	1人
キッコーマン	3762	31500	8人	3937	0人
ヤクルト本社	3559	53100	14人	3792	0人

Part 3
電機・機械

電機

パナソニック、ソニー、シャープ……経営再建の行方は?

韓国サムスン電子と**パナソニック、ソニー**の比較をしてみよう。

リーマンショック前の07年度から12年度にかけて、M&Aや生産設備の増強など投資活動に投じたキャッシュ(工場売却などによる回収との差額)は、パナソニックが約1兆3800億円、ソニーは5兆円強だ。それだけ投資活動を実行したのに、獲得した利益がないどころか、赤字の積み増しだ。両社の投資判断が誤っていたということだ。投資活動額も大きいが、利益も大きいサムスンとは対照的。本業による儲け具合を示す営業利益率(6期平均)も大差がついている。研究開発費そのものは格段の差がないだけに、サムスンとの勢いの差がさらに鮮明に浮かび上がる。

大手電機各社は個人向けから産業用製品まで幅広く手がけていることから〝総合電機〟と総称されたものだが、事業再編やリストラなどを余儀なくされたことで、今やその看板は過去のもの。**日立製作所や東芝、三菱電機**は発電や工場用機器など産業・社会インフラ事業に経営資源を注力。**富士通とNEC**はIT・情報通信技術企業にシフ

Part3 電機・機械

〈日韓3社比較〉

	サムスン電子	パナソニック	ソニー
M&A・工場増強等投資額 (合計)	7兆6478億円	1兆3829億円	5兆403億円
研究開発費 (合計)	3兆5791億円	3兆955億円	2兆7837億円
純利益 (合計)	5兆4109億円	赤字1兆6529億円	赤字4435億円
営業利益率 (平均)	9.5%	2.5%	1.1%

(07年度〜12年度の合計ないしは平均。M&A・工場増強等は「投資活動CF」。1ウォン0.07円で換算)

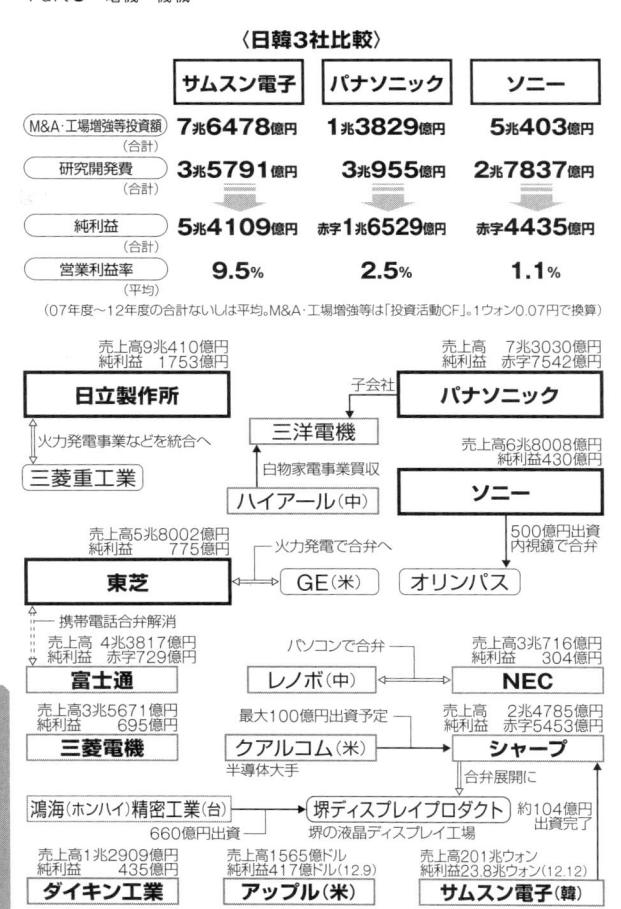

日立製作所 売上高9兆410億円 純利益 1753億円
↕ 火力発電事業などを統合へ
三菱重工業

パナソニック 売上高 7兆3030億円 純利益 赤字7542億円
子会社 → **三洋電機**
← 白物家電事業買収 **ハイアール(中)**

ソニー 売上高6兆8008億円 純利益430億円
500億円出資 内視鏡で合弁 → **オリンパス**

東芝 売上高5兆8002億円 純利益 775億円
↔ 火力発電で合弁へ **GE(米)**

— 携帯電話合弁解消
富士通 売上高 4兆3817億円 純利益 赤字729億円

パソコンで合弁 **レノボ(中)** ↔ **NEC** 売上高3兆716億円 純利益304億円

三菱電機 売上高3兆5671億円 純利益 695億円

最大100億円出資予定 **クアルコム(米)** 半導体大手
シャープ 売上高 2兆4785億円 純利益 赤字5453億円
合弁展開に ↓

鴻海(ホンハイ)精密工業(台) → **堺ディスプレイプロダクト** 約104億円 出資完了
660億円出資 堺の液晶ディスプレイ工場

ダイキン工業 売上高1兆2909億円 純利益 435億円

アップル(米) 売上高1565億ドル 純利益417億ドル(12.9)

サムスン電子(韓) 売上高201兆ウォン 純利益23.8兆ウォン(12.12)

(国内企業の数値は13年3月期)

電機・機械

ト。パナソニック、ソニー、**シャープ**の3社は個人向け製品群が主力、といった具合だが、韓国、台湾、中国企業の攻勢にあい〝メイド・イン・ジャパン〟として世界を席巻したその地位は低下。とくに、薄型テレビの販売低迷に歯止めがかからない。

 国内勢の反転攻勢はあるのだろうか。日立が決断したのは、三菱重工業との火力発電事業などでの統合。東芝も火力発電で米GEと合弁会社を設立する。経営陣を刷新したソニーは医療機器の展開拡大を目指し、消化器内視鏡世界トップのオリンパスに500億円を投じた。パナソニックは車関連や住宅の拡大を中心に再建を目指す。空調世界トップの地位を盤石にすべく、およそ3000億円の巨費を投じて米国住宅用空調大手グッドマンを傘下に収めたのは**ダイキン工業**である。流通世界トップの米ウォルマート・ストアーズでの販売など、海外展開が中心の**船井電機**は、北米におけるフィリップス（蘭）ブランドでの販売拡大を推進する。

 シャープは、経営の悪化にともなう財務体質の改善のため、生産工場に加え本体にも台湾の鴻海（ホンハイ）精密工業の資本参加を受ける予定だったが、現在のところ本社には半導体世界大手の米クアルコムとサムスンからの資本注入にとどまっている。

80

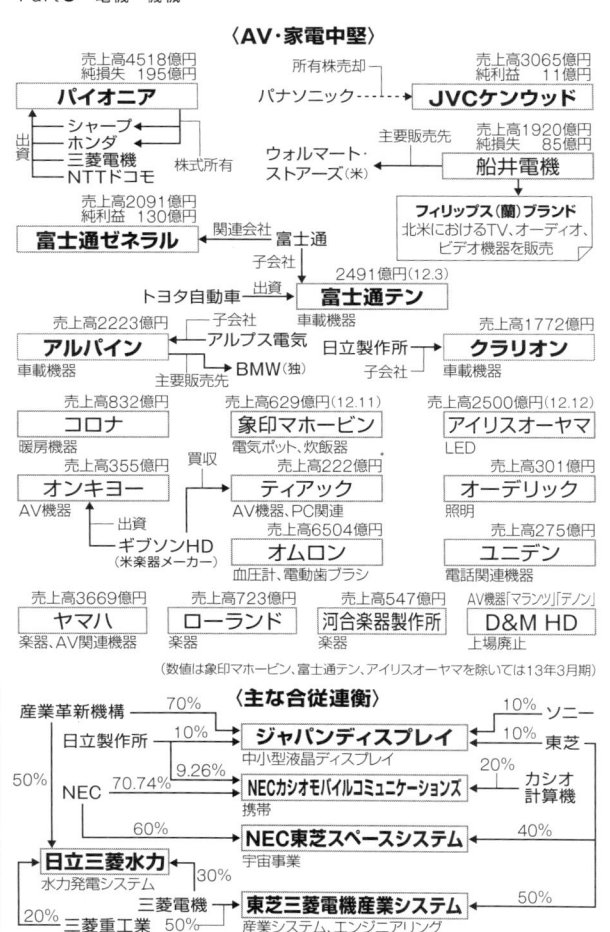

Part3　電機・機械

〈AV・家電中堅〉

```
売上高4518億円                          売上高3065億円
純損失 195億円     ─所有株売却─        純利益 11億円
┌─────────┐                          ┌──────────────┐
│ パイオニア │ ←── パナソニック ┄┄→ │ JVCケンウッド │
└─────────┘                          └──────────────┘
  ├─シャープ                              主要販売先    売上高1920億円
 出├─ホンダ ←                                          純損失 85億円
 資├─三菱電機                         ウォルマート・  ┌──────────┐
  └─NTTドコモ ── 株式所有            ストアーズ(米) ←│ 船井電機 │
                                                      └──────────┘
  売上高2091億円                                       ┌──────────────────┐
  純利益 130億円          関連会社  富士通             │ フィリップス(蘭)ブランド │
┌──────────────┐                                     │ 北米におけるTV、オーディオ、│
│ 富士通ゼネラル │                                     │ ビデオ機器を販売  │
└──────────────┘                                     └──────────────────┘
                                        2491億円(12.3)
        トヨタ自動車 ──出資→  ┌──────────┐
                                │ 富士通テン │
                                └──────────┘
                                 車載機器
  売上高2223億円   ┌子会社                            売上高1772億円
┌──────────┐   ─ アルプス電気                    ┌──────────┐
│ アルパイン │ ←                           日立製作所 │ クラリオン │
└──────────┘     主要販売先                子会社    └──────────┘
 車載機器         BMW(独)                              車載機器

  売上高832億円    売上高629億円(12.11)   売上高2500億円(12.12)
┌──────────┐   ┌──────────────┐      ┌──────────────┐
│  コロナ   │   │ 象印マホービン │      │ アイリスオーヤマ │
└──────────┘   └──────────────┘      └──────────────┘
 暖房機器         電気ポット、炊飯器         LED
  売上高355億円    売上高222億円            売上高301億円
┌──────────┐   ┌──────────┐          ┌──────────┐
│ オンキヨー │買収→│ ティアック │         │ オーデリック │
└──────────┘   └──────────┘          └──────────┘
 AV機器           AV機器、PC関連            照明
                  売上高6504億円            売上高275億円
 ├─ギブソンHD   ┌──────────┐          ┌──────────┐
 出 (米楽器メーカー)│  オムロン  │          │  ユニデン  │
 資               └──────────┘          └──────────┘
                  血圧計、電動歯ブラシ      電話関連機器

  売上高3669億円   売上高723億円   売上高547億円   AV機器「マランツ」「デノン」
┌──────────┐  ┌──────────┐ ┌──────────────┐┌──────────┐
│  ヤマハ   │  │ ローランド │ │ 河合楽器製作所 ││ D&M HD  │
└──────────┘  └──────────┘ └──────────────┘└──────────┘
 楽器、AV関連機器  楽器            楽器             上場廃止
```

(数値は象印マホービン、富士通テン、アイリスオーヤマを除いては13年3月期)

〈主な合従連衡〉

```
産業革新機構 ──70%→ ┌──────────────────┐ ←10%─ ソニー
                     │ ジャパンディスプレイ │
日立製作所 ──10%→  └──────────────────┘ ←10%─ 東芝
                       中小型液晶ディスプレイ
            9.26%→  ┌──────────────────────┐ ←20%─ カシオ
      NEC ─70.74%→│ NECカシオモバイルコミュニケーションズ │       計算機
50%                  └──────────────────────┘
                        携帯
                     ┌──────────────────┐
                 60%→│ NEC東芝スペースシステム │ ←40%
                     └──────────────────┘
                        宇宙事業
┌──────────┐
│ 日立三菱水力 │
└──────────┘    30%↘
 水力発電システム    ┌──────────────────────┐
          三菱電機 →│ 東芝三菱電機産業システム │ ←50%
20%─三菱重工業 50%→└──────────────────────┘
                      産業システム、エンジニアリング
```

スマホ・タブレット・パソコン・デジカメ

アップル、サムスンは好調、中台新興企業の台頭が目立つ

米ヒューレット・パッカード（HP）は、1兆円を超える最終赤字を計上（12年10月期）。米デルは株式非公開化の道を選択。ネット端末の主役が、パソコンからスマートフォン（スマホ）やタブレットに移行している象徴的な出来事である。カメラ付きスマホの普及拡大は、デジカメの販売にも影響を及ぼすはずだ。

そのスマホやタブレットの雄といえば、アップルとサムスン電子。アップルでいえば、iPad製品が3万円として、1台売るごとに儲けは1万円を超える。およそ35％という営業利益率は、メーカーとしては群を抜く水準。スマホでは、中国のファーウェイ（HUAWEI）、台湾のHTCといった新興勢力の台頭も目立つ。

IT産業をリードしてきたマイクロソフトやグーグル、アマゾン・ドット・コムも、タブレットや電子書籍端末などの機器を投入してきたように、競争激化は必至の状況。**ソニー、パナソニック、シャープ、東芝、NEC、富士通**など国内企業は、事業継続の瀬戸際に立たされているといっていいだろう。

Part3　電機・機械

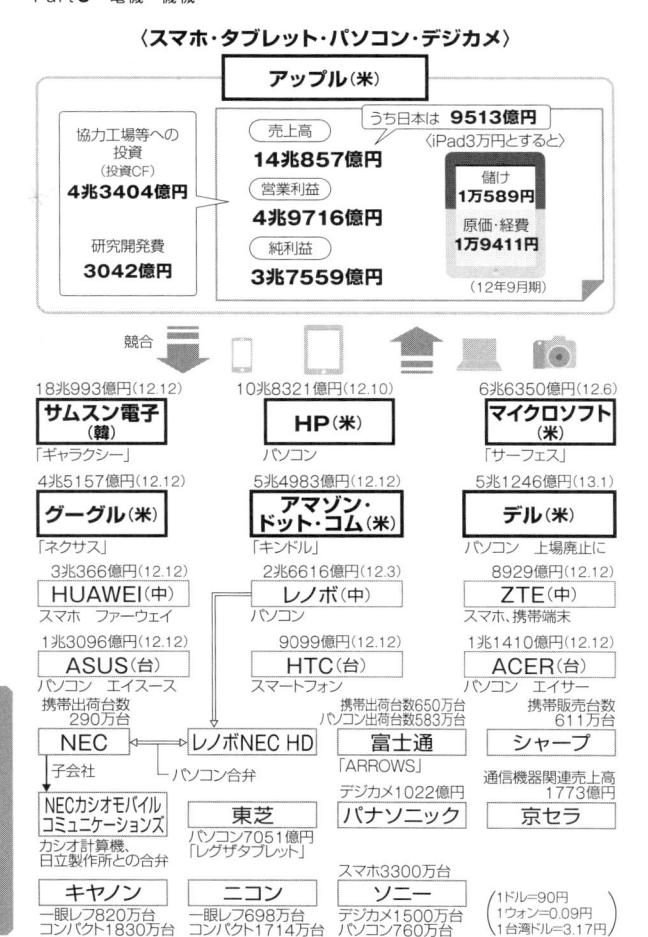

〈スマホ・タブレット・パソコン・デジカメ〉

アップル(米)

協力工場等への投資
(投資CF)
4兆3404億円

研究開発費
3042億円

売上高
14兆857億円

営業利益
4兆9716億円

純利益
3兆7559億円

うち日本は **9513億円**
〈iPad3万円とすると〉
儲け **1万589円**
原価・経費 **1万9411円**
(12年9月期)

競合

18兆993億円(12.12)
サムスン電子(韓)
「ギャラクシー」

10兆8321億円(12.10)
HP(米)
パソコン

6兆6350億円(12.6)
マイクロソフト(米)
「サーフェス」

4兆5157億円(12.12)
グーグル(米)
「ネクサス」

5兆4983億円(12.12)
アマゾン・ドット・コム(米)
「キンドル」

5兆1246億円(13.1)
デル(米)
パソコン　上場廃止に

3兆366億円(12.12)
HUAWEI(中)
スマホ　ファーウェイ

2兆6616億円(12.3)
レノボ(中)
パソコン

8929億円(12.12)
ZTE(中)
スマホ、携帯端末

1兆3096億円(12.12)
ASUS(台)
パソコン　エイスース

9099億円(12.12)
HTC(台)
スマートフォン

1兆1410億円(12.12)
ACER(台)
パソコン　エイサー

携帯出荷台数 290万台
NEC ⇔ レノボNEC HD
　↓子会社　└パソコン合弁

携帯出荷台数650万台
パソコン出荷台数583万台
富士通
「ARROWS」

携帯販売台数 611万台
シャープ

NECカシオモバイル
コミュニケーションズ
カシオ計算機、
日立製作所との合弁

東芝
パソコン7051億円
「レグザタブレット」

デジカメ1022億円
パナソニック

通信機器関連売上高 1773億円
京セラ

キヤノン
一眼レフ820万台
コンパクト1830万台

ニコン
一眼レフ698万台
コンパクト1714万台

スマホ3300万台
ソニー
デジカメ1500万台
パソコン760万台

(1ドル=90円
1ウォン=0.09円
1台湾ドル=3.17円)

電機・機械

83

液晶テレビ・パネル

シャープ、堺工場をホンハイとの合弁運営に！

 国内のテレビメーカーは、作れば作るほど赤字が拡大するといった状況にある。地デジ特需の反動で国内販売が落ち込んだことに加え、世界でのシェア争いに敗北したことによる。象徴的なのは、11年度、12年度の2期合計で9214億円の最終赤字を計上した**シャープ**。パネル最先端技術の結集である「IGZO」や「亀山モデル」で、一時は世界をリードした同社は、4000億円超の巨額資金を投じて大阪府堺市に新設した工場を、鴻海（ホンハイ）精密工業（台）との合弁に切り替えることを余儀なくされた。合弁展開にともないホンハイから受け入れた資金は約660億円。併せて半導体大手の米クアルコムや韓国サムスン電子からのシャープ本体への資本注入などで、シャープは再建を目指す。

 テレビ向けとは対照的に需要が増えているスマホやタブレット用パネルでは、**ソニー・東芝・日立製作所**の3社が**ジャパンディスプレイ**を設立。同社は政府系の産業革新機構主導で再出発した。シャープも中小型用に注力する。

Part 3　電機・機械

〈液晶テレビ・パネル〉

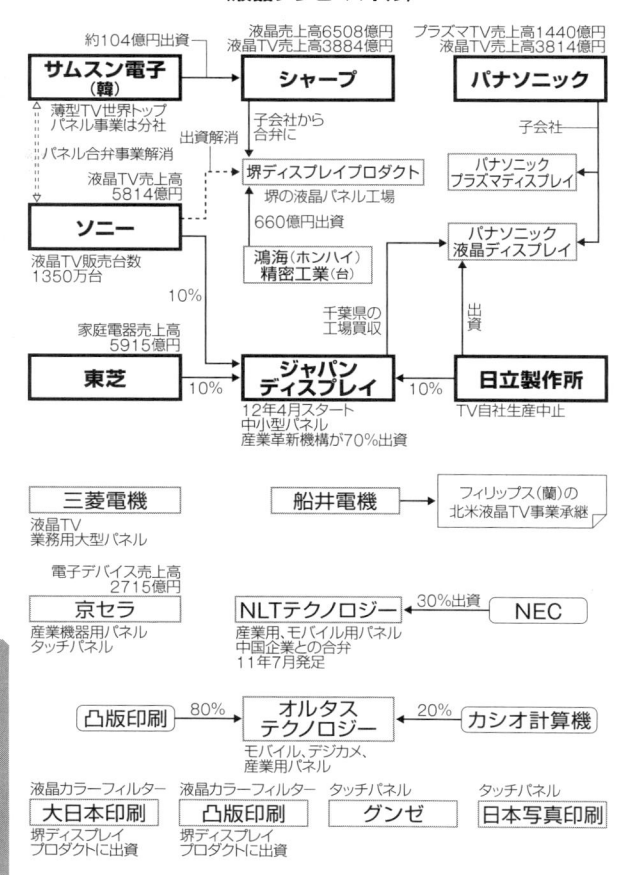

```
サムスン電子(韓)  ──約104億円出資──▶  シャープ
薄型TV世界トップ                        液晶売上高6508億円
パネル事業は分社                        液晶TV売上高3884億円
  △
  ┊ パネル合弁事業解消
  ┊ 液晶TV売上高5814億円
  ▽
ソニー
液晶TV販売台数1350万台
```

パナソニック
プラズマTV売上高1440億円
液晶売上高3814億円

シャープ → 子会社から合弁に → 堺ディスプレイプロダクト
堺の液晶パネル工場
660億円出資

鴻海(ホンハイ)精密工業(台)

パナソニック ── 子会社 ── パナソニックプラズマディスプレイ

パナソニック液晶ディスプレイ

出資解消（シャープ→堺ディスプレイプロダクト 点線）

ソニー ──10%──▶ ジャパンディスプレイ
東芝 ──10%──▶ ジャパンディスプレイ ◀──10%── 日立製作所
家庭電器売上高5915億円

ジャパンディスプレイ
12年4月スタート
中小型パネル
産業革新機構が70%出資
千葉県の工場買収

日立製作所
TV自社生産中止
出資 → パナソニック液晶ディスプレイ

三菱電機
液晶TV
業務用大型パネル

船井電機 ──▶ フィリップス(蘭)の北米液晶TV事業承継

電子デバイス売上高2715億円

京セラ
産業機器用パネル
タッチパネル

NLTテクノロジー ◀──30%出資── NEC
産業用、モバイル用パネル
中国企業との合弁
11年7月発足

凸版印刷 ──80%──▶ オルタステクノロジー ◀──20%── カシオ計算機
モバイル、デジカメ、産業用パネル

液晶カラーフィルター　　液晶カラーフィルター　　タッチパネル　　タッチパネル

大日本印刷　　　　凸版印刷　　　　グンゼ　　　　日本写真印刷
堺ディスプレイ　　堺ディスプレイ
プロダクトに出資　プロダクトに出資

（国内企業の数値は13年3月期）

電機・機械

事務・精密・計測・制御機器

オリンパス、ソニーから500億円の出資受け入れ！

 高い営業利益率をマークするなど、稼ぐ力がある企業が多い業界。ただし、本業や得意事業に注力するか、新たに成長分野を育成するか、各社は転機を迎えている。

 トヨタ自動車の全売上高に占める欧州の割合が1割程度なのに対し、**キヤノン**は約3割、**リコー**は2割と、事業依存度割合が高い欧州の景気回復には時間を要すると予測されることや、ペーパーレス化が進み、複合機やコピー機本体を売り、その後はトナーなどの消耗品で稼ぐ、というビジネスモデルが曲がり角にきていることが背景にある。スマホの広がりでデジカメ市場の縮小も必至。計測器や制御機器は、顧客企業の国内設備投資の減少で、国内需要の伸びが期待できないという課題も抱える。

 成長が確実視される医療関連の強化に動いているのはキヤノンや**富士フイルムHD**、**島津製作所**などだ。キヤノンは京都大学やハーバード大学と共同研究を進めるなど、医療関連の技術開発を推進。富士フイルムHDは、ピーク時に売上や利益構成比で6～7割を占めていた写真フィルム事業がほぼゼロになる過程で、液晶パネル用の

Part3 電機・機械

〈事務・精密・計測・制御機器①〉

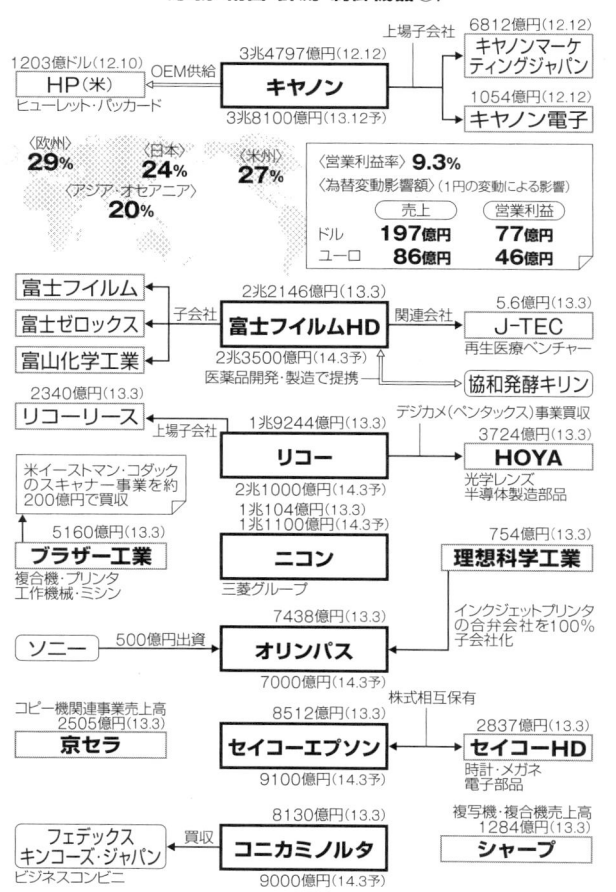

- HP(米) 1203億ドル(12.10) ヒューレット・パッカード ← OEM供給 ← キヤノン 3兆4797億円(12.12) / 3兆8100億円(13.12予)
- 上場子会社 → キヤノンマーケティングジャパン 6812億円(12.12)
- → キヤノン電子 1054億円(12.12)

〈欧州〉**29%** 〈日本〉**24%** 〈米州〉**27%** 〈アジア・オセアニア〉**20%**

〈営業利益率〉**9.3%**
〈為替変動影響額〉(1円の変動による影響)

	売上	営業利益
ドル	197億円	77億円
ユーロ	86億円	46億円

- 富士フイルム / 富士ゼロックス / 富山化学工業 ← 子会社 ← 富士フイルムHD 2兆2146億円(13.3) / 2兆3500億円(14.3予)
- 関連会社 → J-TEC 5.6億円(13.3) 再生医療ベンチャー
- 医薬品開発・製造で提携 ⇔ 協和発酵キリン

- リコーリース 2340億円(13.3) ← 上場子会社 ← リコー 1兆9244億円(13.3) / 2兆1000億円(14.3予)
- デジカメ(ペンタックス)事業買収 → HOYA 3724億円(13.3) 光学レンズ 半導体製造部品

- 米イーストマン・コダックのスキャナー事業を約200億円で買収
- ブラザー工業 5160億円(13.3) 複合機・プリンタ 工作機械・ミシン

- ニコン 1兆104億円(13.3) / 1兆1100億円(14.3予) 三菱グループ

- 理想科学工業 754億円(13.3)

- ソニー ── 500億円出資 → オリンパス 7438億円(13.3) / 7000億円(14.3予)
- インクジェットプリンタの合弁会社を100%子会社化

- コピー機関連事業売上高 2505億円(13.3) 京セラ
- セイコーエプソン 8512億円(13.3) / 9100億円(14.3予) ← 株式相互保有 → セイコーHD 2837億円(13.3) 時計・メガネ 電子部品

- フェデックスキンコーズ・ジャパン ビジネスコンビニ ← 買収 ← コニカミノルタ 8130億円(13.3) / 9000億円(14.3予)
- 複写機・複合機売上高 1284億円(13.3) シャープ

電機・機械

フィルムや医療機器関連事業を育成。約590億円を投じて超音波診断装置大手の米国企業の買収も手がけている。同社は「アスタリフト」などの化粧品、さらには医薬品の事業展開の拡大も急ぐ。

損失隠し問題で財務的に危機に立たされた**オリンパス**は、ソニーから500億円の出資を受け、得意とする消化器内視鏡に加え、外科用内視鏡の強化を図る。GPS搭載のランニングウオッチを手がけているように、**セイコーエプソン**は高精度センサー技術を応用し、健康・スポーツ・医療などの分野において商品開発に取組む方向だ。

顧客企業の事務機の運用管理を一括受託し、出力と文書管理などの環境を最適化する事業や、顧客のIT環境を整備する事業に注力しているのはリコーや**コニカミノルタ**など。すでにカメラ事業から撤退しているコニカミノルタは、ITインフラ環境の構築を含めたITソリューション提案力の獲得を目的にドイツ企業を買収するなど、海外M&Aも積極的に展開。**ニコン**は、世界的に強みを持つ半導体・液晶露光装置のシェアアップに注力するほか、バイオや三次元測定機分野を育成。**横河電機やアズビル**も事業の構造改革を推進している。

Part 3 電機・機械

〈事務・精密・計測・制御機器②〉

4558億円(13.3) — **OKI** ←複合機共同開発→ 4036億円(13.3) **東芝テック**（東芝の子会社）　　2977億円(13.3) **カシオ計算機**

OKI ↑半導体事業買収← **ローム**

東芝テック ↓ 2720億円(13.3) **シチズンHD**

カシオ計算機 ↕ 3社で携帯端末事業統合 — NEC　日立製作所

シチズンHD →筆頭株主→ 324億円(13.3) **リズム時計工業**

872億円(13.3) **サトーHD** バーコード・プリンタ

758億円(12.12) **JUKI** 工業用ミシンが主力

643億円(12.12) **タムロン** 一眼レフ交換レンズ

378億円(13.3) **スター精密** プリンタ・工作機械

386億円(13.3) **蛇の目ミシン工業** ミシンが主力

179億円(13.3) **MUTOH HD** 業務用プリンタ

273億円(13.3) **ノーリツ鋼機** 写真DPE用ラボ機器 オリンパスの子会社4社買収

83億円(12.11) **オプトエレクトロニクス** バーコード関連

6504億円(13.3) **オムロン**

3478億円(13.3) **横河電機** 制御機器

3231億円(13.3) **SMC** 制御機器

オムロン ↓合弁 制御関連機器
日立オムロンターミナルソリューションズ ATM ←合弁— 日立製作所

2640億円(13.3) **島津製作所** 計測・医療機器

2275億円(13.3) **アズビル** 旧山武

1658億円(13.3) **キーエンス** 検出制御機器 →関連会社→ 139億円(13.3) **ジャストシステム** ワープロ一太郎

1434億円(13.3) **ウシオ電機** 産業用ランプ デジタル映写機

1176億円(12.12) **堀場製作所** 自動車排ガス測定器

980億円(12.9) **浜松ホトニクス** 計測機器、電子管事業

973億円(13.3) **トプコン** 測量機器

946億円(13.3) **アンリツ** 計測・通信機器

119億円(13.3) **オーバル** 流量計

366億円(13.3) **長野計器** 圧力計

198億円(13.3) **理研計器** ガス検知器

107億円(13.3) **大泉製作所** 温度センサー　12年6月上場

電機・機械

造船・重機

造船危機をシェール革命や再生可能エネルギー分野で乗り切る！

業界各社の事業領域は幅広い。ただし、祖業である造船部門は苦戦。受注先である海運各社の世界的な船腹過剰状態が続いており、早期の新造船需要回復が望めない状況にあるからだ。そうした背景もあり、**IHI**と鉄鋼大手の**JFEHD**はそれぞれの造船子会社を統合、**ジャパンマリンユナイテッド**としてスタートさせ規模の拡大で生き残りを図る。中国で造船所を合弁運営している**川崎重工業**は、新たにブラジルでも地元造船会社に出資し、日本・中国・ブラジルの3拠点での造船事業を展開する。

IHIは米国のシェールガス関連プラント建設を受注したのは**三井造船**。**日立造船**は、大型海洋構造物の技術力を蓄積しているノルウェー最大の国営エネルギー企業と提携し、洋上風力発電技術を高める意向だ。各社はシェール革命や再生可能エネルギー、環境といった分野でも技術力で差別化を図り、収益拡大を目指す。電力用タービンで米GEや独シーメンスを追う**三菱重工業**は、火力発電事業で日立製作所との事業統合を決断（152ページ参照）。

90

Part3　電機・機械

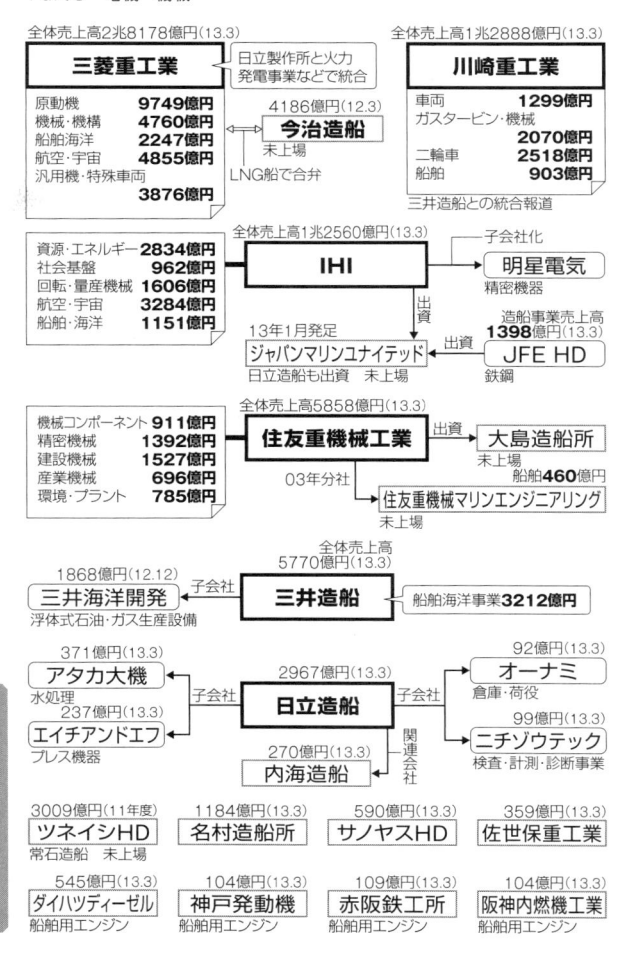

三菱重工業
全体売上高2兆8178億円(13.3)

日立製作所と火力発電事業などで統合

- 原動機　　　　　9749億円
- 機械・機構　　　4760億円
- 船舶海洋　　　　2247億円
- 航空・宇宙　　　4855億円
- 汎用機・特殊車両　3876億円

4186億円(12.3)
今治造船
未上場

LNG船で合弁

川崎重工業
全体売上高1兆2888億円(13.3)

- 車両　　　　　　1299億円
- ガスタービン・機械　2070億円
- 二輪車　　　　　2518億円
- 船舶　　　　　　903億円

三井造船との統合報道

- 資源・エネルギー　2834億円
- 社会基盤　　　　962億円
- 回転・量産機械　1606億円
- 航空・宇宙　　　3284億円
- 船舶・海洋　　　1151億円

IHI
全体売上高1兆2560億円(13.3)

→子会社化→ **明星電気**　精密機器

出資↓

13年1月発足
ジャパンマリンユナイテッド
日立造船も出資　未上場

←出資— **JFE HD**　鉄鋼
造船事業売上高 **1398億円**(13.3)

- 機械コンポーネント　911億円
- 精密機械　　　　1392億円
- 建設機械　　　　1527億円
- 産業機械　　　　696億円
- 環境・プラント　　785億円

住友重機械工業
全体売上高5858億円(13.3)

出資→ **大島造船所**　未上場　船舶460億円

03年分社→ **住友重機械マリンエンジニアリング**　未上場

1868億円(12.12)
三井海洋開発
子会社←
浮体式石油・ガス生産設備

三井造船
全体売上高5770億円(13.3)

船舶海洋事業**3212億円**

371億円(13.3)
アタカ大機
水処理

237億円(13.3)
エイチアンドエフ
プレス機器

←子会社— 2967億円(13.3)
日立造船
—子会社→

270億円(13.3)
内海造船
関連会社

92億円(13.3)
オーナミ
倉庫・荷役

99億円(13.3)
ニチゾウテック
検査・計測・診断事業

3009億円(11年度)	1184億円(13.3)	590億円(13.3)	359億円(13.3)
ツネイシHD 常石造船　未上場	**名村造船所**	**サノヤスHD**	**佐世保重工業**

545億円(13.3)	104億円(13.3)	109億円(13.3)	104億円(13.3)
ダイハツディーゼル 船舶用エンジン	**神戸発動機** 船舶用エンジン	**赤阪鉄工所** 船舶用エンジン	**阪神内燃機工業** 船舶用エンジン

電機・機械

建設鉱山機械・産業用車両

フォークリフト各社が、シェール革命の米国で企業買収!

他社に先駆けハイブリッド油圧ショベルや無人ダンプトラックなどの製品を投入し、世界的地位を確たるものにしてきた**コマツ**も、中国経済減速の影響は免（まぬが）れなかった。12年度、シェール革命の米国や国内では販売を伸ばしたものの、中国はおよそ4割減。ひとつの転換期を迎えたようだ。

動きが目立つのはフォークリフト各社。**日立建機**はフォークリフトの子会社を切り離し、**日産自動車**のフォークリフト事業と統合。その上で、産業革新機構主導による運営に移行。**三菱重工業**は、フォークリフトの世界シェア拡大に向けた展開を加速させるため、同事業を子会社化した**ニチユ三菱フォークリフト**に移すとともに、関連する米国企業を買収。フォークリフト世界トップの**豊田自動織機**も、米国のフォークリフト部品会社を買収をした。**クボタ**はトラクタや農機関連商品を中心に北米で売上高を伸張。

12年の建設機械出荷額は2兆2538億円（うち外需1兆4947億円）。大震災の復興需要もあって国内は対前年比で増加だったものの、外需は減少だった。

92

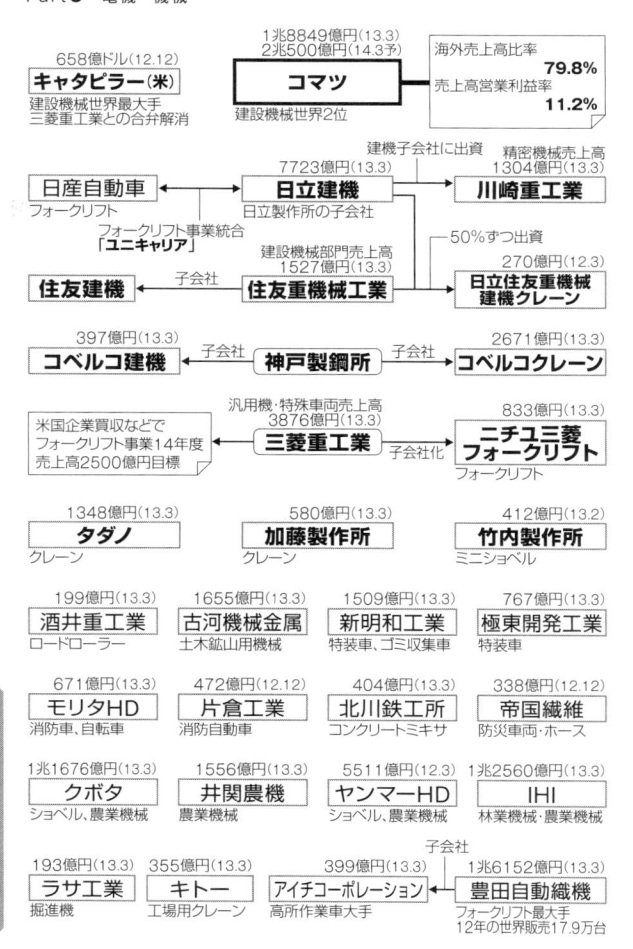

Part 3 電機・機械

```
658億ドル(12.12)              1兆8849億円(13.3)
                              2兆500億円(14.3予)     ┌─ 海外売上高比率  79.8%
【キャタピラー(米)】 ────── 【コマツ】            │
建設機械世界最大手              建設機械世界2位        └─ 売上高営業利益率  11.2%
三菱重工業との合弁解消
```

```
                                建設子会社に出資     精密機械売上高
                    7723億円(13.3)                  1304億円(13.3)
日産自動車 ←──── 日立建機 ──────────── 川崎重工業
フォークリフト      日立製作所の子会社
        フォークリフト事業統合
        「ユニキャリア」
                    建設機械部門売上高     ─ 50%ずつ出資
                    1527億円(13.3)                  270億円(12.3)
住友建機 ←──子会社── 住友重機械工業 ──────── 日立住友重機械
                                                   建機クレーン
```

```
           397億円(13.3)                          2671億円(13.3)
コベルコ建機 ←─子会社─ 神戸製鋼所 ─子会社→ コベルコクレーン
```

```
                    汎用機・特殊車両売上高
                    3876億円(13.3)                 833億円(13.3)
米国企業買収などで                              ニチユ三菱
フォークリフト事業14年度 ←── 三菱重工業 ─子会社化→ フォークリフト
売上高2500億円目標                              フォークリフト
```

1348億円(13.3)	580億円(13.3)	412億円(13.2)
タダノ	**加藤製作所**	**竹内製作所**
クレーン	クレーン	ミニショベル

199億円(13.3)	1655億円(13.3)	1509億円(13.3)	767億円(13.3)
酒井重工業	**古河機械金属**	**新明和工業**	**極東開発工業**
ロードローラー	土木鉱山用機械	特装車、ゴミ収集車	特装車

671億円(13.3)	472億円(12.12)	404億円(13.3)	338億円(12.12)
モリタHD	**片倉工業**	**北川鉄工所**	**帝国繊維**
消防車、自転車	消防自動車	コンクリートミキサ	防災車両・ホース

1兆1676億円(13.3)	1556億円(13.3)	5511億円(12.3)	1兆2560億円(13.3)
クボタ	**井関農機**	**ヤンマーHD**	**IHI**
ショベル、農業機械	農業機械	ショベル、農業機械	林業機械・農業機械

```
                                         子会社
193億円(13.3)  355億円(13.3)  399億円(13.3)    1兆6152億円(13.3)
ラサ工業       キトー        アイチコーポレーション ← 豊田自動織機
掘進機         工場用クレーン   高所作業車大手         フォークリフト最大手
                                                  12年の世界販売17.9万台
```

電機・機械

航空宇宙

"準国産"ボーイング787が運航再開へ

米ボーイング社の787型機は、13年1月、重大事故を招きかねないバッテリーの不具合で、運航ストップに追い込まれた。**東レ**の炭素繊維複合材を使用したことで軽量化を実現、燃費性能に優れることから"ドリームライナー"と呼ばれる同機は、いわば"準国産"。**三菱重工業、川崎重工業、富士重工業**の3社が機体の35%を担当、部品・素材を供給する日本企業も多いことから運航停止の影響が懸念された。運航停止からおよそ5ヵ月、運航が再開された。

ボーイング社の「787」受注残は799機（12年末）あり、各社は今後、納入を本格化させる。

一方、三菱重工が手がけている70〜90席クラスの民間旅客機「MRJ」と、**ホンダ**の7〜8人乗り「ホンダジェット」は新しい局面を迎えている。1機約4200万ドルのMRJの受注は330機を数え、ホンダジェットは最終的な飛行試験に成功。**N ECと三菱電機**は衛星、**IHI**はロケット打上げ分野などで事業の拡大を図る。

Part 3 　電機・機械

航空宇宙事業売上高4855億円(13.3)

三菱重工業 ── 航空旅客機「MRJ」／ロケット「H2A」「H2B」

「ホンダジェット」 → **ホンダ**

航空宇宙事業売上高2391億円(13.3)

川崎重工業 ─出資→ **日本エアロフォージ** ←出資─ **IHI**
航空機向けの大型鍛造品
神戸製鋼や日立金属なども出資

航空宇宙事業売上高3284億円(13.3)

航空宇宙事業売上高891億円(13.3)

富士重工業 ─関連会社→ **NEC**　**三菱電機**
観測・科学衛星 NEC東芝スペースシステムは子会社／商用通信衛星

日本航空電子工業 ← **新明和工業**　**横河電機**
航空・宇宙用電子機器／救難飛行艇　関連会社／航空機用計器類

住友精密工業 ← **東邦チタニウム** → **大阪チタニウムテクノロジーズ**
航空機脚部装置／航空機用チタン JX HDの子会社／航空機用チタン

大同特殊鋼　**新日鉄住金**　**神戸製鋼所**
航空機用エンジンシャフト／航空機向けチタン合金／航空機用アルミ鋳造品

東レ　**帝人**　**三菱レイヨン**
炭素繊維複合材／炭素繊維複合材／炭素繊維複合材

ブリヂストン　**ナブテスコ**　**ミネベア**
航空機向けタイヤ／航空機用制御機器／ベアリング

KYB　**島津製作所**　**旭精機工業**
油圧機器／航空機部品／航空機部品

ジャムコ　**シンフォニアテクノロジー**　**KI HD**
航空機用化粧室／電源システム／航空機用シート 旧小糸工業

816億ドル(12.12)
ボーイング(米)
大型航空機世界2強

564億ユーロ(12.12)
EADS(欧州)
「エアバス」 大型航空機世界2強

航空機向け材料開発で提携

167億ドル(12.12)
ボンバルディア(カナダ)
小型旅客機

122億ドル(12.12)
エンブラエル(ブラジル)
小型旅客機

471億ドル(12.12)
ロッキード・マーチン(米)
防衛世界トップ

1474億ドル(12.12)
GE(米)
航空機エンジン
航空機関連で合弁─

122億ポンド(12.12)
ロールス・ロイス(英)
航空機エンジン

P&W(米)
航空機エンジン

ホンダ ← 　→ **宇部興産**

傘下

577億ドル(12.12)
ユナイテッド・テクノロジーズ(米)
複合企業

電機・機械

鉄道車両

日立と日本車両が海外で大型受注

 中国は"純国産"と強調するが、同国の新幹線の基本技術は日本製。その中国と台湾以外にも日本の新幹線が広がる可能性が出てきた。インドやブラジルで新幹線計画が浮上しており、国内各社にとっては受注のチャンス。JR東海は、米国でのリニア新幹線の売り込みを図る。日本の新幹線方式を採用する方向だったベトナムは、高速から準高速鉄道に切り替える模様だ。

 英国での大型受注を実現したのは**日立製作所**。同国の主要幹線向けに、合計596両の車両製造や、30年弱にわたる保守事業を一括受注した。**日本車両製造**は、米国での受注増を受け、12年7月に操業を開始した同国イリノイ州の鉄道車両組立工場を拡張、新たに部品工場を建設し主要部材の内製から車両納入までの一貫生産を構築する。商社主導による車両の海外受注も目立っている。ただし、車両単独の販売では、利幅が薄いといわれる。信号システムなど鉄道運営全体の受注が不可欠。世界に類を見ない定時運行を実現しているJR各社の力量発揮がカギを握る。

Part3 電機・機械

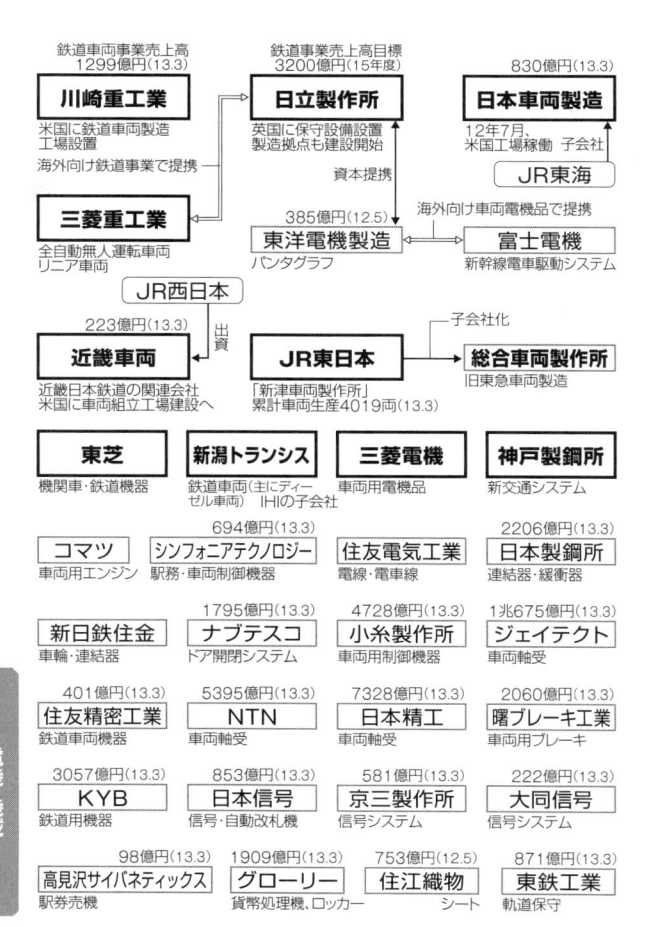

```
鉄道車両事業売上高          鉄道事業売上高目標
  1299億円(13.3)          3200億円(15年度)              830億円(13.3)

 【川崎重工業】 ─────→ 【日立製作所】              【日本車両製造】
 米国に鉄道車両製造          英国に保守設備設置          12年7月、
 工場設置                  製造拠点も建設開始          米国工場稼働 子会社
 海外向け鉄道事業で提携              資本提携                【JR東海】

 【三菱重工業】          385億円(12.5)       海外向け車両電機品で提携
 全自動無人運転車両      【東洋電機製造】←─────→【富士電機】
 リニア車両              パンタグラフ                新幹線電車駆動システム

        【JR西日本】
  223億円(13.3)        出                         ─ 子会社化
                       資
 【近畿車両】 ←─── 【JR東日本】 ────→【総合車両製作所】
 近畿日本鉄道の関連会社    「新津車両製作所」              旧東急車両製造
 米国に車両組立工場建設へ   累計車両生産4019両(13.3)
```

東芝	新潟トランシス	三菱電機	神戸製鋼所
機関車・鉄道機器	鉄道車両(主にディーゼル車両) IHIの子会社	車両用電機品	新交通システム

	694億円(13.3)		2206億円(13.3)
コマツ	シンフォニアテクノロジー	住友電気工業	日本製鋼所
車両用エンジン	駅務・車両制御機器	電線・電車線	連結器・緩衝器

	1795億円(13.3)	4728億円(13.3)	1兆675億円(13.3)
新日鉄住金	ナブテスコ	小糸製作所	ジェイテクト
車輪・連結器	ドア開閉システム	車両用制御機器	車両軸受

401億円(13.3)	5395億円(13.3)	7328億円(13.3)	2060億円(13.3)
住友精密工業	NTN	日本精工	曙ブレーキ工業
鉄道車両機器	車両軸受	車両軸受	車両用ブレーキ

3057億円(13.3)	853億円(13.3)	581億円(13.3)	222億円(13.3)
KYB	日本信号	京三製作所	大同信号
鉄道用機器	信号・自動改札機	信号システム	信号システム

98億円(13.3)	1909億円(13.3)	753億円(12.5)	871億円(13.3)
高見沢サイバネティックス	グローリー	住江織物	東鉄工業
駅券売機	貨幣処理機、ロッカー	シート	軌道保守

電機・機械

工作機械・産業用ロボット

"日本最強"のファナックに続く各社の動向に注目！

ファナックは工作機械の頭脳である数値制御（NC）装置で世界トップ。産業用ロボットでも世界有数の地位にある同社の経営体質は、日本最強といっていいだろう。

毎年、製造業としては破格ともいうべき高い営業利益率をマーク。売上高はすでにリーマンショック以前の水準を上回るまで回復。12年度のそれは、07年度比で6・4％増。保有している現金も着実に増やし、自己資本比率も約90％。グループ・単体とも従業員は増員。従業員の平均年間給与もアップし、1000万円を軽く突破している。

何より驚くのは、年俸1億円以上の役員が14人（11年度）を数えたこと。監査役への支給年俸が1億円超なのは、上場企業ではファナックのみだろう。

ファナックの海外売上高比率は80％に迫る。それでいて土地や工場、機械装置などの有形固定資産約2600億円のほとんどは国内。つまり、同社の製品はほぼ100％国産ということ。工場の自動化を進めることで国内工場を死守しながら、これらの実績を実現していることにも驚かされる。

Part3 電機・機械

〈工作機械〉

1485億円(13.3)　　　　　1337億円(13.3)
1550億円(14.3予)　　　　1400億円(14.3予)

森精機製作所 —上場子会社→ **オークマ** —関連会社→ **ヤマザキマザック**
　　　　　　　　　　　　　　　　　　　　　　　　　　　　　大手　未上場

↓関連会社に
(将来は合併へ)

ギルデマイスター(独)　　　　56億円(13.3)　　　　　　　　　　111億円(13.3)
欧州工作機械最大手　　　　　**太陽工機**　　　　　　　　　　　　**旭精機工業**
　　　　　　　　　　　　　　　研削盤　　　　　　　　　　　　　　プレス機械

1268億円(13.3)　　　　　1兆675億円(13.3)　　　　　　　　1208億円(13.3)
牧野フライス製作所　　　　**ジェイテクト**　　　　　　　　**東芝機械**
1150億円(14.3予)　　　　工作機械部門は1457億円　　　　　工作機械売上高は289億円
　　　　　　　　　　　　トヨタ自動車の関連会社　　　　　　東芝の関連会社

550億円(13.3)　　　　　1900億円(13.3)
ソディック　　　　　　　**アマダ**　　　　　　　　　　　**三菱電機**
放電加工機　　　　　　　　板金加工機、工作機械　　　　　　工作機械

203億円(12.6)
ミヤチテクノス
レーザ溶接装置
↓子会社化

578億円(13.3)　　　　378億円(13.2)　　　　528億円(13.3)
アイダエンジニアリング　**スター精密**　　　　**ツガミ**

291億円(13.3)　　　243億円(13.3)　　　200億円(13.3)　　　238億円(13.3)
エンシュウ　　　　**OKK**　　　　　**岡本工作機械製作所**　**豊和工業**

210億円(13.3)　　　150億円(13.3)　　　46億円(13.3)　　　31億円(13.3)
滝沢鉄工所　　　**高松機械工業**　　**和井田製作所**　　**浜井産業**
　　　　　　　　　　　　　　　　　　　　　　　　　　　　研磨機

　　　　　　　　　　　産業機械売上高　　　工機関連売上高　　　工作機械売上高
643億円(13.3)　　　2079億円(13.3)　　　522億円(13.3)　　　355億円(13.3)
富士機械製造　　　**コマツ**　　　　　　**三菱重工業**　　　　**シチズンHD**

産業機器売上高　　　工作・自動機械事業
425億円(13.3)　　売上高108億円(13.3)　　1348億円(13.3)　　　250億円(13.3)
ブラザー工業　　　**ダイワボウHD**　　　**ミスミグループ本社**　**パンチ工業**
　　　　　　　　　　↓子会社　　　　　　　金型　カタログ販売　　金型

5858億円(13.3)　　2206億円(13.3)　　145億円(13.3)　　1683億円(13.3)
住友重機械工業　**日本製鋼所**　　　**ニッセイ**　　　　**THK**
射出成形機　　　　射出成形機　　　　　減速機、歯車　　　　工作機械部品

319億円(13.3)　　195億円(13.3)　　164億円(12.9)　　88億円(13.2)
日精樹脂工業　**東洋機械金属**　**日精エー・エス・ビー機械**　**放電精密加工研究所**
射出成形機　　　射出成形機　　　射出成形機　　　　放電加工、金型

電機・機械

99

金属などの材料を削り、加工して自動車部品などをつくる機械、いわゆる"マザーマシーン"の需要は、自動車メーカーなどの設備投資に左右されるが、同時に世界経済の先読み指標にもなる。"モノづくり日本"の根幹を担うだけに、その動向からは目が離せない。12年の工作機械受注は約1兆2000億円、うち外需がおよそ7割を占めていた。産業用ロボットの出荷額は、5000億～6000億円での推移である。

産業用ロボット世界大手で、電気自動車のモータドライブシステムも手がける**安川電機**は、ドイツ企業やカナダ企業を買収。板金加工機が主力の**アマダ**は、レーザー溶接装置などの溶接・加工技術に強みを持ち、自動車や電子部品、医療分野に顧客を持つ**ミヤチテクノス**を買収。精密機械部品を1個からでも短期で納入するという「短納期一個流し」という独自モデルを確立し、カタログ販売が主力の**ミスミグループ本社**はメーカー色も強めており、12年11月には、GMなどを顧客とする米国の金型企業2社を約150億円で買収。**森精機製作所**は資本参加している独ギルデマイスターや、買収で傘下に収めたスイス企業との共同開発などを推進。オーナー系企業が多いこともあって比較的M&Aが目立たなかった業界だが、新しい流れも出てきたようだ。

Part3 電機・機械

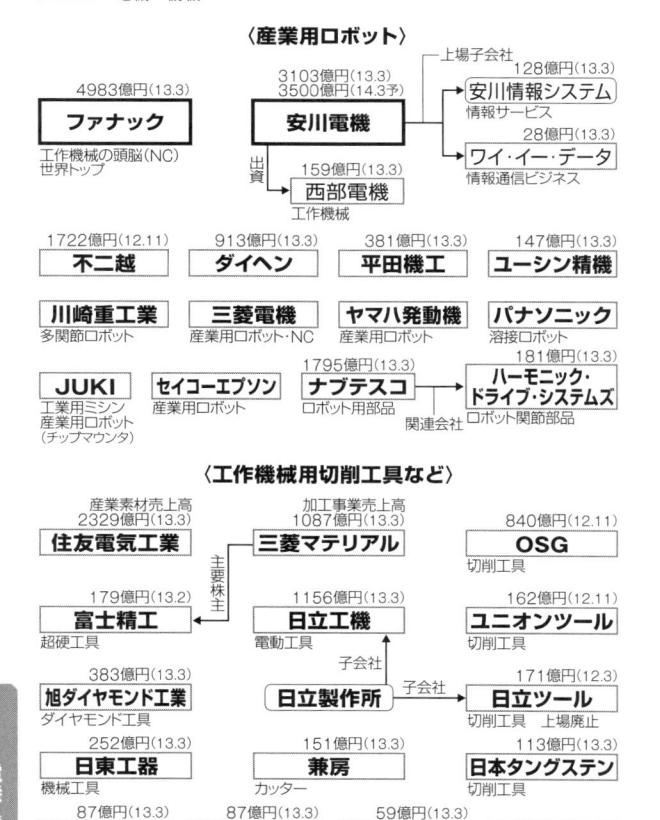

〈産業用ロボット〉

```
                          3103億円(13.3)                    上場子会社    128億円(13.3)
      4983億円(13.3)      3500億円(14.3予)               ┌──→ 安川情報システム
   ┌──────────┐       ┌──────────┐          │       情報サービス
   │ ファナック │       │ 安川電機 │──────────┤
   └──────────┘       └──────────┘          │        28億円(13.3)
   工作機械の頭脳(NC)          │出                      └──→ ワイ・イー・データ
   世界トップ                  │資                              情報通信ビジネス
                              ↓  159億円(13.3)
                           ┌────────┐
                           │ 西部電機 │
                           └────────┘
                           工作機械
```

1722億円(12.11)	913億円(13.3)	381億円(13.3)	147億円(13.3)
不二越	**ダイヘン**	**平田機工**	**ユーシン精機**

川崎重工業	**三菱電機**	**ヤマハ発動機**	**パナソニック**
多関節ロボット	産業用ロボット・NC	産業用ロボット	溶接ロボット

		1795億円(13.3)	181億円(13.3)
JUKI	**セイコーエプソン**	**ナブテスコ**	**ハーモニック・ドライブ・システムズ**
工業用ミシン 産業用ロボット (チップマウンタ)	産業用ロボット	ロボット用部品	関連会社 ロボット関節部品

〈工作機械用切削工具など〉

```
   産業素材売上高            加工事業売上高
   2329億円(13.3)           1087億円(13.3)              840億円(12.11)
   ┌──────────┐       ┌──────────┐          ┌──────┐
   │住友電気工業│       │三菱マテリアル│          │ OSG │
   └──────────┘       └──────────┘          └──────┘
         │主                                       切削工具
         │要
         │株
   179億円(13.2) 主     1156億円(13.3)              162億円(12.11)
   ┌────────┐       ┌──────────┐          ┌──────────┐
   │ 富士精工 │←──── │ 日立工機 │          │ユニオンツール│
   └────────┘       └──────────┘          └──────────┘
   超硬工具               電動工具                    切削工具

                                      子会社
   383億円(13.3)                                      171億円(12.3)
   ┌──────────────┐                          ┌──────────┐
   │旭ダイヤモンド工業│       ┌──────────┐ 子会社│ 日立ツール │
   └──────────────┘       │ 日立製作所 │─────→└──────────┘
   ダイヤモンド工具            └──────────┘       切削工具 上場廃止

   252億円(13.3)          151億円(13.3)               113億円(13.3)
   ┌──────────┐       ┌──────────┐          ┌──────────────┐
   │ 日東工器 │       │  兼房    │          │日本タングステン│
   └──────────┘       └──────────┘          └──────────────┘
   機械工具               カッター                    切削工具

   87億円(13.3)   87億円(13.3)   59億円(13.3)
   ┌────────┐ ┌──────────┐ ┌────────┐  ┌──────────┐
   │コンセック│ │ダイジェット工業│ │日進工具│  │ タンガロイ │
   └────────┘ └──────────┘ └────────┘  └──────────┘
   切削工具       切削工具         切削工具        上場廃止 超硬工具

                         3096億円(13.3)                  902億円(13.3)
   ┌────────┐       ┌──────────┐          ┌──────────────────┐
   │ 京セラ │       │  マキタ   │          │ノリタケカンパニーリミテド│
   └────────┘       └──────────┘          └──────────────────┘
   切削工具               電動工具                    ダイヤモンド工具
```

電機・機械

Column 3 主要企業の社内取締役年俸推移

社名	10年度 平均(万円)	11年度 総額(万円)	11年度 人数	11年度 平均(万円)	11年度 1億円超
【自動車】					
日産自動車	23362	188200	8人	23525	6人
デンソー	7161	84700	13人	6515	0人
トヨタ自動車	8570	97200	15人	6480	2人
日野自動車	5458	70400	11人	6400	0人
ホンダ	5383	75100	12人	6258	1人
マツダ	5633	49400	9人	5488	0人
スズキ	4266	51600	10人	5160	1人
ダイハツ工業	5510	49300	10人	4930	0人
いすゞ自動車	4409	52400	11人	4763	0人
ヤマハ発動機	3500	36300	8人	4537	0人
三菱自動車	3072	31900	10人	3190	0人
【電機・機械・造船重機】					
ファナック	11892	233200	16人	14575	14人
堀場製作所	7225	47700	4人	11925	2人
フェローテック	7414	61900	6人	10316	2人
カシオ計算機	3741	167100	10人	16710	1人
コマツ	10785	90800	7人	12971	3人
ソニー	18850	60200	7人	8600	3人
三菱電機	9385	156100	20人	7805	1人
ダイキン工業	8462	77100	10人	7710	2人
富士フイルムHD	6518	85700	11人	7790	4人
三菱重工業	7453	121000	16人	7562	2人
HOYA	9200	29900	4人	7475	1人
クボタ	7483	43400	6人	7233	1人
富士通	6242	47900	7人	6842	2人
パナソニック	5711	108100	18人	6005	2人
日立製作所	5664	174000	29人	6000	1人
ヤマハ	4525	16800	3人	5600	0人
シャープ	7112	43900	9人	4877	0人

Part 4
部品・半導体・素材

自動車部品

グローバル化が加速！　海外売上高比率が8割超の企業も存在

自動車部品業界は、国内専業系約80社の売上だけでも20兆円を超す規模を持つが、特徴のひとつは海外展開が加速していること。国内完成車メーカーの海外事業拡大に歩調を合わせているためだ。たとえば、シートベルトやエアバッグを手がける**タカタ**の海外売上高比率は8割強、資産価値で見れば同社の工場などの「海外対国内」比率も「8対2」である。ホンダ系で二輪車・四輪車のシートが主力の**テイ・エステック**の海外売上高比率も7割超。世界トップの独ロバート・ボッシュを追走するトヨタ自動車系列の**デンソー**も、売上高のおよそ半分は海外である。

"系列"も大きな特徴であり、12年度はトヨタ、ホンダ系列の業績拡大が目立った。国内各社の課題は、完成車メーカーが新興国向けに低価格車を投入していることにともなう、部品のさらなる低コスト化。ハイブリッド車や電気自動車の普及で、電機・機械など兼業メーカーとの競合も避けられない。**東海ゴム工業**や**ユーシン**は、得意分野で海外企業を買収。かつては日産系だった**ファルテック**は、再上場している。

Part4　部品・半導体・素材

〈トヨタ・ホンダ・日産系〉

[トヨタ系]

会社名	売上高
デンソー	3兆5809億円
アイシン精機	2兆5299億円
豊田自動織機	1兆6152億円
トヨタ紡織	1兆794億円
ジェイテクト	1兆675億円
豊田合成	5996億円
小糸製作所	4728億円
東海理化	3719億円
愛知製鋼	2172億円
愛三工業	1702億円
シロキ工業	1098億円
大豊工業	861億円
中央発条	820億円

〈13社合計売上高〉
12年度　**11兆9831億円**
11年度　**10兆9205億円**

[ホンダ系]

会社名	売上高
テイ・エステック	3593億円
八千代工業	2389億円
ケーヒン	2949億円
ショーワ	2329億円
日信工業	1742億円
ユタカ技研	1674億円
日本精機	1910億円
武蔵精密工業	1259億円
エフテック	1440億円
エイチワン	1380億円
エフ・シー・シー	1262億円
日本プラスト	941億円
ジーテクト	1545億円
丸順	518億円
田中精密工業	471億円

[日産系]

会社名	売上高	備考
カルソニックカンセイ	7608億円	
ユニプレス	2378億円	
ジヤトコ	5459億円(12.3)	未上場
鬼怒川ゴム工業	662億円	
日産車体	4648億円	車体組立
日産東京販売HD	1483億円	新車・中古車販売

（但書がないものは13年3月期売上高）

105

〈独立系・海外勢〉

7328億円	5395億円	5408億円
日本精工	**NTN**	**NOK**
軸受(ベアリング)	軸受(ベアリング)	オイルシール

5079億円	3652億円	4155億円
ニッパツ	**フタバ産業**	**タカタ**
ばね、シート	マフラー トヨタ自動車が筆頭株主	エアバッグ

（NOK→タカタ：関連会社）

2824億円	3057億円	2631億円	1028億円
ミネベア	**KYB**	**スタンレー電気**	**イーグル工業**
ベアリング	油圧製品	照明	メカニカルシール

2417億円	2176億円	2256億円	2022億円
サンデン	**タチエス**	**ミツバ**	**エクセディ**
コンプレッサー	シート	ワイパーモータ	クラッチ

2060億円	1683億円	1751億円	1665億円
曙ブレーキ工業	**THK**	**プレス工業**	**リョービ**
トヨタ自動車が筆頭株主	工作機械用部品	トラック用フレーム	ダイカスト

1500億円	1396億円(12.10)	1399億円	1463億円
椿本チエイン	**ハイレックスコーポレーション**	**ニフコ**	**河西工業**
チェーン	コントロールケーブル	自動車用ファスナー	内装品

1105億円	833億円	1030億円	720億円
ヨロズ	**市光工業**	**富士機工**	**ファルテック**
サスペンション	照明	ステアリング	自動車外装部品

875億円	715億円	920億円	708億円
ティラド	**リケン**	**三桜工業**	**大同メタル工業**
ラジエーター	ピストンリング	自動車用チューブ	軸受

641億円	1336億円	535億円	611億円(12.11)
ユニバンス	**TPR**	**オイレス工業**	**ユーシン**
	ピストンリング	軸受機器	キーセット

[森村グループ]

3027億円	2527億円	902億円
日本特殊陶業	**日本ガイシ**	**ノリタケカンパニーリミテド**
プラグ、エンジン部品	自動車用セラミックス製品	陶磁器

523億ユーロ(12.12)	419億ドル(12.9)	308億ドル(12.12)
ロバート・ボッシュ(独)	**ジョンソンコントロールズ(米)**	**マグナインターナショナル(カナダ)**

(但書がないものは13年3月期売上高)

Part 4 部品・半導体・素材

〈兼業メーカー〉

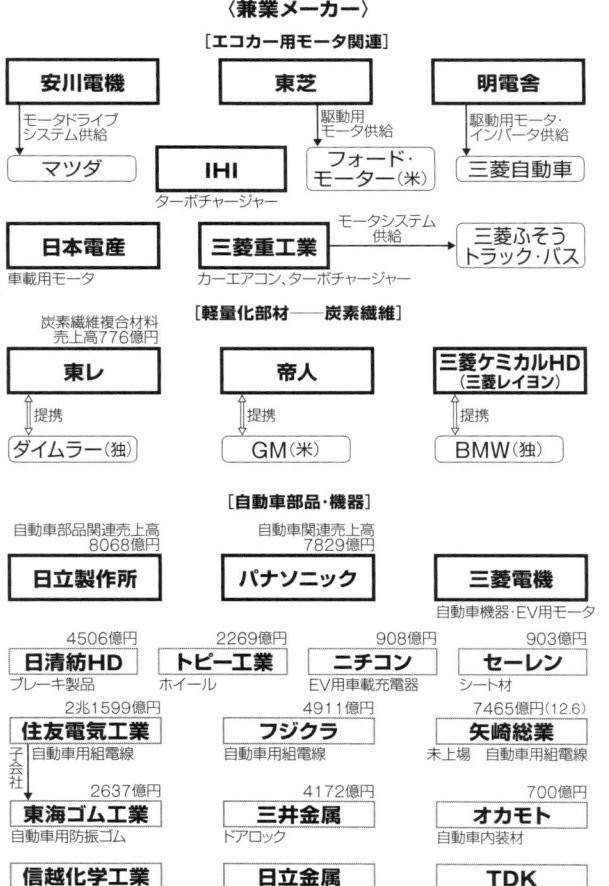

[エコカー用モータ関連]

安川電機 → モータドライブシステム供給 → マツダ

東芝 → 駆動用モータ供給 → フォード・モーター(米)

IHI ターボチャージャー

明電舎 → 駆動用モータ・インバータ供給 → 三菱自動車

日本電産 車載用モータ

三菱重工業 カーエアコン、ターボチャージャー → モータシステム供給 → 三菱ふそうトラック・バス

[軽量化部材——炭素繊維]

炭素繊維複合材料 売上高776億円

東レ ⇔ 提携 ⇔ ダイムラー(独)

帝人 ⇔ 提携 ⇔ GM(米)

三菱ケミカルHD(三菱レイヨン) ⇔ 提携 ⇔ BMW(独)

[自動車部品・機器]

自動車部品関連売上高 8068億円
日立製作所

自動車関連売上高 7829億円
パナソニック

三菱電機 自動車機器・EV用モータ

4506億円
日清紡HD ブレーキ製品

2269億円
トピー工業 ホイール

908億円
ニチコン EV用車載充電器

903億円
セーレン シート材

2兆1599億円
住友電気工業 子会社 自動車用組電線
↓
2637億円
東海ゴム工業 自動車用防振ゴム

4911億円
フジクラ 自動車用組電線

4172億円
三井金属 ドアロック

7465億円(12.6)
矢崎総業 未上場 自動車用組電線

700億円
オカモト 自動車内装材

信越化学工業 EV用永久磁石

日立金属 EV用永久磁石

TDK EV用永久磁石

電子部品

アップル特需の次なるマーケットは?

コンデンサや抵抗器、コイルといった受動部品、モーターなどの変換部品、スイッチやコネクタの接続部品などを手がける業界だ。陶磁器に使用されていることでお馴染みのセラミックスをより高性能・高精度にした〝ファインセラミックス〟などを武器に、**京セラ**を筆頭に世界を主導。世界の電子部品の生産額はおよそ18兆円だが、日本勢は約4割のシェアを握っているとされる。液晶テレビやパソコン向けが低迷するなかで、最近ではスマホやタブレット部品で存在感を発揮している。

ただし、米アップル特需が後退しつつあるとされ、同社が公表している取引先、**TDKや村田製作所**などにとっては懸念材料だろう。

商業・産業用モーター事業の拡大を目指す**日本電産**が、米国企業やイタリア企業の買収に動いたように、事業領域の拡大による新たな取引先の確保や得意分野の強化が不可欠。自動車や医療機器分野への取組みも課題になる。村田製作所は**東光と東京電波**を相次いで子会社化している。

Part 4 部品・半導体・素材

部品・半導体・素材

- 908億円(13.3) **ニチコン** コンデンサ ← 一部事業買収 ― **京セラ** 1兆2800億円(13.3) 電子部品総合トップ ― 買収 → **京セラディスプレイ** 液晶パネル

- 310億円(13.3) **田淵電機** 電源機器 ← 筆頭株主 ― **TDK** 8515億円(13.3) HDD用ヘッド・コンデンサ

- 7092億円(13.3) **日本電産** 精密小型モータ

- 6756億円(13.3) **日東電工** 液晶用光学フィルム 電子部品用テープ

- 6810億円(13.3) **村田製作所** コンデンサ、圧電製品 ― 子会社化 →
  - 268億円(12.12) **東光** コイル
  - 94億円(13.3) **東京電波** 水晶部品

- 5464億円(13.3) **アルプス電気** スイッチ、コネクタ

- 2924億円(13.3) **ローム** LSI、抵抗器

- 2859億円(13.3) **イビデン** プリント配線板 主要販売先 → **インテル(米)**

- 1929億円(13.3) **太陽誘電** コンデンサ

- 2308億円(13.3) **ホシデン** コネクタ、スイッチ

- 1520億円(13.3) **ミツミ電機** コネクタ、スイッチ ― 主要販売先 → **任天堂**

- 1263億円(13.3) **サンケン電気** 半導体デバイス

1272億円(13.3)	1296億円(13.3)	1435億円(13.3)	929億円(13.3)
新光電気工業 半導体リードフレーム	**日本航空電子工業** コネクタ NECの関連会社	**フォスター電機** スピーカー部品	**日本ケミコン** コンデンサ

959億円(13.3)	726億円(13.3)	689億円(13.3)	607億円(13.3)
ヒロセ電機 コネクタ	**日本CMK** プリント配線基板	**タムラ製作所** トランス関連	**メイコー** 電子回路基板

544億円(13.3)	581億円(13.3)	506億円(13.3)	328億円(13.3)
SMK コネクタ	**双葉電子工業** 蛍光表示管	**日本電波工業** 水晶部品	**大真空** 水晶部品

2824億円(13.3)	852億円(12.12)	エレクトロニクス売上高 1633億円(12.12)	デバイス事業売上高 934億円(13.3)
ミネベア 精密小型モータ	**マブチモーター** 小型モータ	**昭和電工** HDD部品 石油化学	**セイコーエプソン** 水晶部品

半導体

エルピーダは米国企業傘下に、ルネサスは国の支援で経営再建!

「鉄は国家なり」といわれ、「半導体は産業のコメ」と形容されることが多い。ただし、日の丸半導体の輝きは失われた。業界再編を経て日本で唯一残っていた、DRAMという半導体を手がけている**エルピーダメモリ**は経営破綻からおよそ1年、13年2月末に正式に米マイクロン・テクノロジーの傘下に入り、再建を目指すことが決まった。

ルネサスエレクトロニクスは、産業革新機構からの1383億円を中心に、顧客であるトヨタ自動車など民間8社からの出資も含め、合計1500億円(最大500億円の追加支援もある)の資本参加を得て、経営の立直しに取組む。同社は車のエンジンなどを制御する電子機器の頭脳である半導体、マイコンでは世界トップシェアだが、経営不振から財政基盤が悪化していた。ルネサス救済では米の投資ファンドKKRが先に名乗りをあげたが、「国産死守」で国が支援の主導権を握った形。システムLSI(大規模集積回路)事業で、統合を決断したのは**富士通セミコンダクター**と**パナソニック**。結果、単独で残る世界的な国内半導体メーカーは**東芝**だけになった。東芝

Part 4 部品・半導体・素材

〈半導体メーカー〉

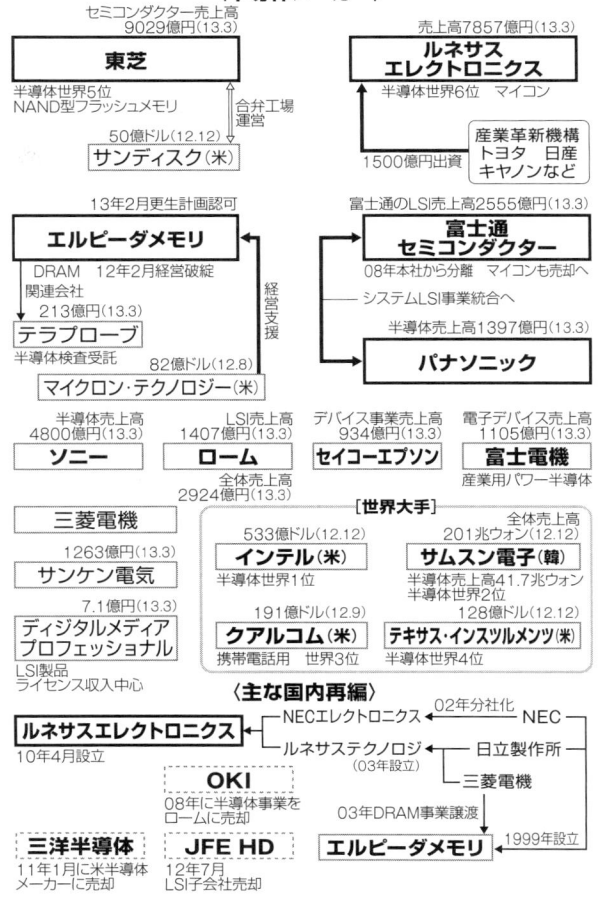

セミコンダクター売上高
9029億円(13.3)

東芝

半導体世界5位
NAND型フラッシュメモリ

合弁工場運営

50億ドル(12.12)

サンディスク(米)

売上高7857億円(13.3)

**ルネサス
エレクトロニクス**

半導体世界6位 マイコン

↑1500億円出資

| 産業革新機構
トヨタ 日産
キヤノンなど |

13年2月更生計画認可

エルピーダメモリ

DRAM 12年2月経営破綻
関連会社

213億円(13.3)

テラプローブ
半導体検査受託

82億ドル(12.8)

マイクロン・テクノロジー(米)

経営支援 →

富士通のLSI売上2555億円(13.3)

**富士通
セミコンダクター**

08年本社から分離 マイコンも売却へ

── システムLSI事業統合へ

半導体売上1397億円(13.3)

パナソニック

半導体売上高
4800億円(13.3)

ソニー

LSI売上
1407億円(13.3)

ローム

全体売上高
2924億円(13.3)

三菱電機

1263億円(13.3)

サンケン電気

7.1億円(13.3)

**ディジタルメディア
プロフェッショナル**
LSI製品
ライセンス収入中心

デバイス事業売上高
934億円(13.3)

セイコーエプソン

電子デバイス売上高
1105億円(13.3)

富士電機
産業用パワー半導体

[世界大手]

533億ドル(12.12)

インテル(米)
半導体世界1位

191億ドル(12.9)

クアルコム(米)
携帯電話用 世界3位

全体売上高
201兆ウォン(12.12)

サムスン電子(韓)
半導体売上高41.7兆ウォン
半導体世界2位

128億ドル(12.12)

テキサス・インスツルメンツ(米)
半導体世界4位

〈主な国内再編〉

ルネサスエレクトロニクス ── NECエレクトロニクス ←02年分社化── NEC
10年4月設立   ルネサステクノロジ ← ── 日立製作所
     (03年設立)   ── 三菱電機

OKI
08年に半導体事業を
ロームに売却

03年DRAM事業譲渡 ↓

三洋半導体
11年1月に米半導体
メーカーに売却

JFE HD
12年7月
LSI子会社売却

エルピーダメモリ
1999年設立

は画像データなどの保存に欠かせないNAND型フラッシュメモリを得意とする。
 日本の半導体メーカーは、設計・開発から生産まで手がける「垂直統合型」で展開してきた。だが、世界の潮流は、自社で工場を保有しないファブレス型企業として設計・開発に特化し、生産は受託製造会社（ファウンドリー）に任せるというスタイル。
 この2年で売上を倍増しているように、飛躍が顕著な携帯端末用半導体を手がける米クアルコムはファブレス企業。生産受託側でも、半導体受託生産世界トップのTSMC（台）ともなれば、売上高を約1兆6000億円（12年）規模にまで伸張している。
 富士通とパナソニックの統合会社は、システムLSIの設計・開発などに特化するファブレス形態を目指す。富士通はマイコン事業も売却し、半導体からはほぼ撤退。
 半導体の開発には巨額投資が不可欠。資金力・体力勝負の業界だ。次世代技術の開発を巡っては、業界全体で兆円単位の投資が不可欠とされ、投資負担に耐えられない企業の脱落で集約化が加速するのは必至の状況だ。国内企業はいかにして生き残りを図るのか。12年度の日本製装置の売上高がおよそ1兆円とされる半導体製造装置業界では、世界大手である**東京エレクトロン**が海外M&Aを積極的に展開している。

112

Part4 部品・半導体・素材

〈半導体製造装置〉

東京エレクトロン 4972億円(13.3)
半導体製造装置世界大手

ニコン 露光装置販売台数83台(12年度)
露光装置世界大手

大日本スクリーン製造 1899億円(13.3)
ウエハ洗浄装置

アドバンテスト 1329億円(13.3)
半導体・部品試験装置

日立ハイテクノロジーズ 5754億円(13.3)
日立製作所の子会社
エッチング装置

アルバック 1968億円(12.6)
スパッタリング装置

キヤノン
露光装置

ウシオ電機 1434億円(13.3)
半導体製造装置部品

日立国際電気 1388億円(13.3)
日立製作所の子会社
薄膜プロセス

ディスコ 937億円(13.3)
ウエハ切断装置

日本電子 796億円(13.3)
電子ビーム描画装置

東京応化工業 729億円(13.3)
フォトレジスト

フェローテック 384億円(13.3)
製造装置用真空シール

東京精密 510億円(13.3)
計測機器
半導体製造装置

芝浦メカトロニクス 303億円(13.3)
ウエハ洗浄装置

ニューフレアテクノロジー 363億円(13.3)
東芝の子会社
電子ビームマスク描画装置

日本マイクロニクス 236億円(12.9)
半導体計測・検査機器

新川 113億円(13.3)
ICチップ固定・
配線工程用ロボット

インスペック 5.4億円(12.4)
半導体検査装置

〈シリコンウエハ〉

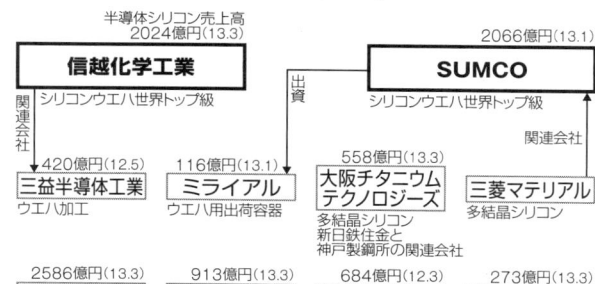

信越化学工業 半導体シリコン売上高 2024億円(13.3)
シリコンウエハ世界トップ級

関連会社 → **三益半導体工業** 420億円(12.5)
ウエハ加工

ミライアル 116億円(13.1)
ウエハ用出荷容器

出資 → **大阪チタニウムテクノロジーズ** 558億円(13.3)
多結晶シリコン
新日鉄住金と
神戸製鋼所の関連会社

SUMCO 2066億円(13.1)
シリコンウエハ世界トップ級

関連会社 → **三菱マテリアル**
多結晶シリコン

トクヤマ 2586億円(13.3)
多結晶シリコン

ダイヘン 913億円(13.3)
半導体ウエハ
搬送用ロボット

コバレントマテリアル 684億円(12.3)
半導体製造用材料

扶桑化学工業 273億円(13.3)
シリコンウエハ研磨材

113

繊維

東レなど日本企業が高シェアの炭素繊維、用途拡大へ！

今や業界の大手各社を単なる"繊維会社"と見る向きは少ない。「ユニクロ」のファーストリテイリングと組むなど、繊維事業の比重が高い**東レ**にしても、全体売上高に占めるその割合は4割程度だ。各社は、祖業ともいうべき糸技術を高度化、高機能繊維を生み出し、用途を海水淡水化・排水処理用のろ過膜、エアバッグ、パラシュートといったものにまで広げ、厳しい世界的競争を勝ち抜いてきたといっていい。

代表は炭素繊維。「鉄の4分の1の重さで、強度は10倍」と形容されることが多いが、東レを筆頭に、**帝人**、**三菱レイヨン**の3社で、世界シェアの7割を占めていると される。バッテリー問題が発生したものの米ボーイング「787」に使用されたように、航空機、自動車、風力発電機、スポーツ用、それにシェールガス実用化にともなって需要が拡大している天然ガス圧力容器向けなど、用途の拡大は確実な方向だ。

旭化成が住宅建設とともに医薬品製造受託を主力事業にしているように、医薬関連事業への進出も目立つ。東レや帝人は医療機器の開発、**東洋紡**は医薬品製造受託を手がける。

114

Part 4 部品・半導体・素材

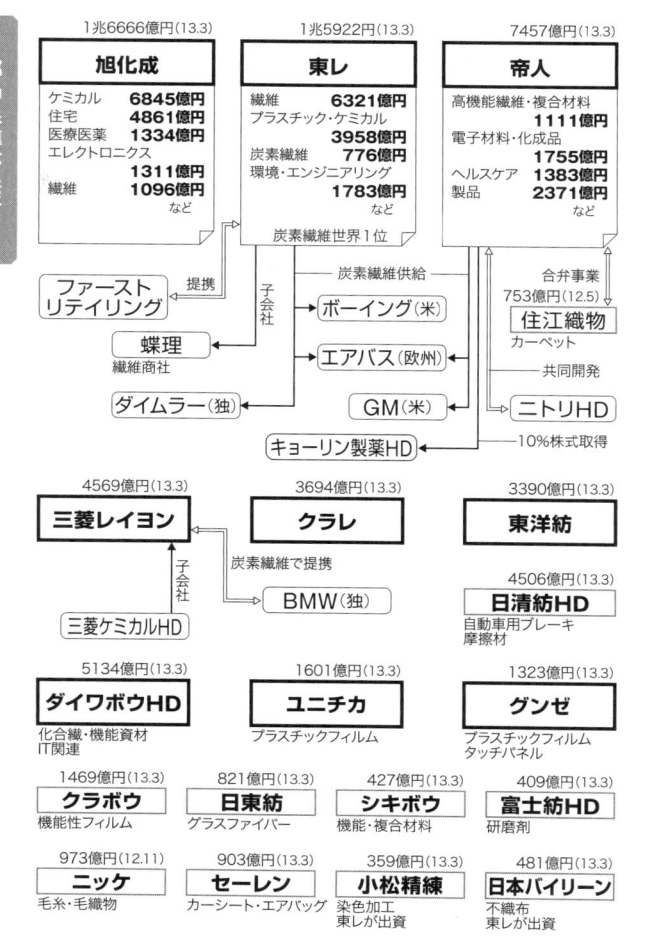

旭化成 1兆6666億円(13.3)

ケミカル	6845億円
住宅	4861億円
医療医薬	1334億円
エレクトロニクス	1311億円
繊維	1096億円

など

東レ 1兆5922億円(13.3)

繊維	6321億円
プラスチック・ケミカル	3958億円
炭素繊維	776億円
環境・エンジニアリング	1783億円

など

炭素繊維世界1位

帝人 7457億円(13.3)

高機能繊維・複合材料	1111億円
電子材料・化成品	1755億円
ヘルスケア	1383億円
製品	2371億円

など

- 旭化成 —提携→ ファーストリテイリング
- 東レ —子会社→ 蝶理(繊維商社)
- 東レ —炭素繊維供給→ ボーイング(米)
- 東レ —炭素繊維供給→ エアバス(欧州)
- 東レ → ダイムラー(独)
- 帝人 → エアバス(欧州)
- 帝人 → GM(米)
- 帝人 → キョーリン製薬HD (10%株式取得)
- 帝人 —合弁事業→ 住江織物 753億円(12.5) カーペット
- 帝人 —共同開発→ ニトリHD

三菱レイヨン 4569億円(13.3)

- 子会社 → 三菱ケミカルHD

クラレ 3694億円(13.3)

炭素繊維で提携 → BMW(独)

東洋紡 3390億円(13.3)

日清紡HD 4506億円(13.3)
自動車用ブレーキ摩擦材

ダイワボウHD 5134億円(13.3)
化合繊・機能資材
IT関連

ユニチカ 1601億円(13.3)
プラスチックフィルム

グンゼ 1323億円(13.3)
プラスチックフィルム
タッチパネル

クラボウ 1469億円(13.3)
機能性フィルム

日東紡 821億円(13.3)
グラスファイバー

シキボウ 427億円(13.3)
機能・複合材料

富士紡HD 409億円(13.3)
研磨剤

ニッケ 973億円(12.11)
毛糸・毛織物

セーレン 903億円(13.3)
カーシート・エアバッグ

小松精練 359億円(13.3)
染色加工
東レが出資

日本バイリーン 481億円(13.3)
不織布
東レが出資

115

タイヤ・ゴム

海外展開加速の国内タイヤ4社、業績回復基調が鮮明に

ブリヂストンと仏ミシュランが、タイヤ世界2強。建設・鉱山向け大型タイヤで他社を圧倒。その2強を**住友ゴム工業、横浜ゴム、東洋ゴム工業**などが追随する。

経営成績がリーマンショック以前の水準に戻り切らないメーカーが多い中、住友ゴムが07年比で1400億円以上も売上高を伸ばしているように、国内タイヤ各社の回復基調が目立つ。四半世紀も前にブリヂストンが、世界大手の米ファイアストンを当時の金額にして3000億円超で買収したことに象徴されるように、各社とも海外展開に早くから着手してきたことが要因のひとつ。事実、ブリヂストンのタイヤの海外生産比率は約7割。20年度売上高1兆2000億円の目標を掲げる住友ゴムも、年間500億円規模の設備投資のおよそ6割は海外に投じる。

タイヤメーカー以外の各社も海外展開を加速。合成ゴムや電子材料の**JSR**は医薬関連にも進出しており、関連するスイス企業に投資。自動車向け防振ゴムの**東海ゴム工業**は地元企業を買収してブラジルに進出。

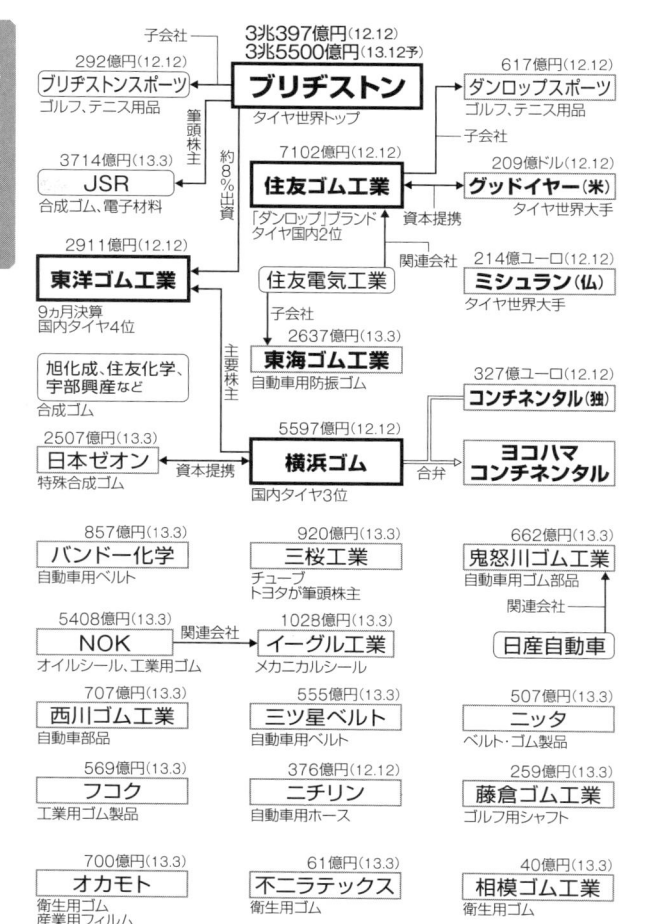

Part 4 部品・半導体・素材

部品・半導体・素材

- **ブリヂストン** タイヤ世界トップ 3兆397億円(12.12) / 3兆5500億円(13.12予)
  - 子会社 → **ブリヂストンスポーツ** 292億円(12.12) ゴルフ、テニス用品
  - → **ダンロップスポーツ** 617億円(12.12) ゴルフ、テニス用品
  - 筆頭株主／約8%出資

- **住友ゴム工業** 7102億円(12.12) 「ダンロップ」ブランド タイヤ国内2位
  - 子会社 → ダンロップスポーツ
  - JSR 3714億円(13.3) 合成ゴム、電子材料
  - 資本提携 → **グッドイヤー(米)** 209億ドル(12.12) タイヤ世界大手
  - 関連会社 → **ミシュラン(仏)** 214億ユーロ(12.12) タイヤ世界大手
  - 住友電気工業

- **東洋ゴム工業** 2911億円(12.12) 9カ月決算 国内タイヤ4位
  - 主要株主：旭化成、住友化学、宇部興産など（合成ゴム）
  - 住友電気工業 子会社 → **東海ゴム工業** 2637億円(13.3) 自動車用防振ゴム

- **日本ゼオン** 2507億円(13.3) 特殊合成ゴム ─資本提携─ **横浜ゴム** 5597億円(12.12) 国内タイヤ3位
  - 合弁 → **ヨコハマ コンチネンタル**
  - **コンチネンタル(独)** 327億ユーロ(12.12)

バンドー化学 857億円(13.3) 自動車用ベルト	**三桜工業** 920億円(13.3) チューブ トヨタが筆頭株主	**鬼怒川ゴム工業** 662億円(13.3) 自動車用ゴム部品
NOK 5408億円(13.3) オイルシール、工業用ゴム ─関連会社─	**イーグル工業** 1028億円(13.3) メカニカルシール	関連会社 ── **日産自動車**
西川ゴム工業 707億円(13.3) 自動車部品	**三ツ星ベルト** 555億円(13.3) 自動車用ベルト	**ニッタ** 507億円(13.3) ベルト・ゴム製品
フコク 569億円(13.3) 工業用ゴム製品	**ニチリン** 376億円(12.12) 自動車用ホース	**藤倉ゴム工業** 259億円(13.3) ゴルフ用シャフト
オカモト 700億円(13.3) 衛生用ゴム 産業用フィルム	**不二ラテックス** 61億円(13.3) 衛生用ゴム	**相模ゴム工業** 40億円(13.3) 衛生用ゴム

117

ガラス・セメント

シェール革命の米国セメント需要拡大を見込み、三菱マテリアルが大型投資

旭硝子（AGC）は、スマホなどに使われるタッチパネル向けの"化学強化済み"という特殊ガラスの販売拡大を目指す。傷がつきにくく割れにくいという特性をもつ。

日本板硝子は、自動車の駆動ベルトに使用されるガラス長繊維を特殊加工した製品など高機能ガラス事業を強化。LGディスプレイ（韓）向けなど液晶テレビ用のガラスが中心の**日本電気硝子**は、医療機器のニプロと提携し、医療用ガラス部門の強化を図る。**セントラル硝子**は、既発品とは異なるタッチパネル用のガラスの展開を急ぐ。

各社が新たな製品の育成に取組むのは、建築用ガラスの欧州での落ち込み、液晶テレビや太陽電池向けガラスの価格下落など、逆風が吹いていることが背景にある。

セメントは、東日本大震災復興の本格化、道路や橋などの老朽化にともなう改修で、ここ数年間は内需が堅調に推移すると見られている。一方、シェール革命などで米国の需要拡大が見込まれると判断したのは**三菱マテリアル**。セメント・生コンクリート事業強化のため、米国の合弁会社を完全子会社化するために約500億円を投資。

118

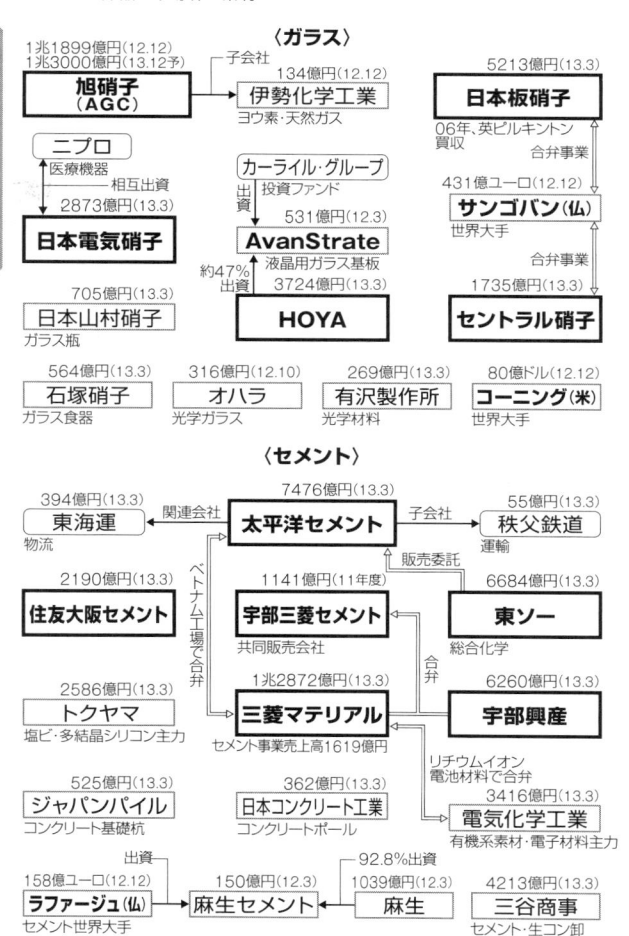

Part4 部品・半導体・素材

〈ガラス〉

- **旭硝子 (AGC)** 1兆1899億円(12.12) / 1兆3000億円(13.12予)
  - 子会社 → 伊勢化学工業 134億円(12.12) ヨウ素・天然ガス
- ニプロ ←医療機器 相互出資→ **日本電気硝子** 2873億円(13.3)
- **日本板硝子** 5213億円(13.3)
  - 06年、英ピルキントン買収
  - 合弁事業 → サンゴバン(仏) 431億ユーロ(12.12) 世界大手
  - 合弁事業 → **セントラル硝子** 1735億円(13.3)
- カーライル・グループ 投資ファンド
  - 出資 531億円(12.3) → AvanStrate 液晶用ガラス基板
  - 約47%出資 ← **HOYA** 3724億円(13.3)
- 日本山村硝子 705億円(13.3) ガラス瓶
- 石塚硝子 564億円(13.3) ガラス食器
- オハラ 316億円(12.10) 光学ガラス
- 有沢製作所 269億円(13.3) 光学材料
- コーニング(米) 80億ドル(12.12) 世界大手

〈セメント〉

- 東海運 394億円(13.3) 物流 ←関連会社— **太平洋セメント** 7476億円(13.3) —子会社→ 秩父鉄道 55億円(13.3) 運輸
- **住友大阪セメント** 2190億円(13.3) ←ベトナム工場で合弁→
- **宇部三菱セメント** 1141億円(11年度) 共同販売会社 ←販売委託— **東ソー** 6684億円(13.3) 総合化学
- トクヤマ 2586億円(13.3) 塩ビ・多結晶シリコン主力
- **三菱マテリアル** 1兆2872億円(13.3) セメント事業売上高1619億円 ←合弁→ **宇部興産** 6260億円(13.3)
- ジャパンパイル 525億円(13.3) コンクリート基礎杭
- 日本コンクリート工業 362億円(13.3) コンクリートポール
- リチウムイオン電池材料で合弁 → 電気化学工業 3416億円(13.3) 有機系素材・電子材料主力
- ラファージュ(仏) 158億ユーロ(12.12) セメント世界大手 —出資→ 麻生セメント 150億円(12.3) ←92.8%出資— 麻生 1039億円(12.3)
- 三谷商事 4213億円(13.3) セメント・生コン卸

119

紙・パルプ

王子は社名から製紙を外し「王子HD」に！

12年10月、業界最大手の王子製紙は、持株会社の王子HDを結成し、新たなスタートを切った。キリンビールが"ビール"を消したことは、今後への重大な意思表示と見ていいだろう。王子も社名から"製紙"を外しキリンHDとしたように、王子HDと覇を競う日本製紙グループ本社は、グループ内再編により持株会社体制を改め、事業会社である**日本製紙**として13年4月から歩み始めた。対照的な両社だ。

ただし、海外展開の加速化では同一歩調。カンボジアやマレーシアの段ボール市場で高シェアを実現した王子は、同業の買収を手がけたブラジルを含め、アジアや南米を中心とした海外事業の拡大を目標に掲げる。日本製紙も買収した豪州企業や、資本参加している中国企業をテコに海外事業の収益力拡大を目論む。

国内需要の減速から設備を停止したことにともない、自家発電力が余剰になっていることから、売電事業を本格化させる動きも目立つ。**北越紀州製紙**は、太陽光など再生可能エネルギー向け用途に需要が拡大している蓄電池関連の、仏企業を買収した。

Part 4 部品・半導体・素材

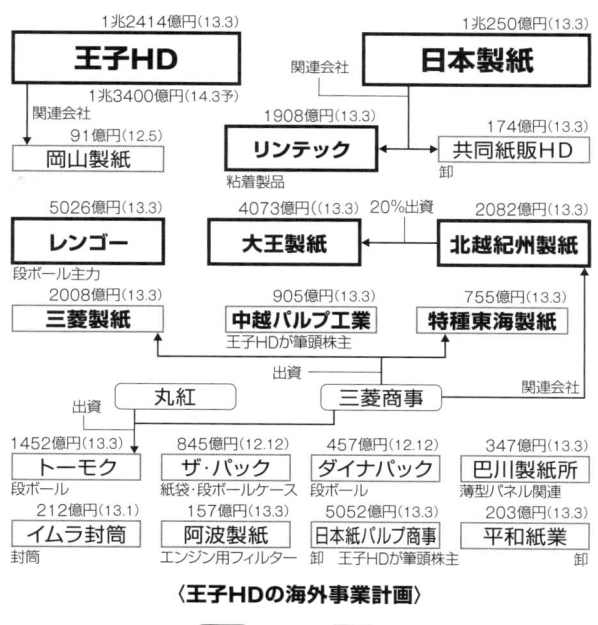

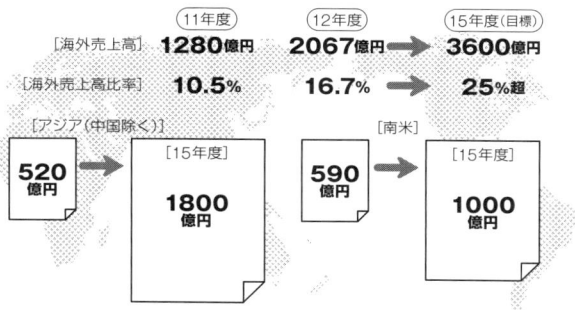

```
                1兆2414億円(13.3)                              1兆250億円(13.3)
                ┌─────────┐         関連会社            ┌─────────┐
                │ 王子HD   │ ────────────────────────── │ 日本製紙 │
                └─────────┘                              └─────────┘
                1兆3400億円(14.3予)      1908億円(13.3)        │  174億円(13.3)
       関連会社  │                   ┌──────────┐              ├─────────────┐
       91億円(12.5)                  │ リンテック │              │ 共同紙販HD │
      ┌────────┐                    └──────────┘              └─────────────┘
      │ 岡山製紙│                    粘着製品                    卸
      └────────┘
```

5026億円(13.3)   4073億円(13.3)   20%出資   2082億円(13.3)

| レンゴー | ← | 大王製紙 | ← | 北越紀州製紙 |

段ボール主力

2008億円(13.3)   905億円(13.3)   755億円(13.3)

| 三菱製紙 | | 中越パルプ工業 | | 特種東海製紙 |

王子HDが筆頭株主

        出資 ┌─ 丸紅 ─┐   ┌─ 三菱商事 ─┐ 関連会社
              出資   出資

1452億円(13.3)   845億円(12.12)   457億円(12.12)   347億円(13.3)

| トーモク | | ザ・パック | | ダイナパック | | 巴川製紙所 |

段ボール   紙袋・段ボールケース 段ボール   薄型パネル関連

212億円(13.1)   157億円(13.3)   5052億円(13.3)   203億円(13.3)

| イムラ封筒 | | 阿波製紙 | | 日本紙パルプ商事 | | 平和紙業 |

封筒   エンジン用フィルター   卸 王子HDが筆頭株主   卸

〈王子HDの海外事業計画〉

	11年度	12年度	15年度(目標)
[海外売上高]	1280億円	2067億円 →	3600億円
[海外売上高比率]	10.5%	16.7% →	25%超

[アジア(中国除く)]

520億円 → [15年度] 1800億円

[南米]

590億円 → [15年度] 1000億円

121

非鉄金属・製錬

JX日鉱日石の子会社が、日の丸100％のチリ銅鉱山を操業開始

産業に欠かせない基礎素材を提供している非鉄金属各社。その収益の柱は製錬事業、銅やニッケルといった地金販売、電子材料や機能性部材などの多角化事業の3つだ。製錬の原料に占める自社鉱石の割合が高いほど利益が拡大しやすいことから、海外鉱山開発への取組みも目立つ。

JX日鉱日石金属の子会社で**三井金属**も資本参加している**パンパシフィック・カッパー（PPC）**は13年、チリで開発を進めていたカセロネス銅鉱山での生産を開始。カセロネス銅鉱山は、三井物産と共同出資の日の丸100％の海外鉱山だ。「非鉄メジャー」を目標に、海外鉱山開発に最も積極的な取組みをみせる**住友金属鉱山**も、カナダの鉱山会社などと合弁でチリでの新規銅鉱山開発を推進。手広いビジネスを展開している**三菱マテリアル**は、米国での需要増を見込み、同国でのセメント・生コンクリート事業強化に向けて大型の投資を実行している。アルミ国内トップの**古河スカイ**と2位の**住友軽金属工業**が統合、**日立電線**も同じ日立グループの日立金属と合併する。

122

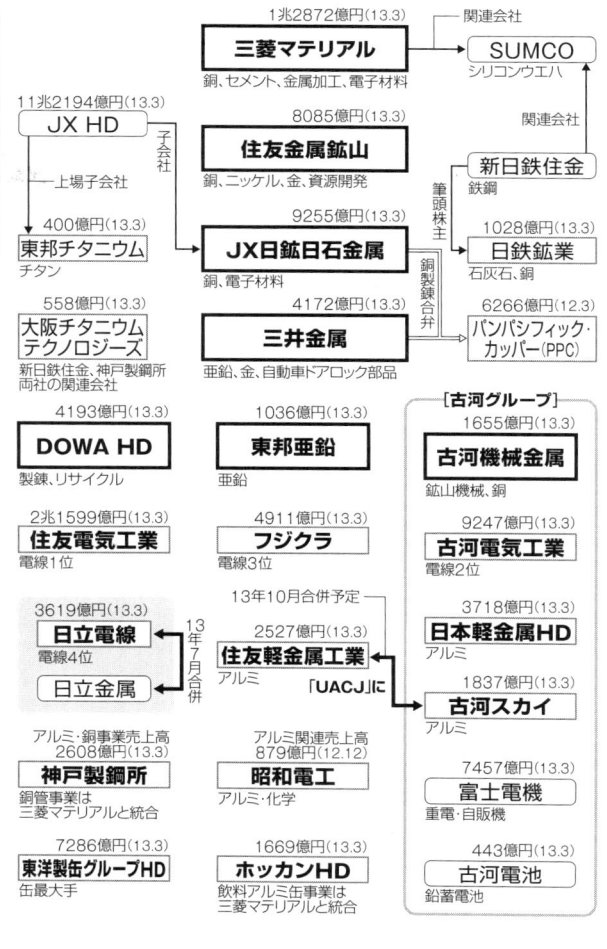

Part4 部品・半導体・素材

部品・半導体・素材

1兆2872億円(13.3)
三菱マテリアル
銅、セメント、金属加工、電子材料

→ 関連会社 → SUMCO
シリコンウエハ

11兆2194億円(13.3)
JX HD
├─ 上場子会社
└─ 子会社

8085億円(13.3)
住友金属鉱山
銅、ニッケル、金、資源開発

関連会社 → 新日鉄住金
鉄鋼

400億円(13.3)
東邦チタニウム
チタン

9255億円(13.3)
JX日鉱日石金属
銅、電子材料

筆頭株主／銅製錬合弁

1028億円(13.3)
日鉄鉱業
石灰石、銅

558億円(13.3)
大阪チタニウム
テクノロジーズ
新日鉄住金、神戸製鋼所両社の関連会社

4172億円(13.3)
三井金属
亜鉛、金、自動車ドアロック部品

6266億円(12.3)
パンパシフィック・
カッパー(PPC)

4193億円(13.3)
DOWA HD
製錬、リサイクル

1036億円(13.3)
東邦亜鉛
亜鉛

[古河グループ]

1655億円(13.3)
古河機械金属
鉱山機械、銅

2兆1599億円(13.3)
住友電気工業
電線1位

4911億円(13.3)
フジクラ
電線3位

9247億円(13.3)
古河電気工業
電線2位

3619億円(13.3)
日立電線
電線4位

13年7月合併

13年10月合併予定

2527億円(13.3)
住友軽金属工業
アルミ
「UACJ」に

3718億円(13.3)
日本軽金属HD
アルミ

日立金属

1837億円(13.3)
古河スカイ
アルミ

アルミ・銅事業売上高
2608億円(13.3)
神戸製鋼所
銅管事業は
三菱マテリアルと統合

アルミ関連売上高
879億円(12.12)
昭和電工
アルミ・化学

7457億円(13.3)
富士電機
重電・自販機

7286億円(13.3)
東洋製缶グループHD
缶最大手

1669億円(13.3)
ホッカンHD
飲料アルミ缶事業は
三菱マテリアルと統合

443億円(13.3)
古河電池
鉛蓄電池

123

鉄鋼

世界2位の鉄鋼メーカー、新日鉄住金が高炉1基を休止に！

中国が7億トン強を生産するなど世界の粗鋼生産は15億トンを超え、供給過剰状態に直面。欧州経済の低迷もあったが、世界トップの鉄鋼メーカー、アルセロール・ミタルが最終赤字（12年12月期）に陥ったことに、鉄鋼業界への逆風が象徴される。

12年の1年間、中国に次ぐ1億723万トンの粗鋼を生産し、輸出額が3兆7684億円だった国内勢も同様。新日本製鉄と住友金属工業が統合して世界2位の鉄鋼会社になった**新日鉄住金**も、12年度決算は最終赤字だった。

韓国・中国鉄鋼メーカーからの鋼材流入が09年比で倍増してきたように、今後も供給過剰と価格競争の激化は必至。海外市場では、ベトナムやインドネシアなど東南アジア地区が有望視されているが、韓国、台湾、インド企業の製鉄所建設計画が相次いでおり、国内各社にとってはホームマーケットともいうべきこれらの地域でも同様の課題が浮上しかねない情勢だ。

新日鉄住金・神戸製鋼所が日産自動車と組み、軽くて強度が高い鋼板（超ハイテン

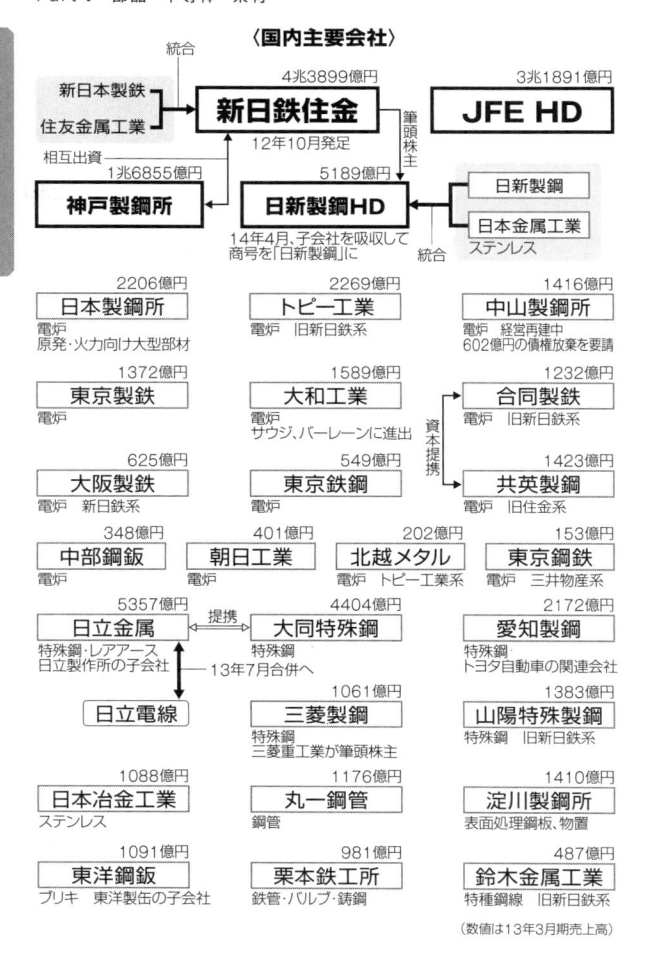

Part 4 部品・半導体・素材

〈国内主要会社〉

```
                              4兆3899億円                      3兆1891億円
  新日本製鉄          統合
                         ┌──────────────┐              ┌──────────────┐
  住友金属工業  ───→ │  新日鉄住金   │              │   JFE HD     │
                         └──────────────┘              └──────────────┘
  相互出資              12年10月発足    │筆頭株主
  1兆6855億円            5189億円       │
┌──────────┐       ┌──────────────┐       ┌──────────┐
│ 神戸製鋼所 │ ←── │  日新製鋼HD   │ ←── │  日新製鋼  │
└──────────┘       └──────────────┘       ├──────────┤
                    14年4月、子会社を吸収して        │日本金属工業│
                    商号を「日新製鋼」に             └──────────┘
                                         統合    ステンレス
```

2206億円	2269億円	1416億円
日本製鋼所	トピー工業	中山製鋼所
電炉 原発・火力向け大型部材	電炉　旧新日鉄系	電炉　経営再建中 602億円の債権放棄を要請

1372億円	1589億円	1232億円
東京製鉄	大和工業	合同製鉄
電炉	電炉 サウジ、バーレーンに進出	電炉　旧新日鉄系

625億円	549億円	1423億円
大阪製鉄	東京鉄鋼	共英製鋼
電炉　新日鉄系	電炉	電炉　旧住金系

資本提携（大和工業→合同製鉄・共英製鋼）

348億円	401億円	202億円	153億円
中部鋼鈑	朝日工業	北越メタル	東京鋼鉄
電炉	電炉	電炉　トピー工業系	電炉　三井物産系

5357億円	4404億円	2172億円
日立金属	大同特殊鋼	愛知製鋼
特殊鋼・レアアース 日立製作所の子会社	特殊鋼	特殊鋼 トヨタ自動車の関連会社

提携／13年7月合併へ

日立電線	三菱製鋼	山陽特殊製鋼
	1061億円	1383億円
	特殊鋼 三菱重工業が筆頭株主	特殊鋼　旧新日鉄系

1088億円	1176億円	1410億円
日本冶金工業	丸一鋼管	淀川製鋼所
ステンレス	鋼管	表面処理鋼板、物置

1091億円	981億円	487億円
東洋鋼鈑	栗本鉄工所	鈴木金属工業
ブリキ　東洋製缶の子会社	鉄管・バルブ・鋳鋼	特種鋼線　旧新日鉄系

（数値は13年3月期売上高）

材)を開発したように国内各社の武器は技術力。高機能・高品質な製品の提供が生命線である。**JFEHD**がノルウェー沖の天然ガス田開発プロジェクト向けに、ラインパイプ鋼管を大量に受注しているように、国内各社にとっては優位に立つ自動車用に加えて、資源開発向けも拡大したいところ。新日鉄住金やJFEHDは、米国のシェールガスやメキシコ湾深海の油田開発の活発化を見越して、買収などを含めて石油・ガス採掘用の油井管（シームレスパイプ）事業の増強に動いている。

日新製鋼HDを結成して経営統合した**日新製鋼**と**日本金属工業**、それに新日鉄住金にとっては、統合効果の早期実現も求められる。新日鉄住金は、鉄鋼会社の象徴でもある高炉を1基休止し、グループでは13高炉体制にするなどしてコスト競争力を高める方向だ。安値で攻勢をかける中韓勢に対抗するためには高機能・高品質に加えて、コスト競争力は不可欠である。

鉄スクラップなどを電気炉で溶解するように、生産コストに占める電気料金の割合が高いために、工場の電力使用量の80％以上は電気代が安価な夜間にシフトしている国内電炉メーカーにとっては、電気料金の値上げ対策が急務だ。

Part4 部品・半導体・素材

〈世界大手と日本勢の相関関係〉

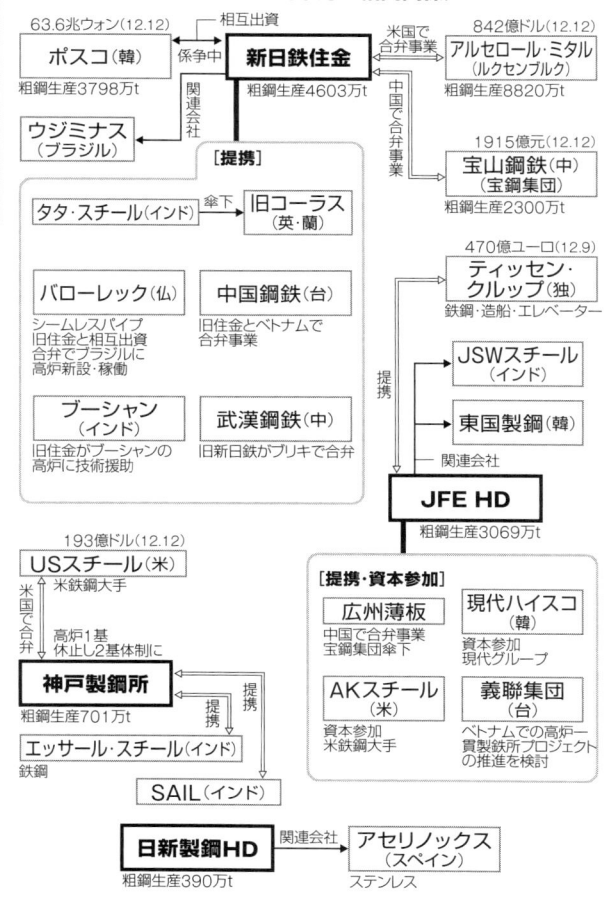

```
63.6兆ウォン(12.12)          ──相互出資──      新日鉄住金          842億ドル(12.12)
  ポスコ(韓)      ←係争中→                 米国で合弁事業 →  アルセロール・ミタル
                                   粗鋼生産4603万t                (ルクセンブルク)
粗鋼生産3798万t      関連会社                                    粗鋼生産8820万t
      ↓                           中国で合弁事業
  ウジミナス                                        1915億元(12.12)
  (ブラジル)                                       宝山鋼鉄(中)
                                                  (宝鋼集団)
         [提携]                                 粗鋼生産2300万t
```

- **ポスコ(韓)** 63.6兆ウォン(12.12) 粗鋼生産3798万t — 相互出資/係争中
- **新日鉄住金** 粗鋼生産4603万t
- **ウジミナス(ブラジル)** — 関連会社
- **アルセロール・ミタル(ルクセンブルク)** 842億ドル(12.12) 粗鋼生産8820万t — 米国で合弁事業
- **宝山鋼鉄(中)(宝鋼集団)** 1915億元(12.12) 粗鋼生産2300万t — 中国で合弁事業

[提携]
- タタ・スチール(インド) —傘下→ 旧コーラス(英・蘭)
- バローレック(仏) シームレスパイプ 旧住金と相互出資合弁でブラジルに高炉新設・稼働
- 中国鋼鉄(台) 旧住金とベトナムで合弁事業
- ブーシャン(インド) 旧住金がブーシャンの高炉に技術援助
- 武漢鋼鉄(中) 旧新日鉄がブリキで合弁

- **ティッセン・クルップ(独)** 470億ユーロ(12.9) 鉄鋼・造船・エレベーター
- **JSWスチール(インド)**
- **東国製鋼(韓)** — 関連会社
- **JFE HD** 粗鋼生産3069万t — 提携

[提携・資本参加]
- 広州薄板 中国で合弁事業 宝鋼集団傘下
- 現代ハイスコ(韓) 資本参加 現代グループ
- AKスチール(米) 資本参加 米鉄鋼大手
- 義聯集団(台) ベトナムでの高炉一貫製鉄所プロジェクトの推進を検討

- **USスチール(米)** 193億ドル(12.12) 米鉄鋼大手 — 米国で合弁
- **神戸製鋼所** 粗鋼生産701万t 高炉1基休止し2基体制に — 提携
- **エッサール・スチール(インド)** 鉄鋼
- **SAIL(インド)**

- **日新製鋼HD** 粗鋼生産390万t —関連会社→ **アセリノックス(スペイン)** ステンレス

Column 4 主要企業の社内取締役年俸推移

社名	10年度 平均(万円)	11年度 総額(万円)	人数	平均(万円)	1億円超
【素材】						
ブリヂストン	6400	42800	5人	8560	1人
日本板硝子	10000	16300	2人	8150	1人
旧新日本製鉄	6986	80802	11人	7345	2人
住友化学	6090	61000	9人	6777	1人
東レ	5828	188700	28人	6739	2人
旭化成	5800	44600	7人	6371	1人
JFE HD	7215	24667	4人	6166	3人
王子HD	6260	60700	10人	6070	0人
旧住友金属工業	6550	60100	10人	6010	0人
DOWA HD	5183	29000	5人	5800	0人
クラレ	5212	45000	8人	5625	0人
神戸製鋼所	4688	50600	9人	5622	0人
帝人	7400	38100	7人	5442	0人
住友金属鉱山	5342	36700	7人	5242	0人
信越化学工業	6588	85700	17人	5041	4人
日本ゼオン	4454	49400	10人	4940	0人
日本製鋼所	4049	39198	8人	4899	0人
レンゴー	4542	70200	15人	4680	0人
三井金属	5528	35000	8人	4375	0人
三菱マテリアル	3825	35000	8人	4375	0人
エア・ウォーター	3426	78000	18人	4333	1人
東洋紡	3687	38100	9人	4233	0人
三井化学	4463	37700	9人	4188	0人
太平洋セメント	3844	33500	8人	4187	0人
昭和電工	3850	33400	8人	4175	0人
日本電気硝子	4900	37100	9人	4122	0人
大日精化工業	4537	31800	8人	3975	1人
DIC	4150	27800	7人	3971	0人
三菱ケミカルHD	3271	22800	7人	3257	1人
日本製紙	2550	26800	11人	2436	0人

Part 5
社会インフラ・エネルギー

空運

JAL、経営破綻から短期間で再上場！

日本の空が熱くなっている。**日本航空（JAL）**が経営破綻から復活したことや、格安航空（LCC）の**ピーチ・アビエーション、ジェットスター・ジャパン、エアアジア・ジャパン**の本格的な運航開始が主な要因。格安航空の元祖ともいうべき**スカイマーク**も、関空発着路線からは撤退したが、代わって国際線に参入する方向だ。**全日本空輸（ANAHD）**は持株会社体制に移行し、さらなる経営の効率化を推進する。日本の空運業界は、新しい時代を迎えたといっていいだろう。事実上、JALを支援していた国は、JALの再上場で出資金額より3000億円多い6500億円を回収。

ただし、同じLCCでも航空機の発着が24時間可能な関空を拠点とするピーチに比べ、深夜早朝便が規制されている成田が中心のジェットスターやエアアジア・ジャパンでは、利用客数に差が出ている問題も指摘される。経営破綻処理で身軽になったJALと、自助努力のANAでは経営的にハンデがついたのも事実。世界的な航空会社再編にともなう共同運航の行方も気になる。ボーイング787の運航は再開。

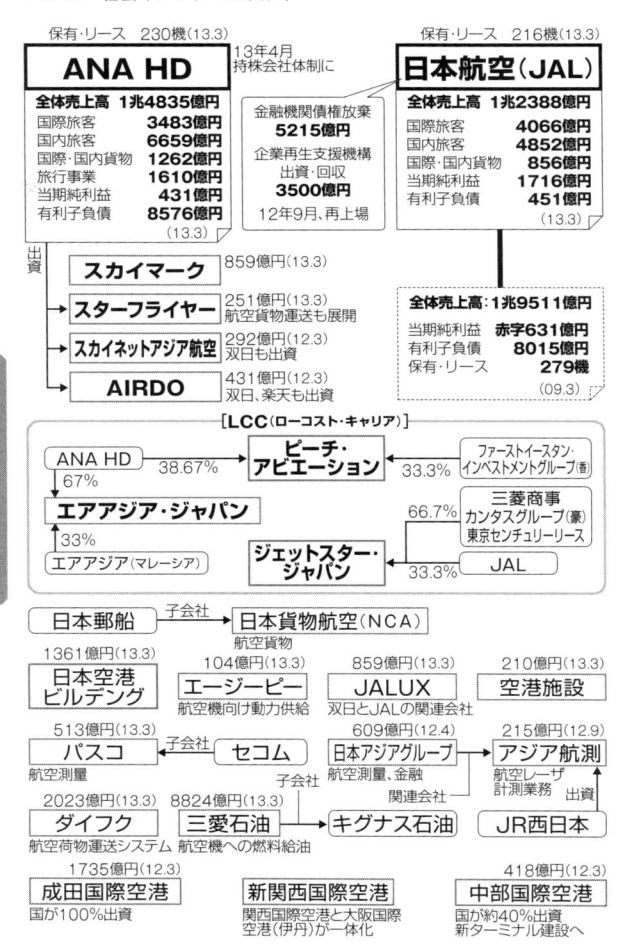

Part 5 　社会インフラ・エネルギー

ANA HD
保有・リース 230機(13.3)

全体売上高	1兆4835億円
国際旅客	3483億円
国内旅客	6659億円
国際・国内貨物	1262億円
旅行事業	1610億円
当期純利益	431億円
有利子負債	8576億円

(13.3)

13年4月 持株会社体制に

金融機関債権放棄 **5215億円**
企業再生支援機構 出資・回収 **3500億円**
12年9月、再上場

日本航空(JAL)
保有・リース 216機(13.3)

全体売上高	1兆2388億円
国際旅客	4066億円
国内旅客	4852億円
国際・国内貨物	856億円
当期純利益	1716億円
有利子負債	451億円

(13.3)

出資→

- スカイマーク　859億円(13.3)
- スターフライヤー　251億円(13.3)　航空貨物運送も展開
- スカイネットアジア航空　292億円(12.3)　双日も出資
- AIRDO　431億円(12.3)　双日、楽天も出資

全体売上高	1兆9511億円
当期純利益	赤字631億円
有利子負債	8015億円
保有・リース	279機

(09.3)

[LCC(ローコスト・キャリア)]

- ANA HD ─38.67%→ ピーチ・アビエーション ←33.3%─ ファーストイースタン・インベストメントグループ(香)
- ANA HD 67% → エアアジア・ジャパン ←33%─ エアアジア(マレーシア)
- 三菱商事、カンタスグループ(豪)、東京センチュリーリース 66.7%→ ジェットスター・ジャパン ←33.3%─ JAL

日本郵船 ─子会社→ 日本貨物航空(NCA)　航空貨物

- 日本空港ビルデング　1361億円(13.3)
- エージーピー　104億円(13.3)　航空機向け動力供給
- JALUX　859億円(13.3)　双日とJALの関連会社
- 空港施設　210億円(13.3)

- パスコ　513億円(13.3)　航空測量 ←子会社─ セコム ─子会社→ 日本アジアグループ　609億円(12.4)　航空測量、金融関連会社
- アジア航測　215億円(12.9)　航空レーザ計測業務 ←出資─
- ダイフク　2023億円(13.3)　航空荷物運送システム
- 三愛石油　8824億円(13.3)　航空機への燃料給油 → キグナス石油 ← JR西日本

- 成田国際空港　1735億円(12.3)　国が100%出資
- 新関西国際空港　関西国際空港と大阪国際空港(伊丹)が一体化
- 中部国際空港　418億円(12.3)　国が約40%出資　新ターミナル建設へ

社会インフラ・エネルギー

131

海運

商船三井、12年度決算で大幅最終赤字を計上

12年度の決算で、**商船三井**は1788億円の巨額最終赤字を計上した。不定期船の中でも、石炭や鉄鉱石、穀物、木材チップなどを輸送するドライバルク船（バラ積み船）の世界的な新造船竣工ラッシュで船腹過剰状況に陥っていたところに、荷動き低迷にともなう運賃の低迷が重なったことが要因。とくに、同社は輸送の中長期契約を結ばないフリー船が250隻規模だったことから赤字が膨らんだ。商船三井はフリー船を180隻程度に縮小する予定で、売船やスクラップを推進。事業の多くもシンガポールに拠点を移す。大型契約を結んだことでLNG船は増強する。

海運市況の急激な好転が見込めない中で、海陸の総合物流サービスの強化を目指す**日本郵船**は、ロシアの完成車物流会社に51％出資し、拡大が見込まれるロシア内での自動車輸送の需要を取込む。**川崎汽船**もインドネシアとインドで、二輪車の陸上輸送サービスを開始。ブラジル沖合では、日本郵船、商船三井、川崎汽船、**日本海洋掘削**らが総合商社とともに、深海油田の開発にかかわる事業に取組んでいる。

Part 5　社会インフラ・エネルギー

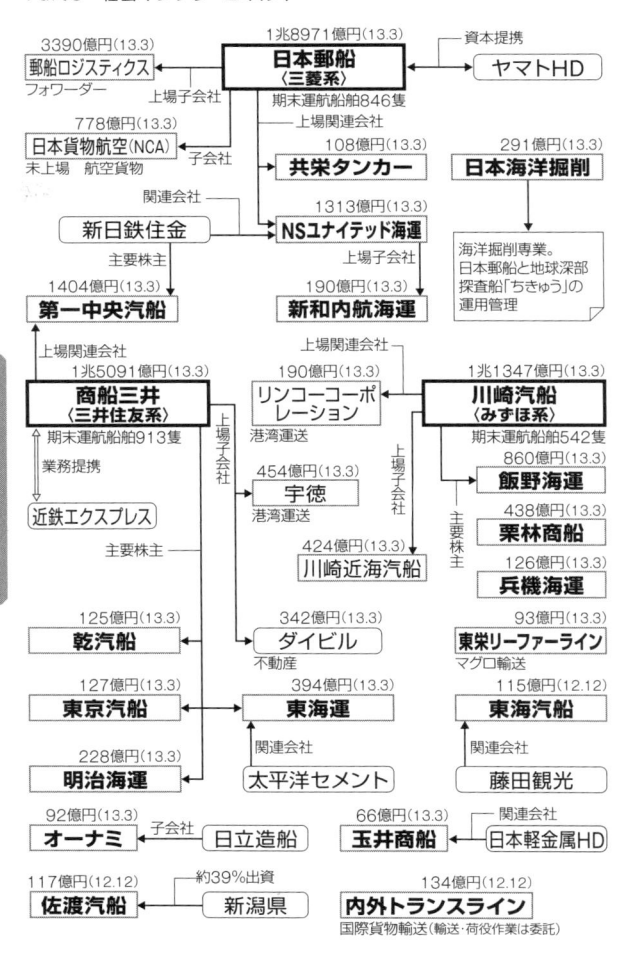

```
3390億円(13.3)           1兆8971億円(13.3)      資本提携
郵船ロジスティクス ←──  日本郵船  ──────────→ ヤマトHD
フォワーダー      上場子会社 〈三菱系〉
                         │ 期末運航隻数846隻
         778億円(13.3)    │上場関連会社            291億円(13.3)
日本貨物航空(NCA) ←─子会社 │ 108億円(13.3)         日本海洋掘削
未上場 航空貨物           共栄タンカー
                         │
      関連会社──┐        │ 1313億円(13.3)
新日鉄住金       └──→ NSユナイテッド海運       海洋掘削専業。
                         上場子会社              日本郵船と地球深部
      主要株主           190億円(13.3)           探査船「ちきゅう」の
1404億円(13.3)           新和内航海運            運用管理
第一中央汽船
      上場関連会社        上場関連会社           1兆1347億円(13.3)
     1兆5091億円(13.3)    190億円(13.3)
                         リンコーコーポ ←──── 川崎汽船
      商船三井            レーション              〈みずほ系〉
     〈三井住友系〉        港湾運送               │ 期末運航船舶542隻
                         │                       860億円(13.3)
      期末運航船舶913隻   │上場子会社           飯野海運
 業務提携                 454億円(13.3)          438億円(13.3)
                         宇徳                   栗林商船
 近鉄エクスプレス          港湾運送               │主要株主
                         424億円(13.3)          126億円(13.3)
      主要株主           川崎近海汽船            兵機海運

125億円(13.3)            342億円(13.3)          93億円(13.3)
乾汽船        ─→      ダイビル               東栄リーファーライン
                         不動産                 マグロ輸送
127億円(13.3)            394億円(13.3)          115億円(12.12)
東京汽船                 東海運                 東海汽船
                         関連会社               関連会社
228億円(13.3)
明治海運                  太平洋セメント         藤田観光

92億円(13.3)  子会社     66億円(13.3)   関連会社
オーナミ ← 日立造船       玉井商船 ← 日本軽金属HD

117億円(12.12) 約39%出資  134億円(12.12)
佐渡汽船 ← 新潟県        内外トランスライン
                         国際貨物輸送(輸送・荷役作業は委託)
```

133

鉄道

東武鉄道、スカイツリー効果で増収増益！

大手鉄道各社の経営は、おおむね順調に推移。とくにスカイツリー開業効果があった**東武鉄道**は、売上高、利益とも大幅に拡大。開業から13年3月末までの10ヵ月間で、東京スカイツリーを訪れた人は、当初の想定を約150万人上回る554万人、同タウンには想定より1700万人も多い4476万人だった。

過去の確執を超えて**東京急行電鉄**と**西武HD**が実施したように、相互乗り入れの拡大や、**JR東日本**の「スイカ」など全国10種類の交通系ICカードの相互利用サービス開始、さらには、ターミナル駅の大型再開発と、利用客の増加に向けた施策も着々と進行。**JR東海**は東海道新幹線の大規模改修工事に着手する。

懸案事項だった海外進出も、ようやく緒に就こうとしている。JR東日本はベルギーとシンガポールに事務所を設置し海外鉄道プロジェクトへの参画を目指す。**東京メトロ**はベトナムで運行システムなどの支援を手がける。JR東海はリニア新幹線の海外売込みに積極的に取組むとしている。西武HDは筆頭株主との騒動で上場を延期。

134

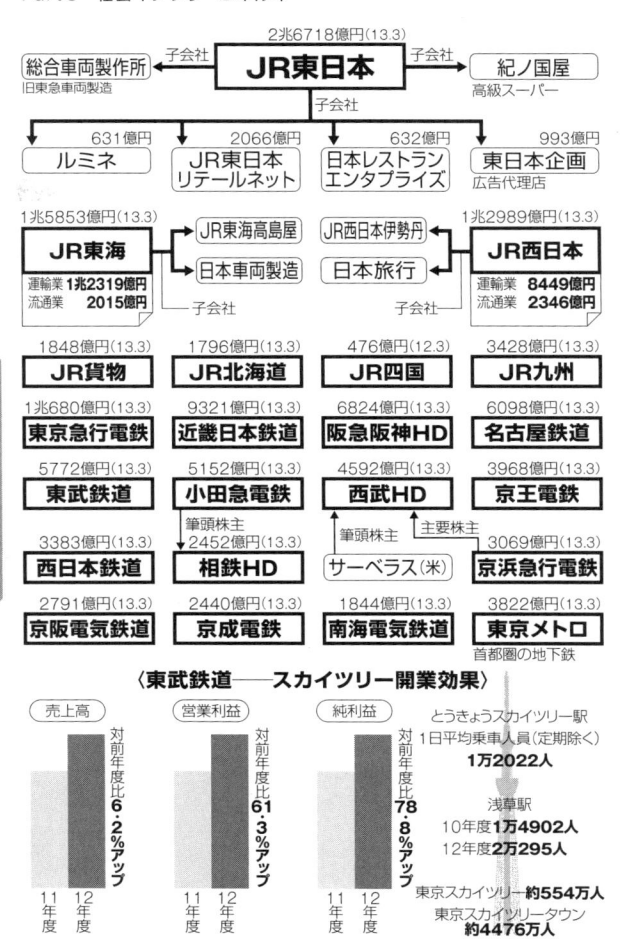

Part 5　社会インフラ・エネルギー

```
                          2兆6718億円(13.3)
   ┌──子会社──┐    ┌──────┐    ┌──子会社──┐
(総合車両製作所)        │ JR東日本 │         (紀ノ国屋)
   旧東急車両製造        └──────┘         高級スーパー
                              │子会社
   ┌────────┼────────┬────────┐
  631億円      2066億円      632億円      993億円
 ┌────┐  ┌──────┐  ┌──────┐  ┌──────┐
 │ルミネ│  │JR東日本  │  │日本レストラン│ │東日本企画│
 └────┘  │リテールネット│ │エンタプライズ│ └──────┘
           └──────┘  └──────┘   広告代理店
```

1兆5853億円(13.3)	→ JR東海高島屋	JR西日本伊勢丹	1兆2989億円(13.3)
JR東海	→ 日本車両製造	日本旅行	**JR西日本**
運輸業 1兆2319億円 流通業　　2015億円	子会社	子会社	運輸業 8449億円 流通業 2346億円

1848億円(13.3)	1796億円(13.3)	476億円(12.3)	3428億円(13.3)
JR貨物	**JR北海道**	**JR四国**	**JR九州**

1兆680億円(13.3)	9321億円(13.3)	6824億円(13.3)	6098億円(13.3)
東京急行電鉄	**近畿日本鉄道**	**阪急阪神HD**	**名古屋鉄道**

5772億円(13.3)	5152億円(13.3)	4592億円(13.3)	3968億円(13.3)
東武鉄道	**小田急電鉄**	**西武HD**	**京王電鉄**

	↑筆頭株主	↑筆頭株主 主要株主	
3383億円(13.3)	2452億円(13.3)		3069億円(13.3)
西日本鉄道	**相鉄HD**	**サーベラス(米)**	**京浜急行電鉄**

2791億円(13.3)	2440億円(13.3)	1844億円(13.3)	3822億円(13.3)
京阪電気鉄道	**京成電鉄**	**南海電気鉄道**	**東京メトロ**
			首都圏の地下鉄

〈東武鉄道──スカイツリー開業効果〉

売上高　対前年度比 **6.2%アップ**（11年度／12年度）

営業利益　対前年度比 **61.3%アップ**（11年度／12年度）

純利益　対前年度比 **78.8%アップ**（11年度／12年度）

とうきょうスカイツリー駅
1日平均乗車人員(定期除く)
1万2022人

浅草駅
10年度 **1万4902人**
12年度 **2万295人**

東京スカイツリー 約554万人
東京スカイツリータウン 約4476万人

物流

ヤマトHD、「国際宅急便」を最短で翌日配達に

大手不動産の三井不動産や三菱地所なども手がけはじめたように、物流施設の建設が活発化している。米系の物流施設大手プロロジスは自社物件を組み入れた不動産投資信託「日本プロロジスリート投資法人」を上場。同社は日本でも大規模に物流施設を展開しており、上場で得た資金が新たな投資に回る可能性が高い。物流施設の新設が相次いでいる背景には、販売を拡大しているネット通販企業などの需要増がある。

ネット通販を下支えしているのは、**ヤマト運輸**や**佐川急便**、**日本郵便**などの宅配便企業。それら企業の存在なくして、今日のネット通販の拡大はない。ただし、配送単価が年々下落しているのも事実。国内貨物の輸送需要も低迷したままで、回復の兆しが見えないのが現状だ。

もちろん、各社は持続的成長に向けて必死な取組みを見せている。宅配便事業を日本郵便の前身である郵便事業に譲渡している**日本通運**は、企業の国際的物流を担うグローバルロジスティクスが成長エンジン。16年3月期の売上高1兆8000億円を目

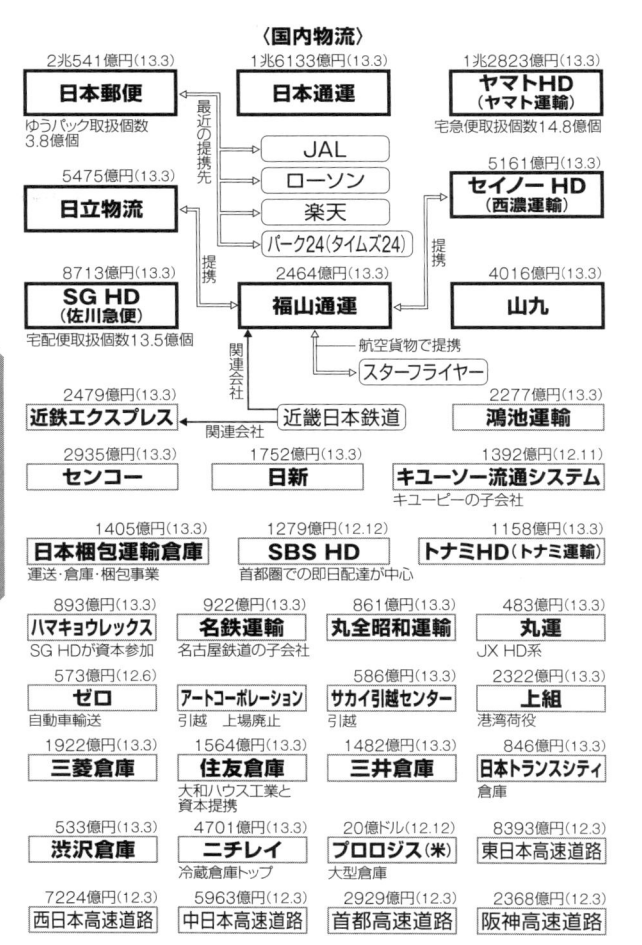

Part5　社会インフラ・エネルギー

〈国内物流〉

日本郵便 2兆541億円(13.3)
ゆうパック取扱個数 3.8億個

日本通運 1兆6133億円(13.3)

ヤマトHD（ヤマト運輸） 1兆2823億円(13.3)
宅急便取扱個数14.8億個

日本通運 最近の提携先:
- JAL
- ローソン
- 楽天
- パーク24(タイムズ24)

日立物流 5475億円(13.3)

セイノーHD（西濃運輸） 5161億円(13.3)

SG HD（佐川急便） 8713億円(13.3)
宅配便取扱個数13.5億個

福山通運 2464億円(13.3) ← 提携：セイノーHD、ヤマトHD

山九 4016億円(13.3)

福山通運 — 航空貨物で提携 → **スターフライヤー**

近鉄エクスプレス 2479億円(13.3)　関連会社：**近畿日本鉄道**

鴻池運輸 2277億円(13.3)

センコー 2935億円(13.3)

日新 1752億円(13.3)

キユーソー流通システム 1392億円(12.11)
キユーピーの子会社

日本梱包運輸倉庫 1405億円(13.3)
運送・倉庫・梱包事業

SBS HD 1279億円(12.12)
首都圏での即日配達が中心

トナミHD（トナミ運輸） 1158億円(13.3)

ハマキョウレックス 893億円(13.3)
SG HDが資本参加

名鉄運輸 922億円(13.3)
名古屋鉄道の子会社

丸全昭和運輸 861億円(13.3)

丸運 483億円(13.3)
JX HD系

ゼロ 573億円(12.6)
自動車輸送

アートコーポレーション (13.3)
引越　上場廃止

サカイ引越センター 586億円(13.3)
引越

上組 2322億円(13.3)
港湾荷役

三菱倉庫 1922億円(13.3)

住友倉庫 1564億円(13.3)
大和ハウス工業と資本提携

三井倉庫 1482億円(13.3)

日本トランスシティ 846億円(13.3)
倉庫

渋沢倉庫 533億円(13.3)

ニチレイ 4701億円(13.3)
冷蔵倉庫トップ

プロロジス(米) 20億ドル(12.12)
大型倉庫

東日本高速道路 8393億円(12.3)

西日本高速道路 7224億円(12.3)

中日本高速道路 5963億円(12.3)

首都高速道路 2929億円(12.3)

阪神高速道路 2368億円(12.3)

137

標に、イタリアや香港の物流企業を買収したり、アフリカ大陸での展開を視野に入れ、エジプトでも営業をスタートするなどの動きに出ている。日本通運は、国内ではNECやパナソニックの物流子会社を事実上買収している。

国際物流ではUPSやフェデックスなど世界大手が存在感を発揮しており、競争が激しいことはいうまでもないが、それでも、**日新**や**山九**、**センコー**などが積極的な展開。日新はベトナム国鉄と鉄道輸送の合弁会社を設立し、鉄道輸送事業に参入する。

ヤマトHDは、国際物流の拠点を沖縄に置くANAHDとの提携を強化し、海外宅急便展開地域への「国際宅急便」最短翌日配達への取組みをスタートさせた。「沖縄貨物ハブ」を09年に立ち上げているANAは、貨物専用機をアジアの主要都市へ深夜運航、順次ネットワークを拡大する。佐川急便の**SGHD**は、企業の物流業務を一括受託するサード・パーティー・ロジスティクス（3PL）事業で**ハマキョウレックス**と統合、同社に資本参加をする方向だ。郵便局と郵便事業が統合し日本郵便として再出発している同社は、シンガポールポストと連携し海外通販サポートサービスを提供、日本航空とは国をまたいだ食品などの保冷配送の本格化に向けた試みを実施している。

138

Part5 社会インフラ・エネルギー

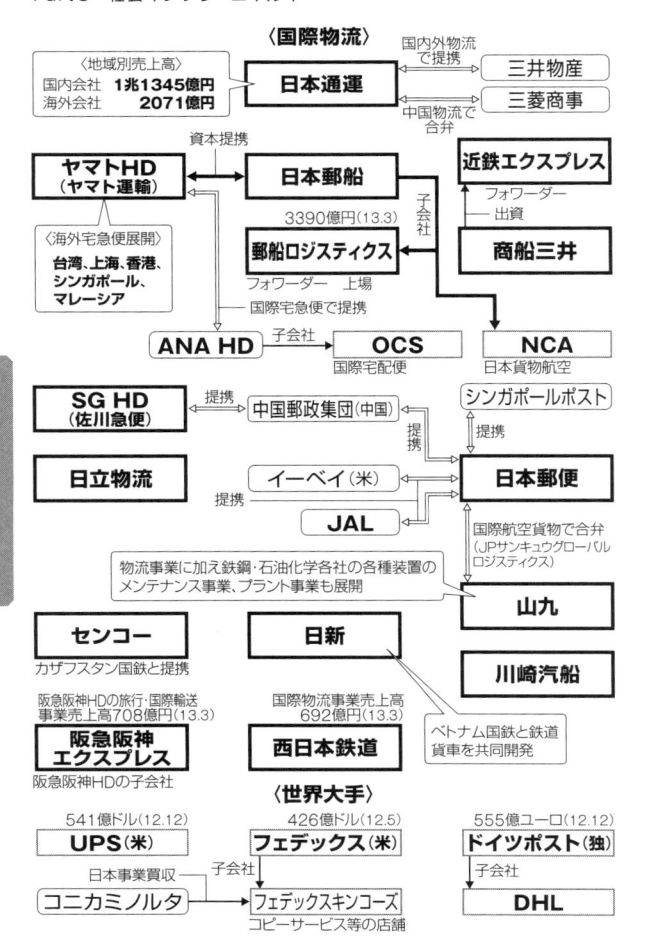

〈国際物流〉

- **日本通運**
  - 〈地域別売上高〉
    - 国内会社 **1兆1345億円**
    - 海外会社 **2071億円**
  - 国内外物流で提携 → **三井物産**
  - 中国物流で合弁 → **三菱商事**

- **ヤマトHD（ヤマト運輸）** ←資本提携→ **日本郵船**
  - 〈海外宅急便展開〉
    - **台湾、上海、香港、シンガポール、マレーシア**

- **郵船ロジスティクス** 3390億円(13.3) ← 子会社 ← 日本郵船
  - フォワーダー　上場
  - **近鉄エクスプレス** — フォワーダー・出資
  - **商船三井**

- 国際宅急便で提携
- **ANA HD** — 子会社 → **OCS**（国際宅配便）
- **NCA**（日本貨物航空）

- **SG HD（佐川急便）** ←提携→ **中国郵政集団(中国)** ←提携→ **シンガポールポスト**
- **日立物流** ←提携→ **イーベイ(米)** ←→ **日本郵便**
- **JAL**
- 国際航空貨物で合弁（JPサンキュウグローバルロジスティクス）

- 物流事業に加え鉄鋼・石油化学各社の各種装置のメンテナンス事業、プラント事業も展開 → **山九**

- **センコー**
  - カザフスタン国鉄と提携
- **日新**
- **川崎汽船**

- 阪急阪神HDの旅行・国際輸送事業売上高708億円(13.3)
- **阪急阪神エクスプレス**
  - 阪急阪神HDの子会社
- 国際物流事業売上高692億円(13.3)
- **西日本鉄道**
- ベトナム国鉄と鉄道貨車を共同開発

〈世界大手〉

- 541億ドル(12.12) **UPS(米)**
- 426億ドル(12.5) **フェデックス(米)**
- 555億ユーロ(12.12) **ドイツポスト(独)**

- **コニカミノルタ** — 日本事業買収 → **フェデックスキンコーズ**（コピーサービス等の店舗）子会社
- **DHL** 子会社

社会インフラ・エネルギー

139

建設

フジタが大和ハウスの子会社に、安藤とハザマは合併

　主要48社の12年国内受注額は、対前年比3・7%増の9兆9000億円弱だった。東日本大震災の復興需要が、下支えしているといっていいだろう。ただし、工事が急増したことで、職人不足から人件費や資材コストが上昇しており、工事の採算管理がより重要になる。竹中工務店は、12年度の決算で最終黒字を確保したものの、本業による儲けを示す営業損益は赤字転落。最終赤字の会社も目に付いた。

　もちろん、竹中工務店の売上高が、06年の1兆4224億円から4200億円以上も減っていることに象徴されるように、市場の縮小という基本的な傾向に変化はない。そのため、業界再編の動きが再び表面化してきた。事実上、米ゴールドマン・サックスの傘下に入っていた中堅の**フジタ**は、大和ハウス工業の子会社に移動。フジタは**三井住友建設**と統合計画があったが、白紙に戻っていた。安藤建設とハザマは合併、13年4月に**安藤・間**として出発。**高松コンストラクショングループ**は、海上埋立工事の減少を見込み、同事業に強い子会社の**青木マリーン**の上場廃止に動いている。

Part 5 社会インフラ・エネルギー

〈スーパーゼネコン〉

1兆4850億円(13.3)	1兆4160億円(13.3)	1兆4483億円(13.3)
鹿島	**清水建設**	**大林組**

1兆4164億円(13.3)	請負金額114億円	9983億円(12.12)
大成建設	→ 歌舞伎座竣工	**竹中工務店**

〈準大手・中堅〉

5589億円(13.3)	4970億円(13.3)	3498億円(13.3)
長谷工コーポレーション	**戸田建設**	**五洋建設**

3427億円(13.3)	3691億円(13.3)	2532億円(13.3)
三井住友建設	**前田建設工業**	**西松建設**

2607億円(13.3)	2285億円(13.3)	13年4月合併 「安藤・間」に	1978億円(13.3)
熊谷組	**東急建設**	→	**ハザマ**

1965億円(13.3)	1609億円(13.3)	1823億円(13.3)
奥村組	**東亜建設工業** ⇄ 提携	**安藤建設**

	1499億円(13.3)	子会社	1032億円(13.3)
1211億円(13.3)	**高松コンストラクショングループ**	→	**青木あすなろ建設**
浅沼組		→	53億円(13.3) **青木マリーン**

1136億円(13.3)	1266億円(13.3)	1172億円(13.3)
銭高組	**鉄建** JR東日本が筆頭株主 鹿島と資本提携	**ナカノフドー建設**

1114億円(12.12)	1118億円(13.3)	1280億円(13.3)
福田組	**飛島建設**	**東洋建設**

1127億円(13.3)	913億円(13.3)	3108億円(12.3)
大豊建設	**ピーエス三菱**	**フジタ** 上場廃止

〈その他〉 13年1月、500億円で買収 → **大和ハウス工業**

1960億円(12.9)	363億円(12.12)	633億円(13.3)	**小田急電鉄**
鴻池組 非上場	**日建設計** 建築設計	**大和小田急建設** 出資	

3850億円(13.3)	2132億円(13.3)	1421億円(13.3)	1059億円(13.3)
NIPPO 道路舗装 JX HD系	**前田道路** 道路舗装	**日本道路** 道路舗装	**東亜道路工業** 道路舗装

不動産

三井不動産と三菱地所は物流施設運営に着手！

海外投資家を中心に、日本の不動産に注目が集まっているようだ。上場不動産投資信託の株価が上昇傾向。外国人による都心のマンション購入も増えているという。東京の「大手町フィナンシャルシティ」や、大阪駅北地区の「グランフロント大阪」など、大型開発も依然として活発。東京駅前にJPタワー（商業施設名称は「KITTE」）をオープンさせた日本郵政も、NTTがそうであるように、不動産事業を経営の柱のひとつにしてくることは想像に難くない。日本郵政は国内有数の土地資産家であり、遊休地利用では駐車場運営のパーク24との提携に動いている。

ただし、新規の大規模オフィスはともかく、築年数を経た物件の多くは空室率も高く、賃料も低い水準で推移しており、対応が不可欠。オフィスビルや商業施設の開発・運営、住宅分譲、アウトレットモールの開発、海外事業など、総合不動産である**三井不動産**と**三菱地所**は、これまで手薄だった物流施設の開発運営にも着手。**東宝不動産**は上場廃止。**野村不動産HD**は野村HDの子会社から外れている。

Part 5 社会インフラ・エネルギー

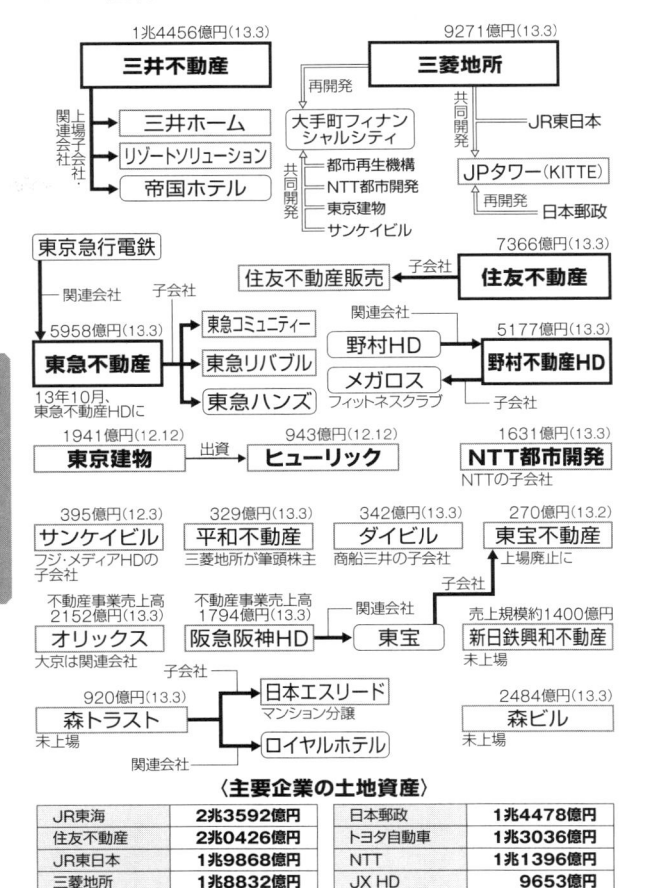

社会インフラ・エネルギー

```
1兆4456億円(13.3)                          9271億円(13.3)
【三井不動産】                               【三菱地所】
    │                          再開発 ↑            共同
関  上│子会社                    ┌──────────┐      開発 ┐→ JR東日本
連  場│      →  三井ホーム        │大手町フィナン│          │
会  子│                          │シャルシティ  │          ↓
社  会│      →  リゾートソリューション└──────────┘          JPタワー (KITTE)
  ・社│                             ↑─都市再生機構          ↑
      │      →  帝国ホテル       共同│─NTT都市開発            │再開発
                                 開発│─東京建物               │
                                     └─サンケイビル           日本郵政
```

```
東京急行電鉄                                              7366億円(13.3)
    │                              子会社
    │              →  住友不動産販売 ──────  【住友不動産】
 関連会社      子会社
    │              →  東急コミュニティー
    ↓                                     関連会社     5177億円(13.3)
5958億円(13.3)    →  東急リバブル         野村HD ────  【野村不動産HD】
【東急不動産】                                   │
                  →  東急ハンズ           メガロス│──子会社
13年10月、                                フィットネスクラブ
東急不動産HDに
```

```
1941億円(12.12)          943億円(12.12)            1631億円(13.3)
【東京建物】  ──出資→  【ヒューリック】            【NTT都市開発】
                                                  NTTの子会社
```

```
395億円(12.3)      329億円(13.3)       342億円(13.3)       270億円(13.2)
【サンケイビル】    【平和不動産】       【ダイビル】          【東宝不動産】
フジ・メディアHDの  三菱地所が筆頭株主   商船三井の子会社      上場廃止に
子会社                                       │子会社
                                             ↓
不動産事業売上高    不動産事業売上高    関連会社             売上規模約1400億円
2152億円(13.3)     1794億円(13.3)     ─────
【オリックス】      【阪急阪神HD】 ──→  【東宝】             【新日鉄興和不動産】
大京は関連会社                                               未上場
```

```
                    子会社
                         →  日本エスリード
920億円(13.3)                マンション分譲              2484億円(13.3)
【森トラスト】                                           【森ビル】
未上場                                                   未上場
              関連会社  →  ロイヤルホテル
```

〈主要企業の土地資産〉

JR東海	2兆3592億円	日本郵政	1兆4478億円
住友不動産	2兆0426億円	トヨタ自動車	1兆3036億円
JR東日本	1兆9868億円	NTT	1兆1396億円
三菱地所	1兆8832億円	JX HD	9653億円
三井不動産	1兆7532億円	東急不動産	9329億円

(決算書に計上の土地資産、13年3月現在)

住宅・マンション

大和ハウス工業、ゼネコンのフジタ、マンション販売のコスモスイニシアを買収

積水ハウスでいえば、162億円の仮設住宅売上高があった11年度の反動が懸念されたが、リフォームを含め太陽光住宅を2万棟以上受注するなど、12年度の経営成績は順調に推移。他社も含め、太陽電池や蓄電池などを組み合わせたスマートハウスの販売に熱が入るが、14年に予定されている消費税アップ前の駆込み需要や、土地オーナー向けの相続税対策用賃貸住宅建設も取込みたいところだ。

ただし、80万戸台で推移している年間の新設住宅着工戸数の伸びは期待できないことから、商業施設の展開や海外事業に軸足を移すのは自然の流れ。最も活発な動きを見せているのは**大和ハウス工業**。同社は買収したゼネコンの**フジタ**とともに、中国や東南アジアなどでの事業拡大を目指す。国内では、メガソーラー事業や物流施設ビジネスにも積極的な投資拡大を実行。マンション販売の**コスモスイニシア**を買収。

低価格の建売分譲が中心の**一建設**など6社は、13年11月に経営統合する予定で、戸建て部門では一大勢力を形成することになる。13年3月には**タマホーム**が上場。

Part 5　社会インフラ・エネルギー

〈戸建主体〉

- 大和ハウス工業　2兆79億円(13.3)
  - 4万3203戸
  - 500億円で買収
  - フジタ　3108億円(12.3)　ゼネコン

- 積水ハウス　1兆6138億円(13.1)
  - 4万5098戸
  - 株式相互保有
- 積水化学工業　1兆324億円(13.3)
  - 1万3860戸
  - 筆頭株主

- 旭化成（旭化成ホームズ）　4861億円(13.3)
  - 1万5376戸
- 住友林業　8451億円(13.3)
  - 1万111戸
  - 関連会社

- パナホーム　2894億円(13.3)　パナソニックの子会社
- ミサワホーム　3946億円(13.3)　1万740戸
- トヨタ自動車（トヨタホーム）　1490億円(13.3)　5878戸

- 三井ホーム　2183億円(13.3)　三井不動産の子会社
- 一建設　2786億円(13.1)　8888戸
- 大東建託　1兆1524億円(13.3)　賃貸住宅建設

[6社経営統合]（13年11月予定）

社名	売上高	戸数	社名	売上高	戸数
アーネストワン	2033億円	9248戸	タクトホーム	768億円	2537戸
飯田産業	1375億円	4333戸	アイディホーム	689億円	2954戸
東栄住宅	1128億円	3353戸			

- タマホーム　1696億円(12.5)
- 桧家HD　521億円(13.3)　1785戸
- サンヨーホームズ　408億円(13.3)
- エス・バイ・エル　398億円(13.2)　ヤマダ電機系

〈マンション主体〉

- 三井不動産　1兆4456億円(13.3)　5751戸
- 三菱地所　9271億円(13.3)　5035戸
- 大京　3026億円(13.3)
  - 3967戸　穴吹工務店を子会社化

- 住友不動産　7366億円(13.3)　6557戸
- 野村不動産HD　5177億円(13.3)　5749戸
- オリックス　関連会社

- 東急不動産　5958億円(13.3)　2790戸
- すてきナイスグループ　2274億円(13.3)　1117戸
- 東京建物　1941億円(12.12)　1188戸
- NTT都市開発　1631億円(13.3)　1115戸

- プレサンスコーポレーション　423億円(13.3)　1962戸
- コスモスイニシア　858億円(13.3)　1553戸　大和ハウス工業の子会社に
- 穴吹興産　544億円(12.6)　1656戸
- ゴールドクレスト　379億円(13.3)　782戸

(戸数は戸建とマンション合計で販売および受注数)

145

住宅回り

商号を変更したLIXILは売上高を拡大

　新築件数の減少を市場拡大が確実視されているリフォーム分野でカバーする、というのが各社の成長戦略。太陽光発電などを含む省エネ・エコ対応への取組みも鍵を握る。経営不振からの脱却を目指す**パナソニック**は、住宅関連事業を今後の成長分野と位置付けており、攻勢を強めてくるのは必至で、その動向も気になるところだ。

　TOTOにとっては、米ボーイング787機に「ウォシュレット」が採用されたことで世界的な販促効果が期待されただけに、同機の運航一時停止は誤算だっただろう。そのTOTOは、米中などに比べて販売が手薄な欧州での普及を目的に、ドイツ企業の販売向けに新温水洗浄便座を提供。国内では**大建工業**、**YKKAP**との3社連携で、リフォーム提案の大型ショールームをオープンするなどの動きに出ている。

　12年7月に**LIXILグループ**と商号を変更した業界最大手の同社は、「LIXIL」ブランドの浸透に邁進。これまで手がけてきた買収や、中国家電メーカーのハイアールなどとの合弁・提携効果もあって売上高を拡大させている。

146

Part 5 社会インフラ・エネルギー

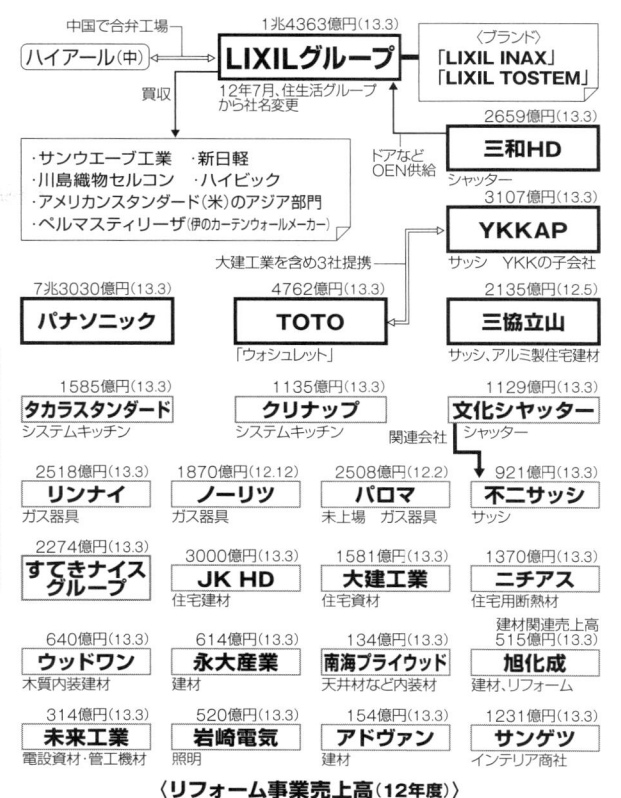

```
中国で合弁工場            1兆4363億円(13.3)        〈ブランド〉
ハイアール(中) ⇔  LIXILグループ              「LIXIL INAX」
                                                「LIXIL TOSTEM」
           買収    12年7月、住生活グループ
                  から社名変更
                                          2659億円(13.3)
                              ドアなど
                              OEN供給      三和HD
                                          シャッター
 ・サンウエーブ工業 ・新日軽
 ・川島織物セルコン ・ハイビック                3107億円(13.3)
 ・アメリカンスタンダード(米)のアジア部門           YKKAP
 ・ペルマスティリーザ(伊のカーテンウォールメーカー)    サッシ YKKの子会社

        大建工業を含め3社提携
                                          2135億円(12.5)
 7兆3030億円(13.3)    4762億円(13.3)
 パナソニック         TOTO                三協立山
                   「ウォシュレット」       サッシ、アルミ製住宅建材
```

1585億円(13.3)	1135億円(13.3)	1129億円(13.3)
タカラスタンダード	**クリナップ**	**文化シヤッター**
システムキッチン	システムキッチン	関連会社 シャッター

2518億円(13.3)	1870億円(12.12)	2508億円(12.2)	921億円(13.3)
リンナイ	**ノーリツ**	**パロマ**	**不二サッシ**
ガス器具	ガス器具	未上場 ガス器具	サッシ

2274億円(13.3)	3000億円(13.3)	1581億円(13.3)	1370億円(13.3)
すてきナイスグループ	**JK HD**	**大建工業**	**ニチアス**
	住宅建材	住宅資材	住宅用断熱材

640億円(13.3)	614億円(13.3)	134億円(13.3)	建材関連売上高 515億円(13.3)
ウッドワン	**永大産業**	**南海プライウッド**	**旭化成**
木質内装建材	建材	天井材など内装材	建材、リフォーム

314億円(13.3)	520億円(13.3)	154億円(13.3)	1231億円(13.3)
未来工業	**岩崎電気**	**アドヴァン**	**サンゲツ**
電設資材・管工機材	照明	建材	インテリア商社

〈リフォーム事業売上高(12年度)〉

積水ハウス	**1115**(1021)	ミサワホーム	**582**(545)
積水化学工業	**958**(888)	住友林業	**503**(452)
住友不動産	**928**(901)	旭化成	**463**(385)
大和ハウス工業	**755**(681)	パナホーム	**383**(357)

(単位億円、カッコ内は11年度)

石油

出光興産がベトナムに製油所建設!

町のガソリンスタンドがピーク時から4割も減って3万8000カ所を割り込んでいるように、国内ガソリン販売の減少傾向が止まらない以上、成長事業の育成が不可欠。各社は国内の精製設備の統廃合などコストカットに動くとともに、輸出増や海外事業の拡大、非石油事業の育成に懸命な取組みを見せている。成果がほしいところだ。

大きな動きを見せたのは**出光興産**。同社は時間をかけて検討を重ねてきた、総額90億ドルのベトナムでの製油所建設を決定。三井化学などの参画を得て、13年夏から建設に着手し、成長が著しい東南アジア市場を開拓する。同社はシェール革命が起こっている米国での新たな製造拠点の建設についても、検討を開始すると発表している。

国内最大手の**JXHD**は、資源部門や非石油部門事業の拡大に向けて、石油や銅鉱山の海外資源権益の獲得に向けて積極的に投資。15年度までの3年間の総投資額は1兆3000億円超を予定。**AOCHD**は開発部門から撤退し、販売に集中。**国際石油開発帝石**は、豪州で液化天然ガスの大型プロジェクトを手がけている。

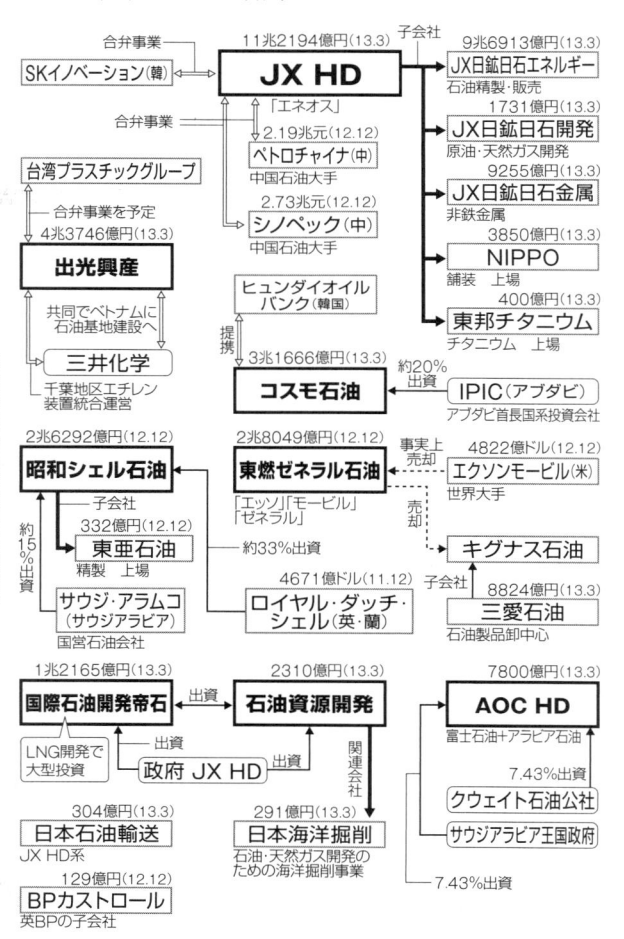

Part 5 社会インフラ・エネルギー

社会インフラ・エネルギー

- SKイノベーション(韓) ─合弁事業─ **JX HD** 11兆2194億円(13.3) ─子会社→
  - 「エネオス」
  - 合弁事業
  - ペトロチャイナ(中) 2.19兆元(12.12) 中国石油大手
  - シノペック(中) 2.73兆元(12.12) 中国石油大手
  - ヒュンダイオイルバンク(韓国)

- JX HD →
  - **JX日鉱日石エネルギー** 9兆6913億円(13.3) 石油精製・販売
  - **JX日鉱日石開発** 1731億円(13.3) 原油・天然ガス開発
  - **JX日鉱日石金属** 9255億円(13.3) 非鉄金属
  - **NIPPO** 3850億円(13.3) 舗装 上場
  - **東邦チタニウム** 400億円(13.3) チタニウム 上場

- 台湾プラスチックグループ
  - ─合弁事業を予定─
- **出光興産** 4兆3746億円(13.3)
  - 共同でベトナムに石油基地建設へ
  - 三井化学 千葉地区エチレン装置統合運営

- **コスモ石油** 3兆1666億円(13.3) ←提携─
  - 約20%出資→ IPIC(アブダビ) アブダビ首長国系投資会社

- **昭和シェル石油** 2兆6292億円(12.12) ← **東燃ゼネラル石油** 2兆8049億円(12.12)
  - 「エッソ」「モービル」「ゼネラル」
  - 事実上売却 ← エクソンモービル(米) 4822億ドル(12.12) 世界大手
  - 売却 → キグナス石油
  - 子会社 東亜石油 332億円(12.12) 精製 上場
  - 約15%出資 サウジ・アラムコ(サウジアラビア) 国営石油会社
  - 約33%出資 ロイヤル・ダッチ・シェル(英・蘭) 4671億ドル(11.12)
  - 子会社 三愛石油 8824億円(13.3) 石油製品卸中心

- **国際石油開発帝石** 1兆2165億円(13.3) ─出資→ **石油資源開発** 2310億円(13.3) ─関連会社→ **AOC HD** 7800億円(13.3) 富士石油+アラビア石油
  - LNG開発で大型投資
  - 政府 JX HD 出資
  - クウェイト石油公社 7.43%出資
  - サウジアラビア王国政府 7.43%出資

- 日本石油輸送 304億円(13.3) JX HD系
- BPカストロール 129億円(12.12) 英BPの子会社
- 日本海洋掘削 291億円(13.3) 石油・天然ガス開発のための海洋掘削事業

149

電力・ガス

赤字拡大！ どうする、どう動く電力各社？

東京電力の福島第1原発の重大事故で、事故前には54基あった国内の原発がほぼ停止状態（稼働は**関西電力**の大飯3、4号基のみ）。電力各社は火力発電中心で電力の供給を行っているが、その燃料である天然ガスの購入費用が経営を圧迫。電気料金を値上げしても赤字からの脱却は実現せず、苦しい状況に追い込まれている。震災前に電力会社の"オール電化"攻勢で守勢に立たされていた**東京ガス**や**大阪ガス**とは、立場が完全に逆転。電力会社の代名詞だった"地域独占による安定経営"は過去のものとなった。米国のシェール革命で天然ガスの購入費用を下げられる可能性も出てきており、安値調達への対応が第一。原発ゼロの経営も想定しておくべきだろう。

メガソーラーへの参入が相次いでいるように、電力もビジネスになると判断すれば、企業も対応を変える。製紙や鉄鋼各社を中心に売電への本格的な取組みが進み、日本の電力事情が様変わりする可能性もある。現政権下では、電力小売の完全自由化や、発電と配送電の分離の実現はやや不透明だが……。

Part 5　社会インフラ・エネルギー

〈主要電力・ガス会社の業績（12年度）〉
（単位は億円。「▲」は赤字）

	売上高	純利益
東京電力	59762	▲6852
関西電力	28590	▲2434
中部電力	26489	▲321
東北電力	17926	▲1036
九州電力	15459	▲3324
中国電力	11997	▲219
北海道電力	5829	▲1328

	売上高	純利益
四国電力	5617	▲428
北陸電力	4924	0.98
沖縄電力	1664	43
Jパワー	6560	298
東京ガス	19156	1016
大阪ガス	13800	524
東邦ガス	5183	85

日立製作所 ← 東京電力 ← 約55%出資 ─ 国
海外送配電分野で合弁

上場関連会社

- 関電工（電気設備工事）
- 東京エネシス（発電設備工事）
- 東光高岳HD（電力機器・計器）
  - 合弁 → 東光東芝メーターシステムズ ← 東芝（電力量計）

〈電力卸・小売〉

- Jパワー
  海外事業売上高 420億円（13年度予想）

- JXHD 51% ┐
- 東京ガス 49% ┴→ 川崎天然ガス発電所

- 東京ガス 75% ┐
- 昭和シェル石油 25% ┴→ 扇島パワー

- 大阪ガス 90% → 泉北天然ガス発電所

- 中山製鋼所 95% → 中山名古屋共同発電
  5%

- 日本原子力発電　1524億円（13.3）
  東京電力と関西電力の関連会社　東海・敦賀原発
- 丸紅
- コスモ石油
- 王子HD
- 日本製紙

- エネット
  NTT、東京ガス、大阪ガスが出資
- ユーラスエナジーHD
  風力発電が主力　親会社が東京電力から豊田通商に

- エネサーブ　145億円（12.3）
  大和ハウス工業系
- イーレックス
  東芝、日立製作所などが出資

- 日本風力開発　62億円（13.3）
  上場　風力発電
- ダイヤモンドパワー
  三菱商事系

- ファーストエスコ　55億円（12.6）
  上場　バイオマス発電
- サミットエナジー
  住友商事系

151

電力設備

三菱重工と日立が連合を組み原発から火力にシフト

　米国発のシェール革命は、電力設備業界にも影響が及ぶ。将来的に米国がエネルギー輸入国から輸出国に転じれば、日本への輸出を拡大したいロシアや中東諸国が手がけるLNGは、新型ガスのシェールガスと競合することで価格引き下げも期待できる。原発は発電コスト自体は安価だが、廃炉や核ゴミなど最終処理までのコストが膨大であることも、福島原発事故ではっきりした。経済合理性からいっても、電力設備の新増設は火力中心、米国ではシェール火力計画が相次いでいる。

　石炭火力で問題になる二酸化炭素の排出量を減らす、最新技術のタービンも開発されている。石炭は石油やLNGに比べて単価が4分の1から2分の1程度とされる。

　その火力発電分野で大きな動きがあった。両陣営は、ガスタービンと蒸気タービンがそれぞれ火力発電分野で手を組む方向だ。**三菱重工業と日立製作所、東芝と米GE**を組み合わせることで高い発電効率を実現する「コンバインドサイクル発電システム」の世界販売で、受注合戦を繰り広げることになる。日立はギリシャで石炭火力発

152

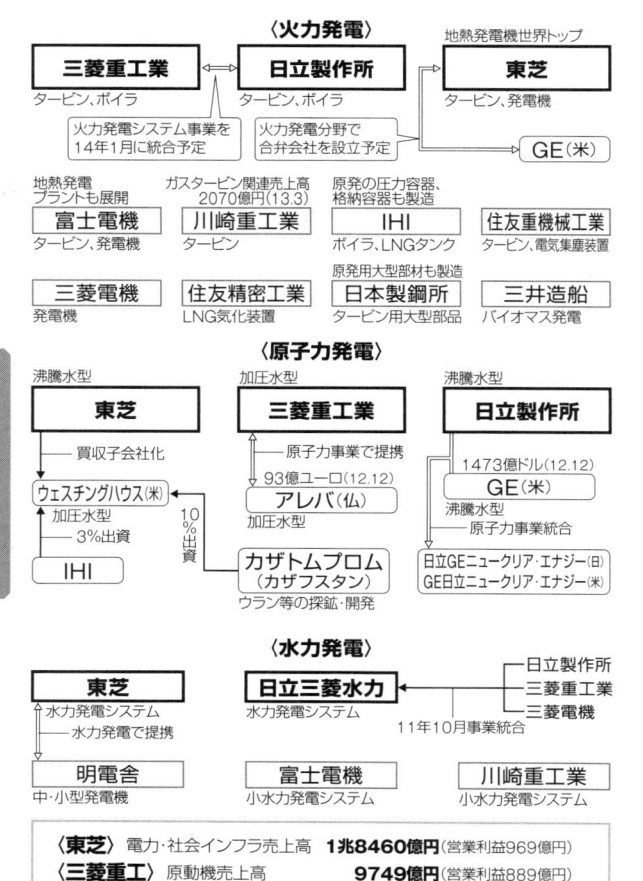

Part5 社会インフラ・エネルギー

〈火力発電〉

地熱発電機世界トップ

```
三菱重工業 ⇔ 日立製作所 → 東芝
タービン、ボイラ   タービン、ボイラ   タービン、発電機
```

火力発電システム事業を14年1月に統合予定
火力発電分野で合弁会社を設立予定

→ GE(米)

地熱発電プラントも展開 | ガスタービン関連売上高2070億円(13.3) | 原発の圧力容器、格納容器も製造 |

富士電機	川崎重工業	IHI	住友重機械工業
タービン、発電機	タービン	ボイラ、LNGタンク	タービン、電気集塵装置

三菱電機	住友精密工業	日本製鋼所	三井造船
発電機	LNG気化装置	タービン用大型部品	バイオマス発電

原発用大型部材も製造

〈原子力発電〉

沸騰水型 / 加圧水型 / 沸騰水型

```
東芝              三菱重工業           日立製作所
│買収子会社化      │原子力事業で提携    │1473億ドル(12.12)
↓                ↓ 93億ユーロ(12.12) ↓
ウェスチングハウス(米)  アレバ(仏)          GE(米)
│加圧水型          加圧水型            沸騰水型
│ 3%出資                              原子力事業統合
↓          10%出資
IHI        ←─── カザトムプロム       日立GEニュークリア・エナジー(日)
                (カザフスタン)        GE日立ニュークリア・エナジー(米)
                ウラン等の探鉱・開発
```

〈水力発電〉

```
東芝 ─── 日立三菱水力 ←─── 日立製作所
│水力発電システム  水力発電システム      三菱重工業
│                                    三菱電機
│水力発電で提携   11年10月事業統合

明電舎         富士電機          川崎重工業
中・小型発電機   小水力発電システム   小水力発電システム
```

〈東芝〉電力・社会インフラ売上高　**1兆8460億円**(営業利益969億円)
〈三菱重工〉原動機売上高　**9749億円**(営業利益889億円)
〈日立〉電力システム売上高　**9046億円**(営業利益299億円)

153

電設備一式を請負う大型受注を実現している。

火力発電を巡ってはこれまで、日立と東芝はそれぞれGEと協力関係にあったほか、発電システムの中核機器であるガスタービンでは、三菱重工と日立が大型機種、日立は中小型機種が主力。14年1月の統合を予定している三菱重工と日立の新会社の売上規模は約1兆1000億円。両社はこれまで、製鉄機械分野や水力発電システム事業で事業統合、海外向け都市交通システム事業でも提携関係を結んでいる。

原発は火力と異なる組み合わせによる競合だ。国内での新設が期待できない日立、東芝、三菱重工の3社は、海外での受注に注力。日立は複数基の原発新設を予定している英国の原子力発電事業会社を約892億円で買収し、英国での原発建設を予定する。リトアニア、トルコ、フィンランド、ヨルダンなどでも受注合戦を繰り広げており、リトアニアは日立、チェコとフィンランドは東芝、トルコは三菱重工・アレバ（仏）連合が優位にあるが、建設自体を含めてまだ流動的である。

東京電力など電力会社がスマートメーターと呼ばれる、通信機能を備えた電力計の導入を予定しており、次世代電力網なども含め新しい流れは必至だ。

Part 5　社会インフラ・エネルギー

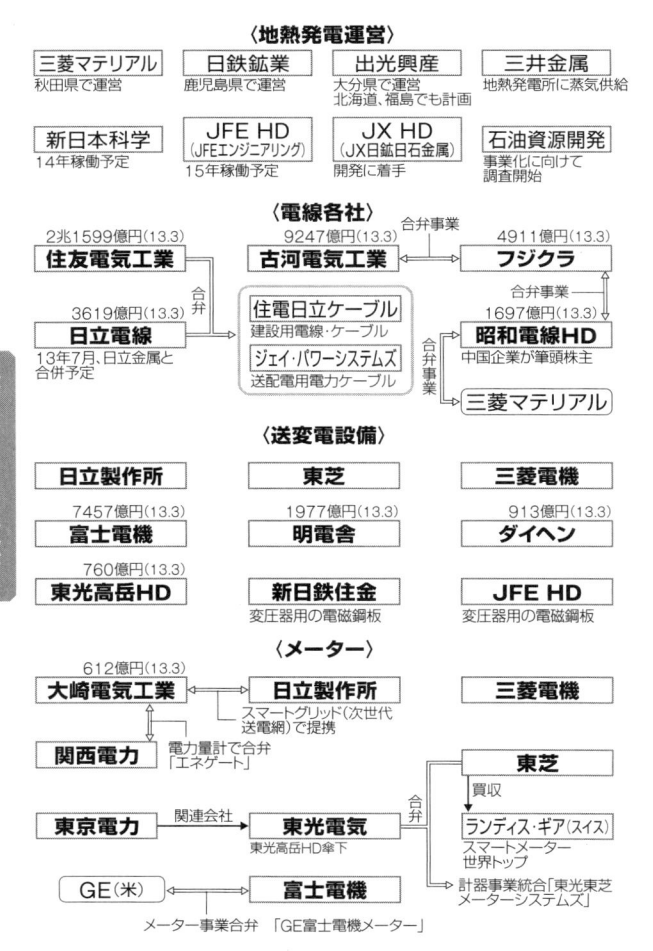

〈地熱発電運営〉

三菱マテリアル	日鉄鉱業	出光興産	三井金属
秋田県で運営	鹿児島県で運営	大分県で運営 北海道、福島でも計画	地熱発電所に蒸気供給

新日本科学	JFE HD (JFEエンジニアリング)	JX HD (JX日鉱日石金属)	石油資源開発
14年稼働予定	15年稼働予定	開発に着手	事業化に向けて 調査開始

〈電線各社〉

```
                            合弁事業
2兆1599億円(13.3)    9247億円(13.3)         4911億円(13.3)
  住友電気工業 ──→  古河電気工業 ←──→  フジクラ
       │                  │                    ↑
       │合               ┌─────────┐        │合弁事業
       │弁               │住電日立ケーブル │   │1697億円(13.3)
  3619億円(13.3)          │建設用電線・ケーブル│   │
  日立電線 ───────→│ジェイ・パワーシステムズ│   昭和電線HD
  13年7月、日立金属と     │送配電用電力ケーブル│   中国企業が筆頭株主
  合併予定               └─────────┘   │
                                │合弁事業
                                └──→ 三菱マテリアル
```

〈送変電設備〉

日立製作所	東芝	三菱電機
7457億円(13.3)	1977億円(13.3)	913億円(13.3)
富士電機	明電舎	ダイヘン

760億円(13.3)		
東光高岳HD	新日鉄住金	JFE HD
	変圧器用の電磁鋼板	変圧器用の電磁鋼板

〈メーター〉

```
612億円(13.3)
  大崎電気工業 ←──→ 日立製作所           三菱電機
       ↑             スマートグリッド(次世代
       │             送電網)で提携
  関西電力 ─── 電力量計で合弁
              「エネゲート」                東芝
                                            │買収
                                            ↓
  東京電力 ─関連会社→ 東光電気 ──合弁→ ランディス・ギア(スイス)
                      東光高岳HD傘下       スマートメーター
                                          世界トップ
                                            │
  GE(米) ←── 富士電機 ────計器事業統合「東光東芝
                                  メーターシステムズ」
       メーター事業合弁 「GE富士電機メーター」
```

太陽電池・風力発電・家庭用燃料電池

京セラやソフトバンク……メガソーラー計画が続出！ 風力は？

12年4月から年末にかけて運転を開始した、再生可能エネルギー発電設備の発電出力は117・8万kw。原発1基分に相当する。その9割以上が太陽光発電だ。

京セラはKDDI、IHIなどと共同で鹿児島にメガソーラーを建設（総投資額270億円）。**ソフトバンク**は合計で20万kw規模の設置を目指し、全国各地で太陽光発電所の建設に着手、一部は運転を開始した。計画を含めればメガソーラーへの参入が相次いでおり、今後も太陽光発電が増えることは確実な情勢だ。12年7月から再生可能エネルギーの全量買い取り制度が導入されたことが大きな要因だが、1kw当たり42円だった買い取り価格は、13年度からは37・8円（家庭設置は38円）になる。

一方、太陽電池や素材関連の国内各社は、価格競争の激化と供給過剰で苦戦を強いられているのが実情。SUMCOが太陽電池向けシリコンウエハから撤退したのに続き、JXHDも合弁で進めていた太陽光発電用途素材事業から撤退。12年度、**シャープ**の太陽電池事業は44億円の営業赤字。ローソン店舗への導入が決まるなど、太陽電

Part 5　社会インフラ・エネルギー

〈太陽電池〉

太陽電池売上高
2598億円(13.3)
シャープ

太陽電池でイオンと提携
京セラ

太陽電池などエナジー事業
売上高5923億円(13.3)
パナソニック

── 太陽電池で提携 ──

コスモ石油 ←── 　1968億円(12.6)
　　　　　　　　アルバック ──→ ニチコン
電力事業売上高　　太陽電池製造装置
782億円(12.12)
昭和シェル石油 ←──

三菱電機　　三菱重工業

↕ 太陽電池で提携　太陽電池技術共同開発

GE(米)　富士電機　カネカ　ホンダ
　　　　軽い・曲がる太陽電池

東芝　ノーリツ　サニックス　ミツウロコHD

〈製造装置・部材〉

94億円(12.8)　　　　384億円(13.3)
NPC　　**フェローテック**　　**日清紡HD**
太陽電池製造装置　太陽電池向け　　　太陽電池製造装置
　　　　　　　　シリコン結晶製造装置

トクヤマ　　**三菱マテリアル**　　**SUMCO**
太陽電池向け　　太陽電池向け　　　太陽電池向けナシリコン
多結晶シリコン　多結晶シリコン　　ウエハから撤退

旭硝子　日本板硝子　リンテック　ブリヂストン
太陽電池用ガラス　太陽電池用ガラス　保護部材　保護部材

三井化学　凸版印刷　大日本印刷　クラレ
保護部材　保護部材　保護部材　保護部材

〈メガソーラー(大規模太陽光発電所)〉

総投資額270億円
京セラ　　三井不動産　　昭和シェル石油　　ソフトバンク
鹿児島県に建設　北海道に建設　新潟県と組み運転　三井物産と鳥取県に建設

東芝・三井化学など　大林組　丸紅　日揮
愛知県に建設　熊本県に建設　大分県に建設　大分県に建設

NTT　ウエストHD　IDEC　オリックス
子会社NTTファシリ　福岡県、佐賀県に建設　兵庫県に建設　火力発電も展開
ティーズが展開　太陽電池の販売も展開

157

池を中心に火力発電も手がける**昭和シェル石油**の電力事業も幅が縮小したとはいえ、赤字は免れなかった。太陽電池世界大手の中国サンテックパワーは経営破綻した。

風力発電は、太陽電池に比べて設置までの時間がかかることから普及はこれからといったところだが、**ユーラスエナジーHD**やソフトバンクが出資する企業などがこれから新設に動いており、風力発電能力の増加も確実だろう。とくに注目が集まっているのが洋上風力。陸地までの海底送電ケーブル敷設などコスト面の課題は残るが、安定した風による発電量が見込めることから、再生可能エネルギーの本命とも目されている。**東京電力**は政府関連機関と共同で、13年3月、千葉県銚子沖で洋上風力発電の実証運転を開始。洋上風力発電は欧州ではすでに普及しており、英国の洋上風力発電関連大手を産業革新機構と共同で買収した丸紅はもとより、重電、造船重機、プラント、ゼネコンなどを含め国内での普及を視野に入れた動きを見せる企業も相次いでいる。

家庭用燃料電池では、30年までに「エネファーム」530万台の普及を目指すガス会社の動きも活発化。**東京ガス**は従来品より約76万円引下げ200万円を切る(希望小売価格)新製品を**パナソニック**と共同開発し、販売台数の増加を見込んでいる。

158

Part5 社会インフラ・エネルギー

〈風力発電運営〉

	6560億円(13.3)	62億円(13.3)
ユーラスエナジーHD 米国、欧州、韓国でも展開 東京電力の子会社から 豊田通商の子会社に	**Jパワー** 火力、水力が主力 上場	**日本風力開発** 上場 　　　一部風力発電買収
コスモ石油 子会社「エコ・パワー」が展開	**クリーンエナジーファクトリー** 北海道中心	**大阪ガス** 風力発電所運営
日立造船 青森県で稼働	**サミットウインドパワー** 住友商事系	**ウィンド・パワー・エナジー** 鹿島港(茨城県)で稼働

44.4%出資

グリーンパワーインベストメント ←	**ソフトバンク**	**ワタミ** 秋田県で展開
風力発電事業に投資		
丸紅 → 英国洋上風力関連大手を 産業革新機構と共同で買収		**東京電力** 洋上風力発電実証研究

〈風力発電装置〉

三菱重工業 国内トップ	**日本製鋼所**	**川崎重工業**	**富士電機**
日立製作所 富士重工業から風力 発電事業買収	**東芝** 韓国の風力発電会社に 出資	**三井造船** 洋上風力発電	**安川電機** 発電機、コンバータ
日本電産 小型風力発電機	**シンフォニア テクノロジー** 小型風力発電機	**日本精工** 風力発電向け軸受	**NTN** 風力発電向け軸受

〈家庭用燃料電池〉

[販売]

JX HD 「エネファーム」 家庭用燃料電池の 開発も展開	**東京ガス** 「エネファーム」	**大阪ガス** 「エネファーム」	**アストモスエネルギー** 「エネファーム」 出光興産+三菱商事

[燃料電池システム開発]

パナソニック	**東芝**	**京セラ**	**アイシン精機**
ダイニチ工業	**ホンダ**	**日本特殊陶業** 小型定置型を開発中	**富士電機** 業務用

リチウムイオン電池

ボーイング787でのバッテリー炭化問題の行方は?

燃費効率に優れ、中型機ながら航続距離が長いために〝ドリームライナー〟の愛称をつけられた、米ボーイング787にバッテリー炭化問題が発生した。バッテリーには小型軽量で大きな電力を得られるリチウムイオン電池が搭載されており、製造元の**GSユアサコーポレーション**の動向に注目が集まった。GSユアサ製のリチウムイオン電池は、米国やロシア、日本などが協力して運用している国際宇宙ステーション用にも採用が決まっており、原因の本格解明が待たれる。

使い切りの乾電池（1次電池）に対して、繰り返し充放電ができるニッケル水素電池やリチウムイオン電池は2次電池と呼ばれる。蓄電池のことである。携帯端末やパソコンでの使用から始まり、大容量を実現したことで自動車、最近では住宅やオフィス向けと用途が広がっている。価格競争の激化が目立つのはスマホ向けなどの小型分野。リチウムイオン電池は、**ソニー**が世界で最初に実用化したもので、三洋電機（**パナソニック**の完全子会社）も含め国内勢がリードしていたが、サムスングループら韓

Part 5　社会インフラ・エネルギー

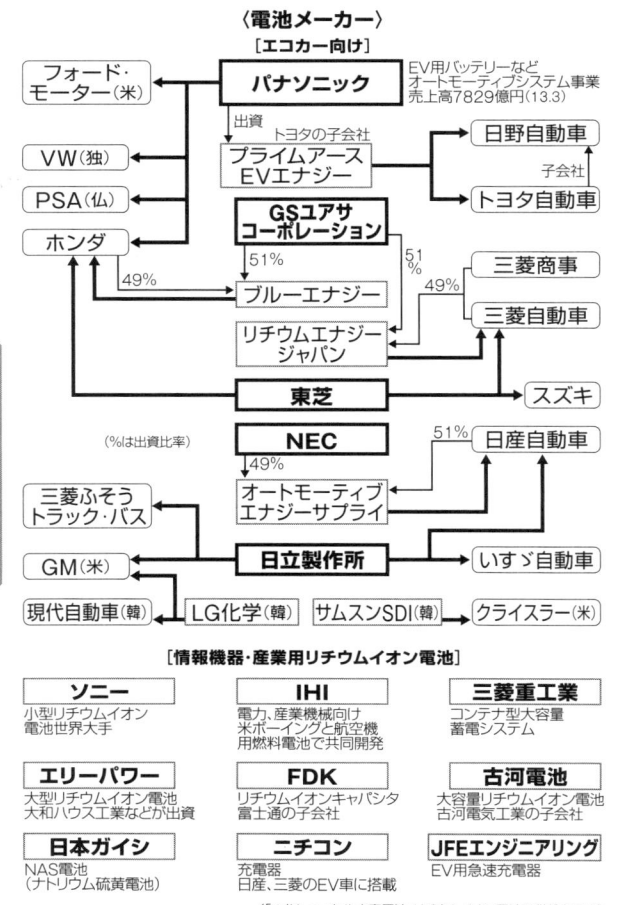

〈電池メーカー〉
[エコカー向け]

```
フォード・モーター(米) ← パナソニック     EV用バッテリーなど
                                          オートモーティブシステム事業
                       ↓出資                 売上高7829億円(13.3)
VW(独) ←    プライムアース    → 日野自動車
            EVエナジー   ←トヨタの子会社    ↓子会社
PSA(仏) ←                    → トヨタ自動車

ホンダ ←    GSユアサ
            コーポレーション
                ↓51%         51%  → 三菱商事
        49% ↓                  ↓
            ブルーエナジー    49%  → 三菱自動車
            
            リチウムエナジー ←
            ジャパン

            東芝              → スズキ

(%は出資比率)
            NEC              51% → 日産自動車
                ↓49%
            オートモーティブ
            エナジーサプライ

三菱ふそう ←
トラック・バス
            日立製作所         → いすゞ自動車
GM(米) ←

現代自動車(韓) ← LG化学(韓)  サムスンSDI(韓) → クライスラー(米)
```

[情報機器・産業用リチウムイオン電池]

ソニー 小型リチウムイオン 電池世界大手	**IHI** 電力、産業機械向け 米ボーイングと航空機 用燃料電池で共同開発	**三菱重工業** コンテナ型大容量 蓄電システム
エリーパワー 大型リチウムイオン電池 大和ハウス工業などが出資	**FDK** リチウムイオンキャパシタ 富士通の子会社	**古河電池** 大容量リチウムイオン電池 古河電気工業の子会社
日本ガイシ NAS電池 (ナトリウム硫黄電池)	**ニチコン** 充電器 日産、三菱のEV車に搭載	**JFEエンジニアリング** EV用急速充電器

(「→」は、ニッケル水素電池、リチウムイオン電池の供給を示す)

国・中国企業が台頭。エコカー向けでは、それぞれが合弁会社を設立しているように、「パナソニック・トヨタ自動車」「NEC・日産自動車」「GSユアサ・ホンダ」「GSユアサ・三菱自動車」と、組み合わせがはっきりしているが、韓国勢の追い上げも急ピッチだ。NECとGSユアサはリチウムイオン電池の主要部品の供給で提携関係を結んでいる。

国内各社が取組みを強化しているのは、住宅やビルなどに設置する大容量リチウムイオン電池を内蔵した中型・大型の蓄電システム。政府や一部自治体の補助もあり、東日本大震災以降、災害や停電時に備える非常用電源として需要が増えているからだ。大和ハウス工業系の**エリーパワー**や、電池事業を中核事業のひとつとしているNECは、家庭用蓄電システムの量産をすでにスタート。産業用のさらに大容量電池についても、各社の開発が進む。製造コストの引き下げが課題のひとつだ。

「正極材」「負極材」「セパレータ」「電解液」といったリチウムイオン電池の主な部材では、日本企業が高シェアを維持。**東ソー**がボーイング787で問題になった電池の発火を抑制する素材を開発したように、部材や材料でも開発競争が繰広げられている。

Part 5 社会インフラ・エネルギー

〈部材・材料メーカー〉

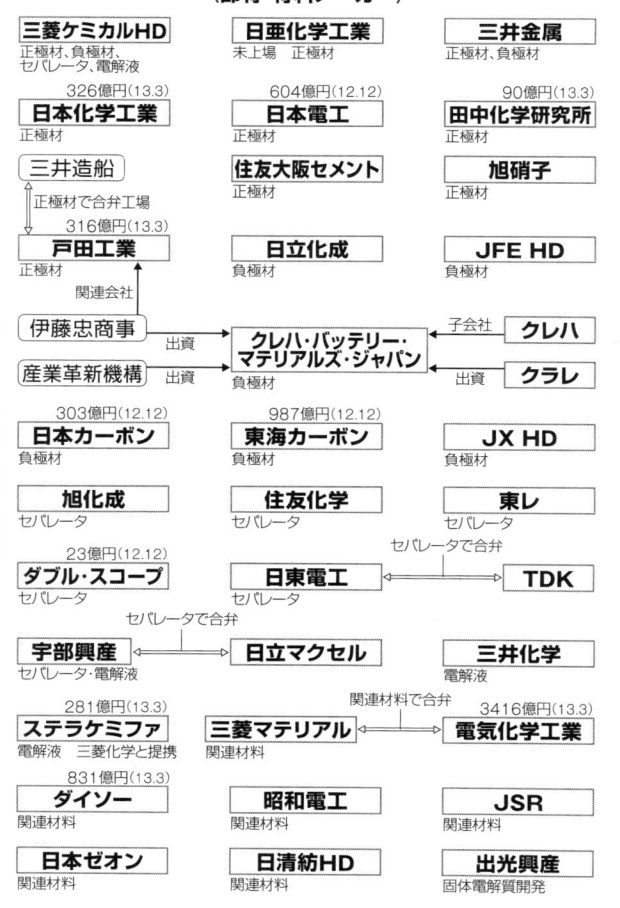

三菱ケミカルHD
正極材、負極材、
セパレータ、電解液

日亜化学工業
未上場 正極材

三井金属
正極材、負極材

326億円(13.3)
日本化学工業
正極材

604億円(12.12)
日本電工
正極材

90億円(13.3)
田中化学研究所
正極材

[三井造船]
↑ 正極材で合弁工場
316億円(13.3)
戸田工業
正極材

住友大阪セメント
正極材

旭硝子
正極材

日立化成
負極材

JFE HD
負極材

関連会社 ↑

[伊藤忠商事] 出資 →
[産業革新機構] 出資 →
クレハ・バッテリー・マテリアルズ・ジャパン
負極材
← 子会社 **クレハ**
← 出資 **クラレ**

303億円(12.12)
日本カーボン
負極材

987億円(12.12)
東海カーボン
負極材

JX HD
負極材

旭化成
セパレータ

住友化学
セパレータ

東レ
セパレータ

23億円(12.12)
ダブル・スコープ
セパレータ

セパレータで合弁
日東電工 ◁──── **TDK**
セパレータ

セパレータで合弁
宇部興産 ◁────▷ **日立マクセル**
セパレータ・電解液

三井化学
電解液

281億円(13.3)
ステラケミファ
電解液 三菱化学と提携

関連材料で合弁
三菱マテリアル ◁────▷ 3416億円(13.3)
電気化学工業
関連材料

関連材料

831億円(13.3)
ダイソー
関連材料

昭和電工
関連材料

JSR
関連材料

日本ゼオン
関連材料

日清紡HD
関連材料

出光興産
固体電解質開発

Column 5 主要企業の社内取締役年俸推移

社名	10年度 平均(万円)	11年度 総額(万円)	人数	平均(万円)	1億円超
【エネルギー】					
出光興産	5675	79500	11人	7227	0人
東京ガス	5787	44700	8人	5587	0人
東燃ゼネラル石油	3425	14700	2人	5250	1人
大阪ガス	4700	51400	11人	4672	0人
関西電力	5158	74500	16人	4656	0人
コスモ石油	3687	34100	8人	4262	0人
JX HD	3800	50600	12人	4216	0人
東京電力	3888	17000	16人	1062	0人
【運輸】					
商船三井	9342	44300	7人	6328	0人
ヤマトHD	4075	22200	4人	5550	0人
JR東海	5710	104500	19人	5500	0人
日本郵船	6118	51600	11人	4690	0人
日本通運	4371	59200	13人	4553	0人
JR西日本	3566	35000	9人	3888	0人
HIS	2771	27100	7人	3871	0人
JR東日本	3658	91400	24人	3808	0人
ANA HD	2386	53700	15人	3580	0人
川崎汽船	4400	38000	11人	3454	0人
東京急行電鉄	2676	54900	16人	3431	0人
近畿日本鉄道	3115	43900	13人	3376	0人
JAL	──	6300	4人	1575	0人
【建設・不動産・住宅関連】					
住友不動産	11522	104800	9人	11644	0人
三井不動産	9450	81300	9人	9033	2人
三菱地所	6762	61300	8人	7662	1人
清水建設	5222	42900	7人	6128	0人
積水ハウス	5160	56900	10人	5690	1人
大和ハウス工業	5177	101900	18人	5661	1人

Part 6
サービス・レジャー

教育サービス

ベネッセHDに続き、栄光HDやナガセも海外展開へ！

業界各社は、孫への教育資金の贈与が1500万円までなら非課税になるという、税制改革の恩恵を取り込みたいところだ。ただし、少子化による市場の縮小ははっきりしており、生き残りをかけた企業間競争の激化にともなう買収や合従連衡が目立つのもこの業界の特徴。資本関係を結んでいる**栄光HDと進学会**の間では、提携関係を巡ってトラブルに陥る事態になっているのも、その延長線上にあることだろう。

事業の拡大を目的に海外進出を図る動きも出てきた。**ベネッセHD**は海外における幼児教育事業に注力しており、中国で51万人など海外会員数は82万人（13年3月末）を数える。**学研HDやヒューマンHD**もすでに海外事業を進めており、栄光HDや「東進ハイスクール」の**ナガセ**も海外事業に着手した。

依然として待機児童問題が解消されないが、認可保育園の運営を手がける**JPHD**、医療機関などが従業員のために開設している保育所を受託運営する**サクセスHD**、幼稚園などでの体育指導を手がけている**幼児活動研究会**らの事業展開にも注目したい。

Part **6** サービス・レジャー

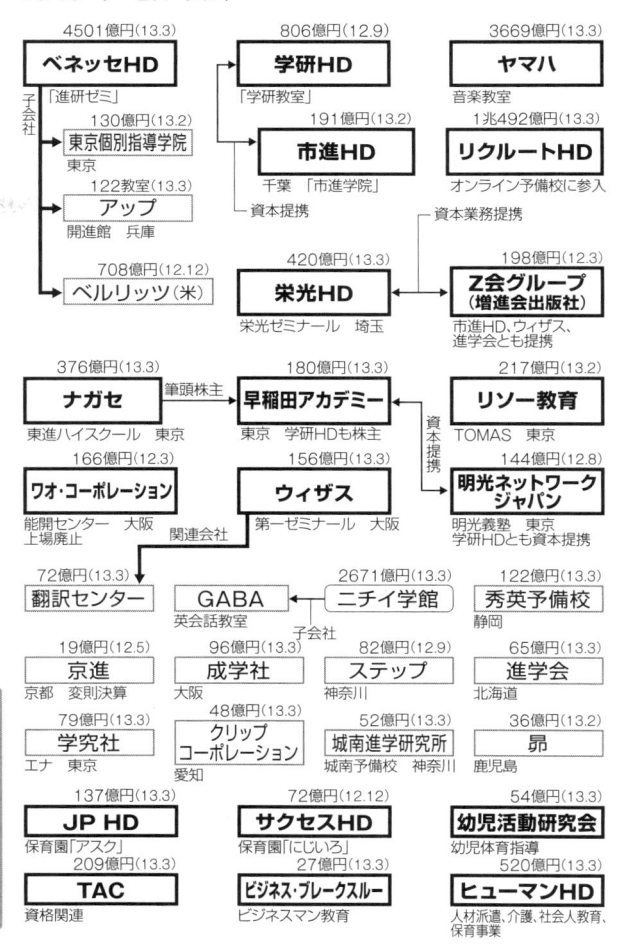

```
   4501億円(13.3)           806億円(12.9)            3669億円(13.3)
   ┌─────────┐            ┌─────────┐             ┌─────────┐
   │ベネッセHD│──────────▶│ 学研HD  │             │ ヤマハ  │
   └─────────┘            └─────────┘             └─────────┘
   │「進研ゼミ」              │「学研教室」                音楽教室
子  │ 130億円(13.2)          │ 191億円(13.2)         1兆492億円(13.3)
会  ├──────────┐           ┌─────────┐             ┌──────────┐
社  │東京個別指導学院│         │ 市進HD  │             │リクルートHD│
   └──────────┘           └─────────┘             └──────────┘
   │ 東京                    千葉  「市進学院」         オンライン予備校に参入
   │ 122教室(13.3)         ─資本提携
   ├────────┐
   │ アップ │
   └────────┘
   │ 開進館  兵庫                                     資本業務提携
   │ 708億円(12.12)        420億円(13.3)           198億円(12.3)
   │┌──────────┐         ┌─────────┐             ┌──────────┐
   └▶│ベルリッツ(米)│         │ 栄光HD  │◀────────────│ Z会グループ│
     └──────────┘         └─────────┘             │(増進会出版社)│
                            栄光ゼミナール  埼玉      └──────────┘
                                                    市進HD、ウィザス、
                                                    進学会とも提携

   376億円(13.3)            180億円(13.3)           217億円(13.2)
   ┌─────────┐  筆頭株主   ┌──────────────┐     ┌──────────┐
   │ ナガセ  │────────────▶│早稲田アカデミー│     │ リソー教育 │
   └─────────┘             └──────────────┘     └──────────┘
   東進ハイスクール  東京        東京  学研HDも株主      TOMAS  東京
   166億円(12.3)            156億円(13.3)       資本  144億円(12.8)
   ┌────────────────┐     ┌─────────┐      提携 ┌──────────────┐
   │ワオ・コーポレーション│     │ ウィザス │─────────│明光ネットワーク│
   └────────────────┘     └─────────┘          │   ジャパン    │
   能開センター  大阪           第一ゼミナール  大阪    └──────────────┘
   上場廃止                    関連会社                明光義塾  東京
                                                    学研HDとも資本提携

   72億円(13.3)             2671億円(13.3)         122億円(13.3)
   ┌────────┐    ┌──────┐   ┌────────┐       ┌──────────┐
   │翻訳センター│◀──│GABA │◀──│ニチイ学館│       │秀英予備校│
   └────────┘    └──────┘   └────────┘       └──────────┘
                  英会話教室    子会社                静岡
   19億円(12.5)    96億円(13.3)   82億円(12.9)       65億円(13.3)
   ┌────────┐   ┌────────┐   ┌────────┐       ┌────────┐
   │  京進  │   │ 成学社 │   │ステップ │       │ 進学会 │
   └────────┘   └────────┘   └────────┘       └────────┘
   京都  変則決算  大阪          神奈川               北海道
   79億円(13.3)    48億円(13.3)   52億円(13.3)       36億円(13.2)
   ┌────────┐   ┌─────────┐  ┌──────────┐     ┌────────┐
   │ 学究社 │   │ クリップ  │  │城南進学研究所│     │  昴   │
   └────────┘   │コーポレーション│  └──────────┘     └────────┘
   エナ  東京    └─────────┘  城南予備校  神奈川      鹿児島
                愛知
   137億円(13.3)   72億円(12.12)   54億円(13.3)
   ┌────────┐   ┌─────────┐  ┌──────────┐
   │ JP HD  │   │サクセスHD│  │幼児活動研究会│
   └────────┘   └─────────┘  └──────────┘
   保育園「アスク」  保育園「にじいろ」 幼児体育指導
   209億円(13.3)   27億円(13.3)   520億円(13.3)
   ┌────────┐   ┌──────────────┐ ┌──────────┐
   │  TAC  │   │ビジネス・ブレークスルー│ │ヒューマンHD│
   └────────┘   └──────────────┘ └──────────┘
   資格関連      ビジネスマン教育        人材派遣、介護、社会人教育、
                                       保育事業
```

サービス・レジャー

介護サービス

ロングライフ、セコムが中国で有料老人ホームを運営

　介護サービス利用者は517万人（11年度）。年間20万人強の増加で推移していることから、600万人に届くのも時間の問題。7兆円を突破している介護保険給付費もさらに増えることは確実だ。介護サービス各社にとって当面は、経営的に追い風を受ける。24時間定額制の訪問・介護サービスの提供も始まった。事実、各社の売上高は増加傾向で推移。課題は人材の確保。13年4月からは、訪問介護員（ホームヘルパー）資格に筆記試験が導入されたことから、人材不足がさらに顕在化する懸念もある。

　もちろん、将来的には人口減少にともなう国内需要の下降が確実視されているだけに、海外事業に着手する企業も出現。**ロングライフHD**は中国の青島市で有料老人ホーム事業を開始しているほか、インドネシアでも事業に取組む予定だ。日本流の〝おもてなし〟は受け入れられるのだろうか。ちなみに、セコムは豊田通商や現地企業と組み、インド・バンガロールでの総合病院の運営を13年4月から始めている。**セコム**も中国・上海で現地企業と合弁で高級有料老人ホームを運営する。

Part 6 サービス・レジャー

ニチイ学館 全体売上高2671億円(13.3)
- ヘルスケア事業 **1410億円**
- 医療関連事業 **1041億円**
- 教育事業 **217億円**

- ダスキン ←資本提携→ ニチイ学館
- GABA ←買収子会社化— 英会話教室
- 中国での福祉用具販売で豊田通商と提携
- 企業内保育所の受託事業も展開
- シンガポールにクリニック開設

539億円(13.3)
ツクイ
在宅介護中心

672億円(13.3)
メッセージ —買収子会社化→
有料老人ホーム、グループホーム

218億円(12.3)
ジャパンケアサービスグループ
在宅介護中心

375億円(13.3)
ユニマットそよ風
「そよ風」ブランドで展開

286億円(13.3)
セントケアHD
在宅介護中心

199億円(13.3)
ウチヤマHD
老人ホーム、カラオケ

161億円(12.8)
メディカル・ケア・サービス
グループホーム「愛の家」

133億円(12.10)
ケア21
在宅・施設介護

100億円(13.3)
シダー
施設介護、有料老人ホーム　損保ジャパンの関連会社

99億円(12.10)
ロングライフHD
有料老人ホーム、在宅介護

69億円(13.3)
ケアサービス
在宅・施設介護

53億円(13.3)
やまねメディカル
施設介護

43億円(12.6)
チャーム・ケア・コーポレーション
有料老人ホーム

31億円(13.3)
光ハイツ・ヴェラス
有料老人ホーム

739億円(13.3)
ベネッセHD

※ 480億円(13.3)
セコム

※ 336億円(13.3)
ワタミ

※ 184億円(13.3)
シップヘルスケアHD
医療用機器販売、老人ホーム

※ 63億円(13.3)
ヒューマンHD
人材派遣、教育が中心

※ 28億円(12.9)
学研HD
出版、教室・塾事業中心

※ 17億円(13.3)
ほくやく・竹山HD
医療用薬品卸

※印は、介護・老人ホーム関連事業売上高

〈介護用具〉

667億円(13.3)
パラマウントベッドHD
介護用ベッド

508億円(13.3)
フランスベッドHD
介護用ベッド

172億円(13.3)
リオン
補聴器

96億円(13.3)
日本ケアサプライ ←三菱商事
福祉用具レンタル卸　　子会社

575億円(13.3)
マックス → **カワムラサイクル**
車イス　上場廃止

35億円(12.3)

冠婚葬祭

ハウスウエディング、現在の平均単価は300万～400万円！

ハウスウエディングと呼ばれる一軒屋貸切スタイルの挙式もすっかり定着。大手の**ワタベウェディング**や**テイク＆ギヴ・ニーズ**、**ベストブライダル**での平均挙式単価は300万円から400万円といったところだ。ワタベウェディングはアジア人カップルの挙式にも注力。12年6月からタイで営業をスタートしているのは結婚相手紹介の**ツヴァイ**である。

一方、過当競争に直面しているのが葬儀業界。本格的な高齢化社会の到来による葬儀件数の増加を見込み、参入が相次いだからだ。火葬場で葬儀をすます直葬や家族葬を選ぶ家庭も増えているように、葬儀スタイルの変化が経営に影響を及ぼす可能性も否定できない。**燦HD**や**サン・ライフ**の葬儀取扱い平均単価は130万円から150万円といったところ。**はせがわ**は平均価格150万円前後の墓石販売を中心に展開。

経済産業省によれば、9000に迫る関連事業所の冠婚葬祭業務年間売上高は約1兆9000億円である。

170

Part 6 サービス・レジャー

ワタベウェディング 492億円(13.3) 婚礼
- 子会社 → 目黒雅叙園
- メルパルク

テイク&ギヴ・ニーズ 528億円(13.3) 婚礼
- 子会社 → アニヴェルセル 243億円(13.3) 婚礼
- AOKI HD 紳士服チェーン

アイ・ケイ・ケイ 135億円(12.10) 婚礼中心、葬儀も

ベストブライダル 444億円(12.12) 婚礼

クラウディア 147億円(12.8) ウエディングドレスのレンタル・販売が中心

エスクリ 129億円(13.3) 婚礼

ノバレーゼ 117億円(12.12) 婚礼

藤田観光 604億円(12.12) 「椿山荘」

帝国ホテル 婚礼 偲ぶ会も展開

ひらまつ 110億円(12.9) レストラン

リクルートHD 結婚情報誌『ゼクシィ』が業界に大きな影響力

ツヴァイ 42億円(13.2) 結婚相手紹介
- 子会社

千趣会 婚礼事業売上高 101億円(12.12) 通販事業が主力

エイチーム 63億円(12.7) 式場紹介サイト

イオン 葬祭事業
- 提携

燦HD 180億円(13.3) 葬祭

サン・ライフ 109億円(13.3) 葬祭・婚礼

はせがわ 207億円(13.3) 仏壇仏具販売

平安レイサービス 96億円(13.3) 葬祭・婚礼
- 資本提携

ニチリョク 39億円(13.3) 霊園事業・葬祭

ティア 83億円(12.9) 葬祭

こころネット 105億円(13.3) 葬祭・婚礼 墓石販売

アスカネット 44億円(12.4) 遺影写真

ビューティ花壇 44億円(12.6) 生花祭壇
- FC契約

広済堂 葬祭関連事業売上高 86億円(13.3) 印刷事業が主力
- 東京博善 「桐ケ谷斎場」など都内6斎場

南海電気鉄道 葬祭事業 有料老人ホーム事業にも参入

人材サービス

リクルートは米社、テンプは国内企業買収で規模を拡大!

人材サービス会社は、人材を受け入れる企業側が支払う派遣料金(成約単価)の約7割を労働者に支払い、残りの3割をマージンとして受取る、というのがおおよそのビジネスモデル。登録者の派遣ばかりではなく、人材サービス会社自身が正式に雇用して派遣をするケースもあれば、業務請負で企業から対価を得るビジネスもある。

ただし、経済の低迷や製造業の海外移転で市場規模は縮小傾向。12年10月からは日雇い派遣が原則禁止になるなど逆風を受ける。そのため買収による規模の拡大や人材紹介へのシフト、海外展開の推進などの動きが目につくようになっている。

リクルートHDは、国内の**スタッフサービスHD**や、米国の人材派遣関連企業などを買収し規模を拡大。リクルートを追う**テンプHD**は、人材紹介の**インテリジェンスHD**の子会社化に動いた。朝日新聞社と資本業務提携したのは、新卒向け就職情報の**学情**だ。海外展開を最も進めているのは、EMS(電子機器の受託生産)も手がける**日本マニュファクチャリングサービス**で、売上の5割弱は中国など海外事業が占める。

Part**6** サービス・レジャー

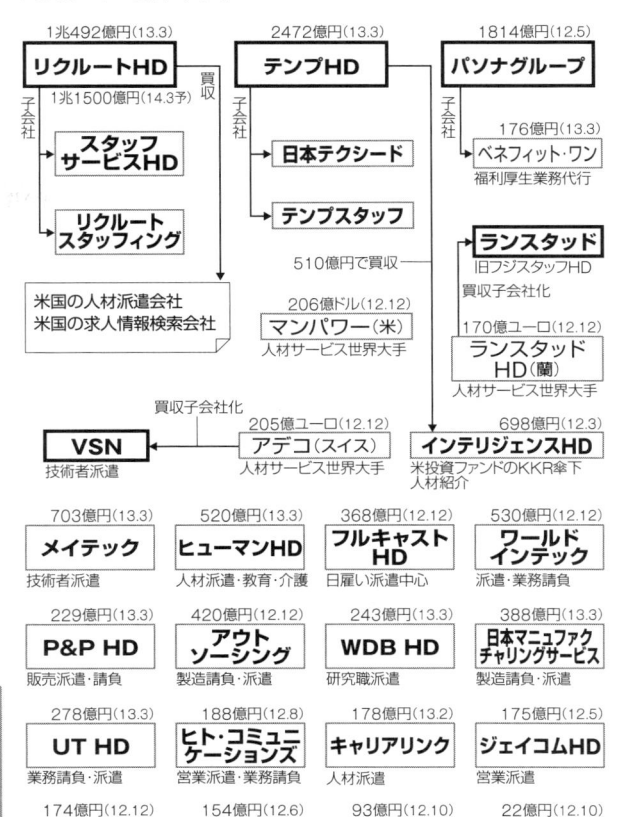

親会社(売上高)

- **リクルートHD** 1兆492億円(13.3)
  - 子会社:
    - **スタッフサービスHD** 1兆1500億円(14.3予) ←買収
    - **リクルートスタッフィング**
  - 米国の人材派遣会社
  - 米国の求人情報検索会社

- **テンプHD** 2472億円(13.3)
  - 子会社:
    - **日本テクシード**
    - **テンプスタッフ**
  - 510億円で買収 → **マンパワー(米)** 206億ドル(12.12) 人材サービス世界大手

- **パソナグループ** 1814億円(12.5)
  - 子会社:
    - **ベネフィット・ワン** 176億円(13.3) 福利厚生業務代行
  - **ランスタッド** 旧フジスタッフHD 買収子会社化
  - **ランスタッドHD(蘭)** 170億ユーロ(12.12) 人材サービス世界大手

買収子会社化
- **VSN** ← **アデコ(スイス)** 205億ユーロ(12.12) 人材サービス世界大手
  技術者派遣
- **インテリジェンスHD** 698億円(12.3) 米投資ファンドのKKR傘下 人材紹介

メイテック 703億円(13.3) 技術者派遣	**ヒューマンHD** 520億円(13.3) 人材派遣・教育・介護	**フルキャストHD** 368億円(12.12) 日雇い派遣中心	**ワールドインテック** 530億円(12.12) 派遣・業務請負
P&P HD 229億円(13.3) 販売派遣・請負	**アウトソーシング** 420億円(12.12) 製造請負・派遣	**WDB HD** 243億円(13.3) 研究職派遣	**日本マニュファクチャリングサービス** 388億円(13.3) 製造請負・派遣
UT HD 278億円(13.3) 業務請負・派遣	**ヒト・コミュニケーションズ** 188億円(12.8) 営業派遣・業務請負	**キャリアリンク** 178億円(13.2) 人材派遣	**ジェイコムHD** 175億円(12.5) 営業派遣
アルプス技研 174億円(12.12) 技術者派遣	**トラスト・テック** 154億円(12.6) 技術者派遣	**スリープロ グループ** 93億円(12.10) 営業派遣・請負	**学情** 22億円(12.10) 就職情報 朝日新聞社と資本業務提携

(ネット求人関係は196ページ参照)

企業サポート・賃貸仲介・駐車場

日本駐車場開発は中国とタイで駐車場を運営！

 企業活動を側面や後方から支援する、いわゆるアウトソーシング系企業は、直接接する機会が少ないが、その業務を簡単に見てみよう。

 リロHDと**日本社宅サービス**は社宅管理が主力業務。**共立メンテナンス**は社員寮の運営などの会場設営・運営を請負う。店舗の棚卸代行業務を手がけているのが**エイジス**。**UBIC**は米国に進出している日本企業が訴訟を受けた場合、裁判期日までに証拠となりうるメールなどの電子データを提出できるように支援する。**メディアフラッグ**は小売店舗などの覆面調査を通して販促支援を実施する。ちなみに、共立メンテナンスが運営している食事付社員寮の費用は、1ヵ月約10万円といったところのようだ。

 パーク24や**エリアリンク**は、狭い空き地や建物建設までの限られた時間を有効活用し、駐車場や貸トランクルームを運営。**日本駐車場開発**は、駐車場のオーナーから一括借上げて運営する事業と、大型オフィスビルや商業施設、高級ホテルなどの駐車場の運営代行事業が2本柱で、タイと中国でも駐車場の運営を受託している。

Part6 サービス・レジャー

〈企業サポート〉

- **リロHD** 1150億円(13.3) — 借上社宅管理 福利厚生代行
  - 関連会社 → **日本ハウズイング** 700億円(13.3) — マンション管理
  - 子会社 → **ベネフィット・ワン** 176億円(13.3) — 福利厚生代行
- **共立メンテナンス** 994億円(13.3) — 社宅・学生寮の運営代行
  - 関連会社 → **パソナグループ** — 人材派遣
    - 子会社 → **ベネフィット・ワン**
  - **日本社宅サービス** 61億円(12.6) — 社宅管理代行
- **リゾートソリューション** 200億円(13.3) — 福利厚生代行
  - 関連会社 → **コナミ** / **三井不動産**
- **シダックス** 1861億円(13.3) — 子会社が官公庁車、社員寮などを管理
- **エコミック** 5.4億円(13.3) — 給与計算受託 人材派遣のキャリアバンク子会社
- **セレスポ** 91億円(13.3) — 催事設営・運営
- **エイジス** 188億円(13.3) — 棚卸代行
- **UBIC** 46億円(13.3) — 海外訴訟対策支援
- **メディアフラッグ** 28億円(12.12) — 店舗覆面調査
- **ユニバーサル園芸社** 28億円(12.6) — 観葉植物レンタル
- **モバイルクリエイト** 18億円(12.5) — 車両管理システム

〈賃貸仲介〉

- **スターツコーポレーション** 1283億円(13.3) — 「ピタットハウス」
  - 子会社 → **スターツ出版** 42億円(13.3)
  - **伊藤忠商事**
- **アパマンショップHD** 386億円(12.9)
  - 関連会社 → **センチュリー21・ジャパン** 33億円(13.3) — 不動産仲介FCビジネス
- **エイブル&パートナーズ** 464億円(11.10) — 12年8月上場廃止
- **レオパレス21** 4542億円(13.3) — 賃貸・建築請負

〈駐車場〉

- **パーク24** 1395億円(12.10) — 「タイムズ」
  - 提携 ↔ **日本郵便**
  - **トヨタ自動車**
- **エリアリンク** 101億円(12.12) — 「ハローパーキング」 貸トランクルーム・コンテナ
- **日本パーキング** — 上場廃止
  - 子会社 ← **東京建物**
- **日本駐車場開発** 105億円(12.7)
- **トラストパーク** 85億円(12.6)
  - 主要株主 ← トヨタ自動車
- **パラカ** 79億円(12.9)
- **ダイヨシトラスト** 44億円(12.8)
- **駐車場綜合研究所** 52億円(13.3)
- **エムティジェネックス** 20億円(13.3) — 森トラストの子会社

175

レジャー施設

オリエンタルランドとハウステンボスが好成績!

国の統計によれば、遊園地・テーマパークの市場規模は4988億円、入場者数は7166万人(12年)。対前年比で市場規模は16%増、入場者は12・6%増だった。

その遊園地・テーマパークでは、13年4月に開業30周年を迎えた「東京ディズニーランド」「東京ディズニーシー」を手がける**オリエンタルランド**の快進撃が止まらない。12年度入園者は2750万人と対前年度比で8・5%増、売上高も9・9%増の3955億円だった。営業利益率は20・6%。1万円のチケットを販売するごとに2060円儲けていることになる。新しいアトラクション「スター・ツアーズ：ザ・アドベンチャーズ・コンティニュー」をスタートさせているように、新規アトラクションや施設リニューアルに投資を続け、リピーターを呼び込んでいるのが好成績の要因。13年3月にはゼネコンの長谷工コーポレーションからホテル事業を買収し「浦安ブライトンホテル」「京都ブライトンホテル」など4ホテルをグループに加えた。

旅行代理店の**HIS**が経営に乗り出したテーマパークの**ハウステンボス**も、業績が

176

Part**6**　サービス・レジャー

〈屋外〉

```
京成電鉄 ─┐  主要株主
          ├──→ 東京ディズニーリゾート    入場者　　　　2750万人
三井不動産 ─┘   （オリエンタルランド）    入場者1人当たり
          3955億円(13.3) 4137億円(14.3予)  売上高　　　1万601円
                                                       （12年度）
```

長谷工コーポレーションのホテル事業 ←買収
「浦安ブライトンホテル」など

```
ユニバーサル・スタジオ・  ゴールドマン・              909億円(13.3)
ジャパン(USJ)       ←─  サックス(米)     ─ ─ ─ →  アコーディア・ゴルフ
上場廃止       完全子会社         所有株売却      ←保有134コース(13.3)
    757億円(12.12)                    買収失敗
  PGM HD          ←── 平和
                  買収子会社化  パチスロ・パチンコ機
保有122コース
```

807億円(13.1)
東京ドーム
ラクーア来場者1317万人

```
                               152億円(12.9)
        HIS ─子会社→ ハウステンボス
                     未上場　来場者191万人
                     テーマパーク事業売上高
                     61億円(13.3)
```

168億円(13.3)
よみうりランド ← 読売新聞グループ本社
　　　　　　　　　　 日本テレビHD
　　　　　　　　　└ 主要株主

サンリオ
「ピューロランド」

467億円(13.3)
スパリゾートハワイ ← セガサミーHD ─子会社→ **フェニックスリゾート**
アンズ(常磐興産)   未上場
入場者140.8万人(12年度)   レジャー・サービス事業
                                                   売上高225億円(13.3)

ホテル・レジャー事業   ホテル・リゾート事業
売上高1549億円(13.3)   売上高890億円(13.3)
西武HD   関連   **東京急行電鉄**   **富士急行**
「としまえん」   会社   「スリーハンドレッドクラブ」 「富士急ハイランド」
「八景島シーパラダイス」

5958億円(13.3)   313億円(12.12)   161億円(12.12)
東急不動産 ←→ **東急レクリエーション**   **東京都競馬**
ゴルフ・スキー場   映画館、フットサル場   「サマーランド」
スポーツクラブ   「大井競馬場」

1053億円(13.3)   200億円(13.3)   105億円(12.7)   76億円(12.12)
リゾートトラスト **リゾートソリューション** **日本駐車場開発** **グリーンランドリゾート**
ホテル会員権、   ゴルフ場、ホテル   駐車場、スキー場   遊園地、ゴルフ場
ゴルフ場   三井不動産系

50億円(12.9)   32億円(12.9)   20億円(13.3)
ホウライ   **A.C HD**   **ソーシャル・エコロジー・**   **大和ハウス工業**
                                   プロジェクト
ゴルフ場   ゴルフ場   「伊豆シャボテン公園」   ゴルフ場数10

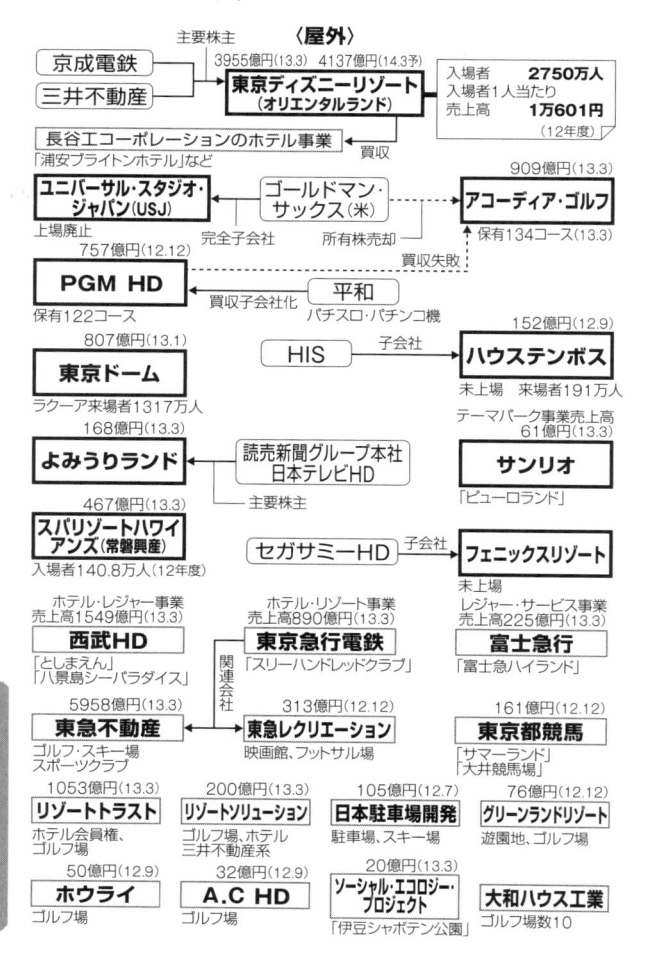

好調に推移。1000万球にバージョンアップしたイルミネーション「光の王国」など、イベントやアトラクションの誘致に着手し、12年の大晦日には3万2500人を集客。

東京ドームも国際会議などの誘致に着手し、集客増や施設の稼働率向上に取組む。

西武鉄道系や**東京急行電鉄**系の4倍以上のコースを保有し、国内ゴルフ場2強を形成している**アコーディア・ゴルフとPGMHD**。両社とも経営不振で法的整理に追い込まれたゴルフ場などの買収を重ねてきたことで規模を拡大。プレー料金1人当たり平均単価が9000円台というのも共通点だ。ただし、PGMHDが経営統合を視野に入れて、アコーディア・ゴルフの買収に動いたが失敗に終わっている。

屋内施設では、アミューズメント施設や、パチンコなどの遊戯施設の不振が長期化。全国に9000店舗、市場規模は3000億円台後半で推移しているカラオケも、最盛期に比べれば低迷傾向。1人カラオケや高齢者の利用を促すなど巻き返しを図る。

イオンファンタジーは、流通最大手のイオンの子会社として、同グループが展開するショッピングセンターなどでの遊戯施設を運営。海外展開も進めており、マレーシアやタイ、中国など、14年には約60店舗に拡大するようだ。

Part6 サービス・レジャー

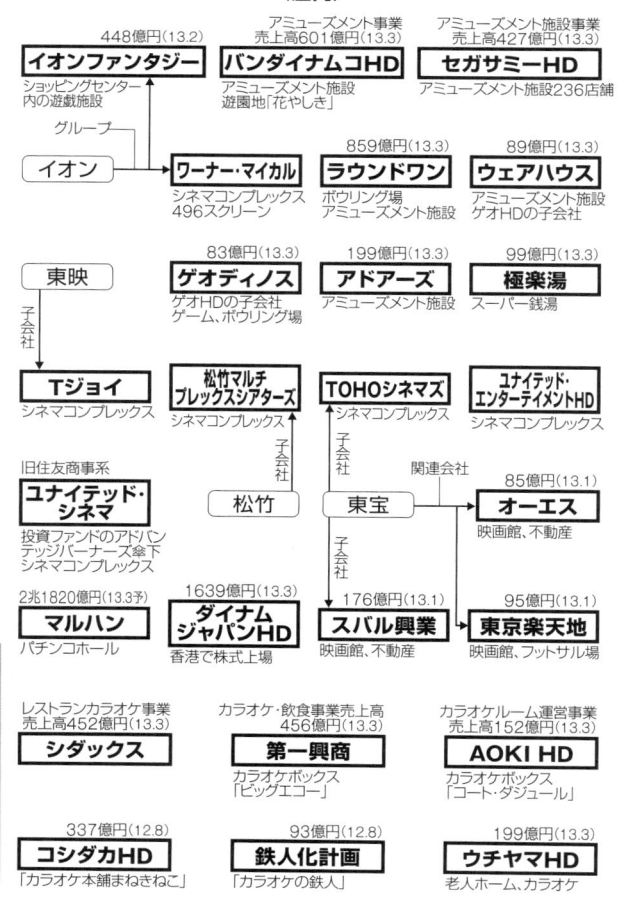

〈屋内〉

448億円(13.2)
イオンファンタジー
ショッピングセンター内の遊戯施設

アミューズメント事業
売上高601億円(13.3)
バンダイナムコHD
アミューズメント施設
遊園地「花やしき」

アミューズメント施設事業
売上高427億円(13.3)
セガサミーHD
アミューズメント施設236店舗

イオン —グループ→ ワーナー・マイカル

ワーナー・マイカル
シネマコンプレックス
496スクリーン

859億円(13.3)
ラウンドワン
ボウリング場
アミューズメント施設

89億円(13.3)
ウェアハウス
アミューズメント施設
ゲオHDの子会社

東映 —子会社→

83億円(13.3)
ゲオディノス
ゲオHDの子会社
ゲーム、ボウリング場

199億円(13.3)
アドアーズ
アミューズメント施設

99億円(13.3)
極楽湯
スーパー銭湯

Tジョイ
シネマコンプレックス

松竹マルチプレックスシアターズ
シネマコンプレックス

TOHOシネマズ
シネマコンプレックス

ユナイテッド・エンターテイメントHD
シネマコンプレックス

旧住友商事系
ユナイテッド・シネマ
投資ファンドのアドバンテッジパートナーズ傘下
シネマコンプレックス

松竹 —子会社→ 松竹マルチプレックスシアターズ

東宝 —子会社→ TOHOシネマズ、スバル興業
東宝 —関連会社→ オーエス

85億円(13.1)
オーエス
映画館、不動産

2兆1820億円(13.3予)
マルハン
パチンコホール

1639億円(13.3)
ダイナムジャパンHD
香港で株式上場

176億円(13.1)
スバル興業
映画館、不動産

95億円(13.1)
東京楽天地
映画館、フットサル場

レストランカラオケ事業
売上高452億円(13.3)
シダックス

カラオケ・飲食事業売上高
456億円(13.3)
第一興商
カラオケボックス
「ビッグエコー」

カラオケルーム運営事業
売上高152億円(13.3)
AOKI HD
カラオケボックス
「コート・ダジュール」

337億円(12.8)
コシダカHD
「カラオケ本舗まねきねこ」

93億円(12.8)
鉄人化計画
「カラオケの鉄人」

199億円(13.3)
ウチヤマHD
老人ホーム、カラオケ

179

ホテル

ザ・リッツ・カールトンなど外資系ホテルの進出が続く

ニュー・オータニが展開している「ニューオータニ東京」の所有地3・5万㎡の資産価値はおよそ1000億円である。ホテル経営は、同社のように自社で物件を所有するか賃貸借で入居して運営する「直営方式」と、ホテル所有者から運営を受託し総支配人などを派遣する「受託方式」に分かれる。外資系の場合、かつては受託方式がほとんどだったが、近年では賃貸借による進出もかなり見かけるようになった。

東日本大震災・原発事故で大幅に減少していた外国人宿泊客が徐々に回復。新規オープンを予定しているホテルにとっては、ひと安心といったところ。**森トラスト**は、東京・品川地区で、13年12月に「東京マリオットホテル」を開業。**森ビル**が開発を手がけている東京の新橋・虎ノ門地区の高層ビルには、ハイアット系の「アンダーズ東京」が14年にオープン。関西地区でも、**積水ハウス**が「ザ・リッツ・カールトン京都」、**近畿日本鉄道**が「大阪マリオット都ホテル」を開業する予定だ。

国内勢では**ホテルオークラ**がマカオ、韓国、台湾、オランダなどでホテルを運営。

Part 6　サービス・レジャー

```
     516億円(13.3)           577億円(12.3)           599億円(12.3)
  ┌──────────┐        ┌──────────┐        ┌──────────┐
  │ 帝国ホテル │        │ニュー・オータニ│        │ホテルオークラ│
  └──────────┘        └──────────┘        └──────────┘
    ↑関連会社            未上場  ──合弁事業──  未上場    │10年9月
    │                                                    │子会社化
  ※    506億円(13.3)        454億円(13.3)               ↓
  ┌──────────┐        ┌──────────┐        ┌──────────┐
  │ 三井不動産 │        │ロイヤルホテル│←──   │ JALホテルズ │
  └──────────┘        └──────────┘   │    └──────────┘
  「三井ガーデン」「セレスティン」 「リーガロイヤル」 │出資  かつては日本航空の子会社
                                          │
  ※    278億円(13.3)    ※    195億円(13.3)    ※    195億円(13.3)
  ┌──────────┐        ┌──────────┐        ┌──────────┐
  │ 三菱地所 │          │ 森トラスト │        │  森ビル   │
  └──────────┘        └──────────┘        └──────────┘
  「ロイヤルパーク」    「コンラッド東京」       「グランドハイアット東京」
                      「東京マリオットホテル」   「アンダーズ東京」

     604億円(12.12)         1549億円(13.3)         890億円(13.3)
  ┌──────────┐        ┌──────────┐        ┌──────────┐
  │ 藤田観光 │          │  西武HD   │        │東京急行電鉄│
  └──────────┘        └──────────┘        └──────────┘
  「ワシントン」「椿山荘」 「ザ・プリンス」       「東急ホテル」
                       「グランドプリンス」      「ザ・キャピタルホテル東急」
                                              「メトロポリタン」売上高
  ※    640億円(13.3)   ※    463億円(13.3)           334億円(13.3)
  ┌──────────┐        ┌──────────┐        ┌──────────┐
  │ 阪急阪神HD│         │ 近畿日本鉄道│       │  JR東日本  │
  └──────────┘        └──────────┘        └──────────┘
  「第一ホテル」「レム」  「都ホテル」

  ※    421億円(13.3)  ※   247億円(13.3)   ※   359億円(13.3)  ※   172億円(13.3)
  ┌────────┐      ┌────────┐      ┌────────┐      ┌────────┐
  │ 京王電鉄 │      │ 小田急電鉄│     │ 京浜急行電鉄│    │ 東武鉄道 │
  └────────┘      └────────┘      └────────┘      └────────┘
  「京王プラザ」   「ハイアット        「グランパシフィック 「マリオット
                  リージェンシー」    台場」            銀座東武ホテル」

  ※    215億円(13.3)      103億円(12.12)        199億円(12.12)
  ┌────────┐      ┌────────┐      ┌────────┐      ┌────────┐
  │京阪電気鉄道│    │  ANA HD  │      │ 京都ホテル│     │パレスホテル│
  └────────┘      └────────┘      └────────┘      └────────┘
  「京都センチュリー 合弁でIHG・ANAホテ  上場 ホテルオークラ サントリーHDが
   ホテル」         ルズ展開          とニチレイの関連会社 筆頭株主

    1053億円(13.3)        200億円(13.3)      ※173億円(12.12)
  ┌──────────┐    ┌──────────┐    ┌──────────┐
  │リゾートトラスト│  │リゾートソリューション│ │ ロイヤルHD │    (※はホテル関連事業
  └──────────┘    └──────────┘    └──────────┘     売上高)
  会員制リゾートホテル  三井不動産の関連会社  外食が主力
                      「ホテルリソル」    「リッチモンドホテル」

     118億ドル(12.12)         18億ドル(12.12)        63億ドル(12.12)
  ┌──────────┐        ┌──────────┐        ┌──────────┐
  │マリオット・インター│   │インターコンチネンタル│  │スターウッド・ホテルズ&│
  │ナショナル(米) │    │ホテルズグループ(英)│    │リゾーツ・ワールドワイド(米)│
  └──────────┘        └──────────┘        └──────────┘
  マリオット、コートヤード インターコンチネンタル  シェラトン、ウェスティン
  ルネサンス           ホリデイ・イン        セントレジス、Wホテル
  ザ・リッツ・カールトン
      (66万394室)         (67万5982室)          (33万5400室)
```

旅行代理店

HIS、タイに航空会社を設立しアジア需要の取り込み強化！

旅行代理店業界は、最大手のJTBは別格として、2位の座を巡って**近畿日本ツーリスト**、**日本旅行**、**HIS**が競り合い、急速に取り扱いを増やしている**楽天トラベル**が続くという構図。近畿日本ツーリストは**クラブツーリズム**と経営統合、**KNT-CTHD**として新たにスタートした。**阪急交通社**は日本経済新聞社子会社の日経カルチャーに資本参加し、旅行専業の会社として運営を始めている。

大震災や原発事故で大幅に減少していた訪日外国人客も徐々に回復。12年は836万人と、10年の861万に次ぐ人数だった。尖閣問題で中国人観光客の回復は遅れているものの、円安もあって外国人観光客の増加も目立つ。国内旅行は東京スカイツリー開業などで東京方面への商品が好調に推移、主要大手は経営成績を改善。

海外旅行取扱いが中心のHISは、資本参加したハウステンボスが快走。グアムや豪州などを含めホテル事業も収益が改善。タイに国際チャーター専門の航空会社を設立するなど、海外現地発の旅行手配業務の強化も図る。

Part6 サービス・レジャー

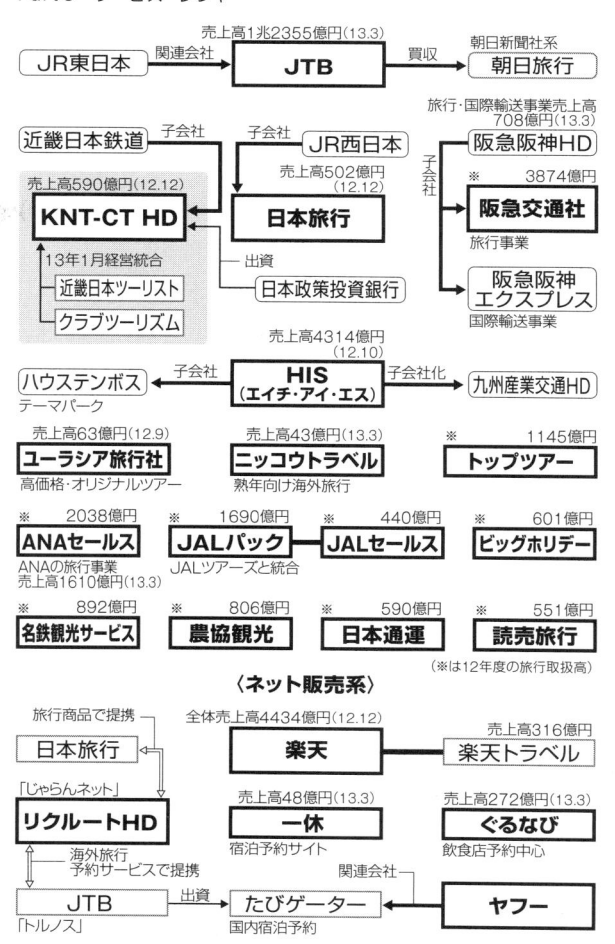

旅行

- JR東日本 ─関連会社→ **JTB** (売上高1兆2355億円(13.3)) ─買収→ 朝日旅行(朝日新聞社系)

- 近畿日本鉄道 ─子会社→ **KNT-CT HD** (売上高590億円(12.12))
  - 13年1月経営統合
    - 近畿日本ツーリスト
    - クラブツーリズム

- JR西日本 ─子会社→ **日本旅行** (売上高502億円(12.12))
  - ← 日本政策投資銀行 (出資)
  - → KNT-CT HD

- 阪急阪神HD ─子会社→
  - **阪急交通社** ※3874億円 (旅行事業) ─旅行・国際輸送事業売上高708億円(13.3)
  - **阪急阪神エクスプレス** (国際輸送事業)

- **HIS(エイチ・アイ・エス)** 売上高4314億円(12.10)
  - ─子会社→ ハウステンボス(テーマパーク)
  - ─子会社化→ 九州産業交通HD

- **ユーラシア旅行社** 売上高63億円(12.9) 高価格・オリジナルツアー
- **ニッコウトラベル** 売上高43億円(13.3) 熟年向け海外旅行
- **トップツアー** ※1145億円

- **ANAセールス** ※2038億円 ANAの旅行事業 売上高1610億円(13.3)
- **JALパック** ※1690億円 — **JALセールス** ※440億円 JALツアーズと統合
- **ビッグホリデー** ※601億円

- **名鉄観光サービス** ※892億円
- **農協観光** ※806億円
- **日本通運** ※590億円
- **読売旅行** ※551億円

(※は12年度の旅行取扱高)

〈ネット販売系〉

- 日本旅行 ─旅行商品で提携→ **楽天** 全体売上高4434億円(12.12) → **楽天トラベル** 売上高316億円
- リクルートHD 「じゃらんネット」
- **一休** 売上高48億円(13.3) 宿泊予約サイト
- **ぐるなび** 売上高272億円(13.3) 飲食店予約中心
- リクルートHD ─海外旅行予約サービスで提携→ JTB 「トルノス」 ─出資→ **たびゲーター** 国内宿泊予約 ←関連会社─ **ヤフー**

Column 6　主要企業の社内取締役年俸推移

社名	10年度 平均(万円)	11年度 総額(万円)	人数	11年度 平均(万円)	1億円超
【レジャー・ゲーム・音楽】					
エイベックス	25825	100400	5人	20080	4人
SANKYO	15200	49200	3人	16400	2人
平和	4766	62100	6人	10350	2人
コナミ	9750	41300	4人	10325	1人
スクウェア･エニックスHD	9375	31200	4人	7800	1人
フィールズ	7288	68300	9人	7588	1人
第一興商	6358	78000	12人	6500	2人
バンダイナムコHD	4716	25900	4人	6475	3人
シダックス	3762	25500	6人	4250	2人
オリエンタルランド	3890	42200	11人	3836	0人
東京ドーム	4783	22500	6人	3750	0人
任天堂	6736	33500	9人	3722	0人
【サービス】					
ベネッセHD	5625	19000	3人	6333	0人
ナガセ	5031	33272	6人	5545	0人
ベストブライダル	6440	22500	5人	4500	1人
セコム	4281	47600	11人	4327	0人
帝国ホテル	3400	27100	7人	3871	0人
テイク&ギヴ･ニーズ	2300	16500	6人	2750	0人
明光ネットワーク	2714	18994	7人	2713	0人
ツクイ	2360	17225	7人	2460	0人
パソナグループ	2744	23800	10人	2380	0人
フルキャストHD	2700	8500	4人	2125	0人
ノバレーゼ	1840	12250	6人	2041	0人
テンプHD	1820	9900	5人	1980	0人
ホテルオークラ	885	7800	4人	1950	0人
藤田観光	1780	14200	8人	1775	0人
ワタベウェディング	1800	4900	3人	1633	0人
ニチイ学館	776	10731	13人	825	0人

Part 7
通信・IT・ネット・コンテンツ・広告

通信

ソフトバンクが米国携帯運営会社スプリント買収に大型投資！

ソフトバンクが、売上高で**NTTドコモ**を上回る可能性が出てきた。ソフトバンクは、米国携帯電話運営会社3位のスプリント・ネクステルの買収を計画しており、13年半ばに見込んでいる買収完了が実現すれば、単純合算で6兆円台の売上規模になり、NTTドコモを抜き去る。米アップルのスマホ「アイフォーン」を扱い、加入者を増やしていることが原動力。12年度の純増数は350万件超だった。

買取予定総額は約201億ドル。買収発表時の円高（1ドル＝78円）局面から円安に移行したため、当初の邦貨見込額約1兆5709億円から跳ね上がる可能性もあったが、同社は為替予約取引を実行していたことで変動リスクを回避。ライバルが出現し、スプリント買収には時間を要するようだが、日本企業による海外M&Aでは、JTによる英タバコ会社ガラハーの2兆2500億円に次ぐ案件だ。ソフトバンクは、国内では**イー・アクセス**のグループ化にも動いている。

一方、他社契約への転出超過状態に歯止めがかからず守勢に立たされているNTT

Part 7 通信・IT・ネット・コンテンツ・広告

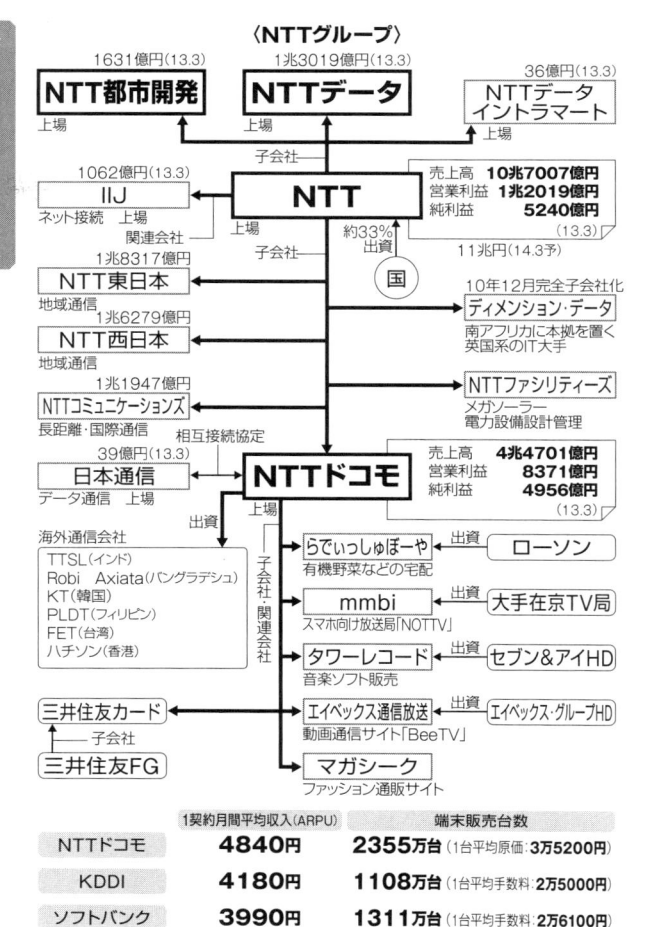

〈NTTグループ〉

```
                    1631億円(13.3)   1兆3019億円(13.3)                 36億円(13.3)
                   ┌──────────┐   ┌──────────┐              ┌──────────┐
                   │ NTT都市開発 │   │ NTTデータ  │              │ NTTデータ │
                   └──────────┘   └──────────┘              │イントラマート│
                      上場           上場                    └──────────┘
                                                                 上場
       1062億円(13.3)         子会社
      ┌─────┐                                    売上高   10兆7007億円
      │ IIJ │                                    営業利益  1兆2019億円
      └─────┘                                    純利益      5240億円
   ネット接続 上場    ┌──────────────┐                       (13.3)
                    │     NTT      │           11兆円(14.3予)
     関連会社    上場 └──────────────┘
   1兆8317億円       ↑    ↓  約33%
  ┌─────────┐         出資
  │ NTT東日本 │              (国)
  └─────────┘                           10年12月完全子会社化
   地域通信                          ┌────────────────┐
   1兆6279億円                      │ ディメンション・データ │
  ┌─────────┐                      └────────────────┘
  │ NTT西日本 │                      南アフリカに本拠を置く
  └─────────┘                      英国系のIT大手
   地域通信
   1兆1947億円                     ┌────────────────┐
  ┌────────────────┐              │ NTTファシリティーズ │
  │NTTコミュニケーションズ│              └────────────────┘
  └────────────────┘              メガソーラー
   長距離・国際通信  相互接続協定     電力設備設計管理
    39億円(13.3)
  ┌─────────┐
  │ 日本通信 │ ←→  ┌──────────┐    売上高  4兆4701億円
  └─────────┘     │ NTTドコモ │    営業利益    8371億円
   データ通信 上場  └──────────┘    純利益     4956億円
                     上場                     (13.3)
```

海外通信会社
- TTSL(インド)
- Robi Axiata(バングラデシュ)
- KT(韓国)
- PLDT(フィリピン)
- FET(台湾)
- ハチソン(香港)

子会社・関連会社 出資

- らでぃっしゅぼーや ← 出資 ─ ローソン
  有機野菜などの宅配
- mmbi ← 出資 ─ 大手在京TV局
  スマホ向け放送局「NOTTV」
- タワーレコード ← 出資 ─ セブン&アイHD
  音楽ソフト販売
- エイベックス通信放送 ← 出資 ─ エイベックス・グループHD
  動画通信サイト「BeeTV」
- マガシーク
  ファッション通販サイト

三井住友カード ← 子会社 ─ 三井住友FG

	1契約月間平均収入(ARPU)	端末販売台数
NTTドコモ	4840円	2355万台 (1台平均原価:3万5200円)
KDDI	4180円	1108万台 (1台平均手数料:2万5000円)
ソフトバンク	3990円	1311万台 (1台平均手数料:2万6100円)

187

ドコモは、有機野菜宅配のらでぃっしゅぼーや、ファッション通販サイト運営のマガシークを相次いで子会社化するなど、Eコマース事業に注力。交流ゲームの配信事業にも参入した。米AT&Tなどにおよそ2兆円の投資をしながら1兆円超の損失を出した過去があるだけに、同社の海外展開は小規模にとどまるが、親会社のNTTやNTTデータなどグループでは海外事業を積極推進。NTT都市開発も英国のオフィスビルの買収に動いている。NTTグループの拠点は約70の国・地域に及び、海外売上高も120億ドル規模にまで拡大するなど、通信事業者売上高世界トップを維持。ただし、スマホの浸透で中核事業のひとつに位置付けている光回線サービス契約の伸びが停滞。NTT法で政府の株式保有が3分の1以下に減らせないこともあって、経営の自由度でハンデを背負うという課題も残る。

ソフトバンクに続き、米アップル製品の取扱開始で契約数を伸ばしているKDDI。同社は固定・携帯・CATVという三位一体による経営を推進しており、住友商事と共同でCATVトップのジュピターテレコムを買収し、グループ内のジャパンケーブルネットと統合する。海外展開は法人向けのデータセンター事業が中心。

Part 7 　通信・IT・ネット・コンテンツ・広告

〈KDDIグループ・ソフトバンクグループ〉

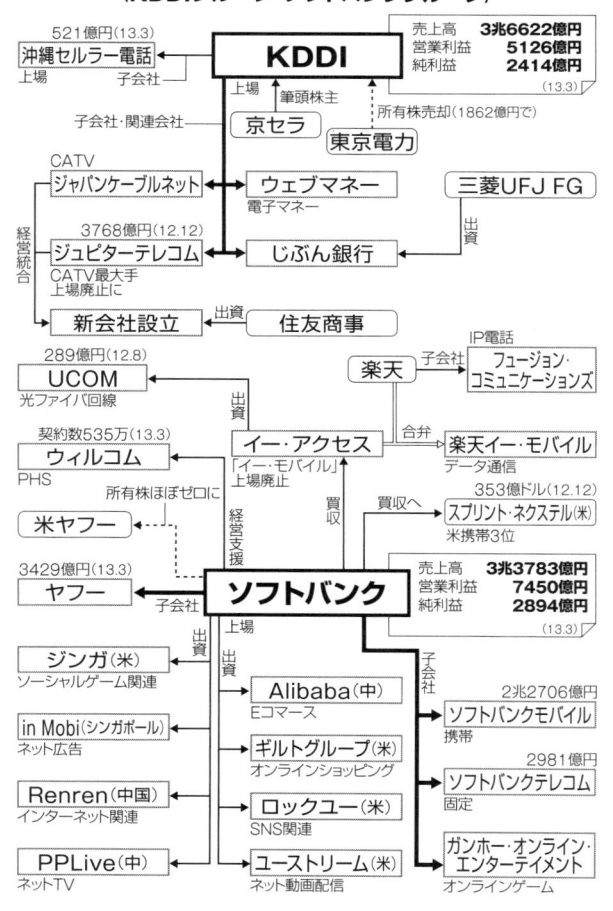

```
521億円(13.3)
沖縄セルラー電話 ← KDDI
上場               売上高  3兆6622億円
子会社             営業利益  5126億円
                  純利益    2414億円
                                (13.3)
   上場  筆頭株主  所有株売却(1862億円で)
子会社・関連会社  京セラ  東京電力

CATV
ジャパンケーブルネット ←→ ウェブマネー    三菱UFJ FG
                        電子マネー
経営      3768億円(12.12)                    出
統合   ジュピターテレコム         じぶん銀行   資
       CATV最大手
       上場廃止に
                   出資
     新会社設立 ← 住友商事

                                   IP電話
289億円(12.8)              楽天 子会社 フュージョン・
UCOM ←                                 コミュニケーションズ
光ファイバ回線   出
                資          合弁  楽天イー・モバイル
契約数535万(13.3)  イー・アクセス         データ通信
ウィルコム ←   「イー・モバイル」
PHS          上場廃止              353億ドル(12.12)
                         買収へ  スプリント・ネクステル(米)
所有株ほぼゼロに              米携帯3位
米ヤフー  経営
          支
3429億円(13.3) 援                     売上高  3兆3783億円
ヤフー ← ソフトバンク            営業利益  7450億円
       子会社   上場              純利益    2894億円
                                        (13.3)
ジンガ(米)    出         子
ソーシャルゲーム関連 資     会        2兆2706億円
             Alibaba(中) 社  ソフトバンクモバイル
in Mobi(シンガポール)  Eコマース        携帯
ネット広告   ギルトグループ(米)      2981億円
             オンラインショッピング  ソフトバンクテレコム
Renren(中国)  ロックユー(米)         固定
インターネット関連  SNS関連
             ユーストリーム(米)  ガンホー・オンライン・
PPLive(中)    ネット動画配信       エンターテイメント
ネットTV                          オンラインゲーム
```

189

ITサービス

伊藤忠テクノ、東南アジアのIT企業2社を買収

 システム開発やコンサルティング、ソフト・ハードウェアの販売、運用保守サービスなどを手がけるITサービス各社の経営は、顧客である官公庁や金融機関、通信、流通などのIT投資活動に左右されるが、東日本大震災の影響などで延伸になっていた案件の再開もあって、受注は上向き傾向で推移。全国民を番号で管理する「マイナンバー制度」の導入もビジネスチャンスにしたいところだ。

 ただし、国内市場だけでは、将来的な受注減少は必至。大手各社は海外展開を急ぐ。13年に入ってからだけでも、**野村総合研究所**と**DTS**はタイに、**電通国際情報サービス**はインドネシアに、それぞれ現地法人を設立。**伊藤忠テクノソリューションズ**は、マレーシアとシンガポールのIT企業を買収している。**NTTデータ**はベトナムの貿易手続き・通関システムの開発、**富士通**は豪州のパスポート発行システムの開発をそれぞれ受託しているように、海外ビジネス案件も増えつつある。

 大容量データ「ビッグデータ」の活用法の提案などを巡っても各社は競合。

Part7 通信・IT・ネット・コンテンツ・広告

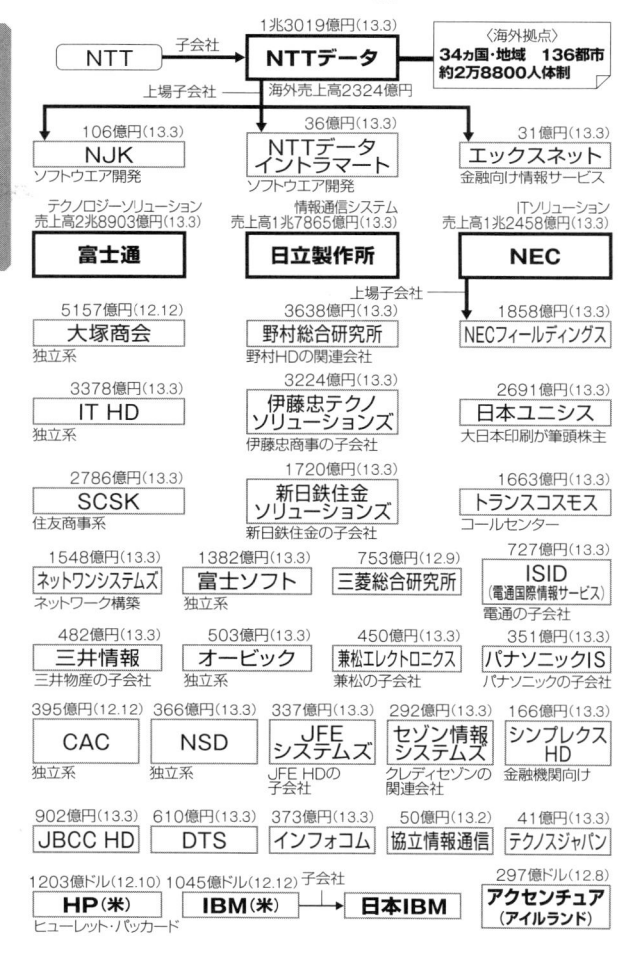

```
                           1兆3019億円(13.3)          〈海外拠点〉
   NTT  ──子会社──→  NTTデータ           34ヵ国・地域  136都市
                                              約2万8800人体制
          上場子会社──  海外売上高2324億円
   ┌─────────────┼─────────────┐
 106億円(13.3)         36億円(13.3)           31億円(13.3)
   NJK           NTTデータ            エックスネット
                 イントラマート
ソフトウエア開発      ソフトウエア開発         金融向け情報サービス
```

テクノロジーソリューション 売上高2兆8903億円(13.3)	情報通信システム 売上高1兆7865億円(13.3)	ITソリューション 売上高1兆2458億円(13.3)
富士通	**日立製作所**	**NEC**

上場子会社 ────────────→

5157億円(12.12)	3638億円(13.3)	1858億円(13.3)
大塚商会	野村総合研究所	NECフィールディングス
独立系	野村HDの関連会社	

3378億円(13.3)	3224億円(13.3)	2691億円(13.3)
IT HD	伊藤忠テクノ ソリューションズ	日本ユニシス
独立系	伊藤忠商事の子会社	大日本印刷が筆頭株主

2786億円(13.3)	1720億円(13.3)	1663億円(13.3)
SCSK	新日鉄住金 ソリューションズ	トランスコスモス
住友商事系	新日鉄住金の子会社	コールセンター

1548億円(13.3)	1382億円(13.3)	753億円(12.9)	727億円(13.3)
ネットワンシステムズ	富士ソフト	三菱総合研究所	ISID (電通国際情報サービス)
ネットワーク構築	独立系		電通の子会社

482億円(13.3)	503億円(13.3)	450億円(13.3)	351億円(13.3)
三井情報	オービック	兼松エレクトロニクス	パナソニックIS
三井物産の子会社	独立系	兼松の子会社	パナソニックの子会社

395億円(12.12)	366億円(13.3)	337億円(13.3)	292億円(13.3)	166億円(13.3)
CAC	NSD	JFE システムズ	セゾン情報 システムズ	シンプレクス HD
独立系	独立系	JFE HDの 子会社	クレディセゾンの 関連会社	金融機関向け

902億円(13.3)	610億円(13.3)	373億円(13.3)	50億円(13.2)	41億円(13.3)
JBCC HD	DTS	インフォコム	協立情報通信	テクノスジャパン

1203億ドル(12.10)	1045億ドル(12.12)	子会社		297億ドル(12.8)
HP(米)	IBM(米)	→	日本IBM	アクセンチュア (アイルランド)
ヒューレット・パッカード				

インターネットビジネス

日本企業、巨額の研究開発費を投じる米グーグルなどへの対応策は?

現在最も勢いがあり、今後の拡大も見込まれるのがインターネットビジネスだ。その象徴のひとつが、日本テレビHDの**ドワンゴ**株取得だ。「ニコニコ動画」を展開するドワンゴの経営に影響力を発揮するほどの株式数(4%)ではないが、数年前には、旧ライブドアとフジ・メディアHD、**楽天**とTBSHDの「ネット系対大手テレビ局」という2大騒動があっただけに、時代の流れを感じる。そのネットビジネスの主な収益源は、広告収入、ネット証券に代表される手数料獲得、それにゲームの課金ビジネスである。ただし、利用がパソコンでの「検索」が中心だったところに、フェイスブックが牽引する「SNS(ソーシャル・ネットワーキング・サービス)」などが加わり、現在はスマホ向け無料通話の**LINE**が人気を集めているように、端末機器や利用方法、ニーズが次々に変化し、競争が激しいのもこの業界の特徴だ。ソーシャルゲームの**オルトプラス**やオークションの**オークファン**など、新規上場も相次いでいる。ネットビジネスのもうひとつの主役は通信販売。楽天は仮想商店街の「楽天市場」

Part 7　通信・IT・ネット・コンテンツ・広告

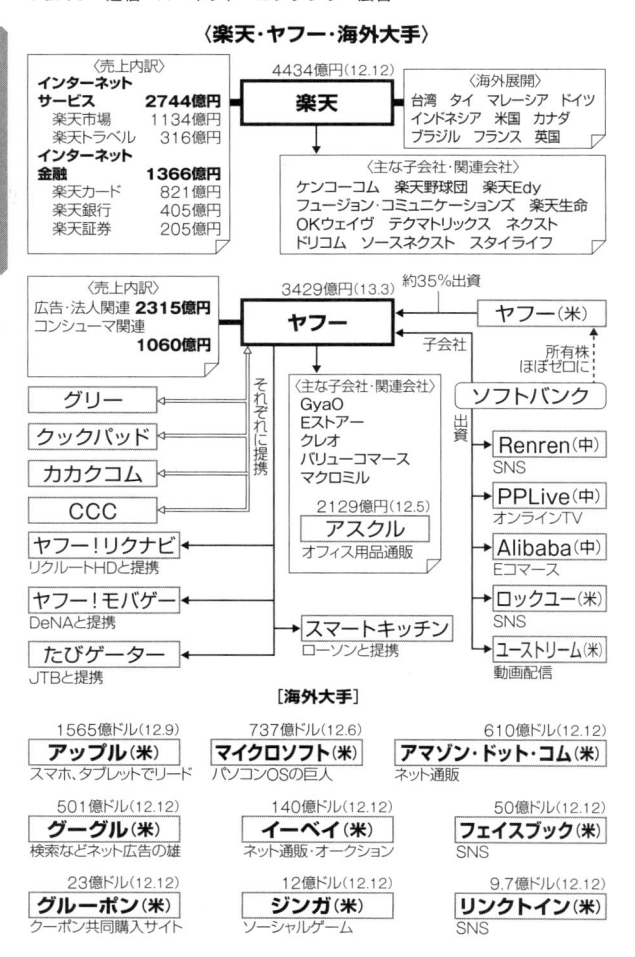

〈楽天・ヤフー・海外大手〉

〈売上内訳〉
インターネット
サービス　2744億円
　楽天市場　　1134億円
　楽天トラベル　316億円
インターネット
金融　　　　1366億円
　楽天カード　　821億円
　楽天銀行　　　405億円
　楽天証券　　　205億円

4434億円(12.12) → **楽天**

〈海外展開〉
台湾　タイ　マレーシア　ドイツ
インドネシア　米国　カナダ
ブラジル　フランス　英国

〈主な子会社・関連会社〉
ケンコーコム　楽天野球団　楽天Edy
フュージョン・コミュニケーションズ　楽天生命
OKウェイヴ　テクマトリックス　ネクスト
ドリコム　ソースネクスト　スタイライフ

〈売上内訳〉
広告・法人関連　**2315億円**
コンシューマ関連　**1060億円**

3429億円(13.3) → **ヤフー** ← **ヤフー(米)** 約35%出資

子会社 ← **ソフトバンク** 所有株ほぼゼロに

〈主な子会社・関連会社〉
GyaO
Eストアー
クレオ
バリューコマース
マクロミル

2129億円(12.5)
アスクル
オフィス用品通販

それぞれに提携:
- **グリー**
- **クックパッド**
- **カカクコム**
- **CCC**

- **ヤフー!リクナビ** ← リクルートHDと提携
- **ヤフー!モバゲー** ← DeNAと提携
- **たびゲーター** ← JTBと提携

スマートキッチン ← ローソンと提携

ソフトバンク出資:
- **Renren(中)** SNS
- **PPLive(中)** オンラインTV
- **Alibaba(中)** Eコマース
- **ロックユー(米)** SNS
- **ユーストリーム(米)** 動画配信

[海外大手]

1565億ドル(12.9)
アップル(米)
スマホ、タブレットでリード

737億ドル(12.6)
マイクロソフト(米)
パソコンOSの巨人

610億ドル(12.12)
アマゾン・ドット・コム(米)
ネット通販

501億ドル(12.12)
グーグル(米)
検索などネット広告の雄

140億ドル(12.12)
イーベイ(米)
ネット通販・オークション

50億ドル(12.12)
フェイスブック(米)
SNS

23億ドル(12.12)
グルーポン(米)
クーポン共同購入サイト

12億ドル(12.12)
ジンガ(米)
ソーシャルゲーム

9.7億ドル(12.12)
リンクトイン(米)
SNS

を軸に、ネット通販をいち早く取込むことで成長を実現してきた。同社のサイト内の国内流通総額は1兆4460億円（12年）規模まで拡大。

広告収入が主体の**ヤフー**は、**DeNA**や**グリー**などとの提携戦略で売上高を伸張。オフィス用品通販のアスクルをグループ化し、ネット通販事業も本格展開。ネット広告の**サイバーエージェント**からFXの子会社を買収し、金融業にも参入した。

日本のネットビジネスは、スマホを主たる戦場として楽天とヤフーの2強を中心に、DeNAやグリーらが続くという展開が予想されるが、手強いのが米国勢だ。グーグルが年間に投じる研究開発費は、売上高の13％強に当たる約6500億円（1ドル95円換算、以下同）である。フェイスブックは、額こそ1300億円程度だが、何と売上高の27％に相当する。大手医薬品会社と同様の研究開発型企業だ。これだけの研究開発費を投じる日本企業は存在しない。楽天やヤフーにしても数億円にすぎず、検索や広告技術、新ビジネスの創出では米国企業に太刀打ちできない可能性もある。

米アマゾン・ドット・コムの12年売上総額5兆8000億円のうち、7410億円は日本の売上だった。

Part 7　通信・IT・ネット・コンテンツ・広告

〈SNS・ソーシャルゲーム〉

```
                  買収子会社化        2024億円(13.3)
   ┌──────────────┐  ←─────  ┌──────────┐                陸上チーム発足
   │ 横浜DeNA     │          │          │  ───────→       (瀬古利彦監督)
   │ ベイスターズ │          │  DeNA    │                ┌────────────┐
   └──────────────┘          │          │ ──提携──→     │ヤフー!モバゲー│
   プロ野球       ソーシャル  │「モバゲー」│              └────────────┘
                  ゲームで提携└──────────┘                      ⇅ 提携
   126億円(13.3)        1500億円(13.6予)                  ┌────────┐
   ┌────────┐           ┌──────┐        ──提携──→      │ ヤフー │
   │ミクシィ │           │グリー │                       └────────┘
   └────────┘           └──────┘
   「mixi」              「GREE」
      │                  提携  提携      主要株主    26億円(12.5)
      │ソーシャルアプリで合弁                        ┌──────────┐
      ↓                   ↓    ↓          ─────→   │ ケイブ   │
   1411億円(12.9)                                    └──────────┘
   ┌──────────────┐  ┌──────────────┐┌──────────────┐ ソーシャルゲーム
   │サイバーエージェント│  │角川グループHD│ │バンダイナムコHD│
   └──────────────┘  └──────────────┘└──────────────┘
   関連会社 ネット広告、       │        ゲームソフト、玩具
           ソーシャルゲーム   │主要株主
   99億円(12.9)              ↓          エイベックスGHD
   ┌──────────────┐   362億円(12.9)       │
   │ネットプライス│   ┌──────────┐    出資│
   │ドットコム   │   │ ドワンゴ │  ←────┤
   └──────────────┘   └──────────┘       │
   ネット通販       「ニコニコ動画」      日本テレビHD
                   ソーシャルゲーム
```

183億円(12.8)	74億円(12.12)	138億円(13.3)	38億円(12.9)
インデックス	アプリックスIP HD	クルーズ	アクセルマーク
ソーシャルゲーム	ソフトウェア関連 ソーシャルゲーム	ソーシャルゲーム	コンテンツ配信 ソーシャルゲーム

子会社↑

21億円(12.12)	44億円(12.12)	50億円(12.9)	413億円(12.9)
IBJ	enish	コロプラ	セプテーニHD
婚活SNS「ブライダル ネット」	ソーシャルゲーム	位置情報ゲーム	ネット広告

63億円(12.7)	49億円(12.12)	152億円(12.8)	9.1億円(12.9)
エイチーム	モブキャスト	KLab	オルトプラス
ソーシャルゲーム	ソーシャルゲーム	ソーシャルゲーム セガサミーHDが出資	ソーシャルゲーム

LINE	20億円(12.9)	12億円(12.9)	1084億円(12.12)
	エイティング	日本ファルコム	ネクソン
旧NHNジャパン 「ライブドア」	ゲームソフト開発	ゲームソフト開発	オンラインゲーム

258億円(12.12)	61億円(12.12)	21億円(13.3)	13億円(12.5)
ガンホー・オンライン・ エンターテイメント	アエリア	ガーラ	サイバーステップ
オンラインゲーム ソフトバンク系	オンラインゲーム	オンラインゲーム	オンラインゲーム

195

〈専門サイト〉

272億円(13.3)	232億円(13.3) 関連会社	149億円(12.6)
ぐるなび	**カカクコム** ←	**デジタルガレージ**
飲食店検索サイト	比較サイト	Eコマース関連 米ツイッターに出資

163億円(12.9)	6.1億円(12.6)	48億円(13.3)	26億円(13.3)
ウェブクルー	**比較.com**	**一休**	**駅探**
保険比較サイト	比較サイト	宿泊予約サイト	乗換案内

129億円(12.5)	119億円(13.3)	44億円(13.3)	10億円(12.5)
ウェザーニューズ	**ネクスト**	**カービュー**	**日本メディカルネット コミュニケーションズ**
気象情報サービス	不動産情報サイト 楽天の関連会社	中古車査定仲介 ヤフーが子会社化	医療関連サイト

32億円(13.3)	44億円(12.6)	39億円(12.4)	15億円(12.6)
オールアバウト	**アイスタイル**	**クックパッド**	**OKウェイヴ**
専門情報サイト 大日本印刷が出資	化粧品の口コミサイト	料理レシピ	「Q&A」サイト 楽天の関連会社

16億円(13.3)	142億円(12.6)	54億円(12.12)
トレンダーズ	**マクロミル**	**クロス・マーケティング**
ネットマーケティング	ネット利用の市場調査 ヤフーの関連会社	ネット利用の市場調査

108億円(13.1)	22億円(12.9)	46億円(13.3)	135億円(13.3)
ポールトゥウィン・ ピットクルー HD	**イー・ガーディアン**	**ユナイテッド**	**エン・ジャパン**
ネット監視	投稿監視	ネット広告へシフト	ネット求人

101億円(13.3)	91億円(13.2)	39億円(12.9)	22億円(12.12)
エス・エム・エス	**ディップ**	**キャリア デザインセンター**	**リブセンス**
ネット求人	ネット求人	ネット求人	ネット求人

〈ネット通販関連〉

350億円(13.3)	226億円(13.1)	128億円(12.12)	52億円(13.1)
スタートゥデイ	**ストリーム**	**ゴルフダイジェスト・ オンライン**	**ミネルヴァHD**
ネット通販「ZOZOTOWN」	ネット通販「ECカレント」	ゴルフ用品販売	ネット通販

94億円(13.3)	子会社	179億円(13.3)	59億円(13.3)
マガシーク ←	**NTTドコモ**	**ケンコーコム**	**ライフネット**
ネット通販		楽天系	

124億円(13.3)	42億円(13.3)	13億円(12.5)	6.1億円(12.9)
シュッピン	**エムアップ**	**シンワアートオークション**	**オークファン**
中古品売買サイト	コンテンツ配信 アーティストグッズ販売	美術品オークション	オークション

66億円(13.2)	55億円(13.3)	30億円(13.1)	4.5億円(12.12)
ネオス	**パピレス**	**イーブックイニシアティブジャパン**	**SmartEbook.com**
電子書籍	電子書籍	電子書籍	電子書籍

196

Part 7 通信・IT・ネット・コンテンツ・広告

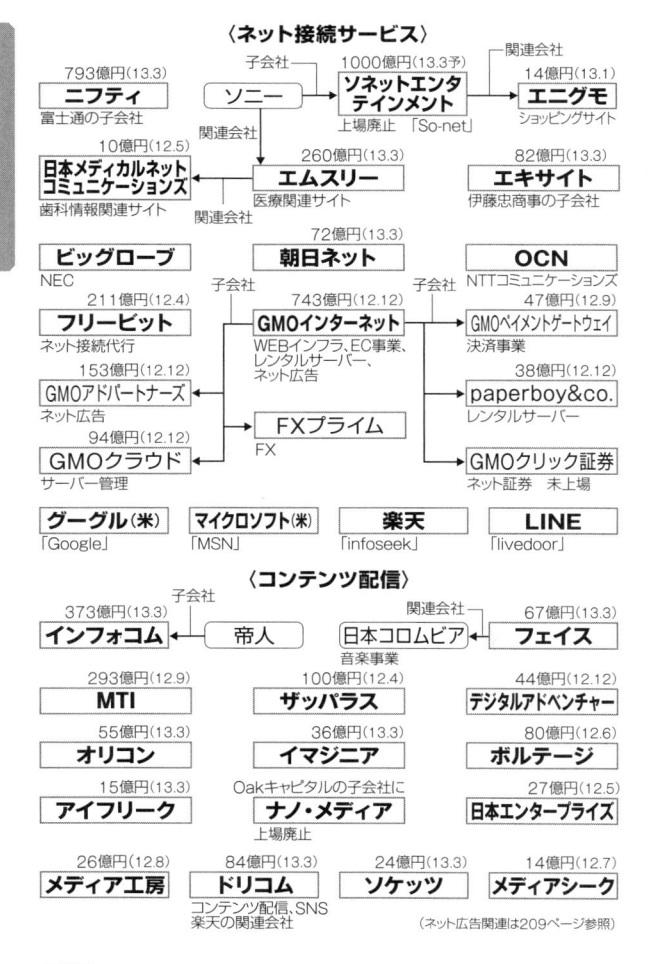

〈ネット接続サービス〉

```
                          子会社    1000億円(13.3予)    関連会社
793億円(13.3)                   ┌──────────────┐         14億円(13.1)
┌─────────┐                    │ ソネットエンタ │         ┌──────────┐
│ ニフティ │        ソニー ─┬─→│ テインメント   │────────→│ エニグモ │
└─────────┘                │    │ 上場廃止「So-net」│      └──────────┘
富士通の子会社               │    └──────────────┘       ショッピングサイト
   10億円(12.5)              │    260億円(13.3)           82億円(13.3)
┌──────────────────┐       │    ┌──────────┐           ┌──────────┐
│日本メディカルネット│←─────┤    │エムスリー│           │エキサイト│
│コミュニケーションズ│            └──────────┘           └──────────┘
└──────────────────┘           医療関連サイト           伊藤忠商事の子会社
歯科情報関連サイト          関連会社
```

```
                           72億円(13.3)
┌──────────┐           ┌──────────┐           ┌──────────┐
│ビッグローブ│           │ 朝日ネット│           │   OCN    │
└──────────┘           └──────────┘           └──────────┘
NEC                   子会社        子会社      NTTコミュニケーションズ
  211億円(12.4)          ↓                       47億円(12.9)
┌──────────┐           ┌──────────────┐      ┌────────────────────┐
│フリービット│          │GMOインターネット│────→│GMOペイメントゲートウェイ│
└──────────┘           └──────────────┘      └────────────────────┘
ネット接続代行         WEBインフラ、EC事業、     決済事業
                     レンタルサーバー、
                     ネット広告                 38億円(12.12)
  153億円(12.12)         │         │          ┌──────────────┐
┌──────────────┐       │         │          │paperboy&co. │
│GMOアドパートナーズ│←───┤         │          └──────────────┘
└──────────────┘       │         │          レンタルサーバー
ネット広告               ↓         │
                    ┌──────────┐  │          ┌──────────────┐
  94億円(12.12)      │FXプライム│  └────────→│GMOクリック証券│
┌──────────┐       └──────────┘              └──────────────┘
│GMOクラウド│        FX                        ネット証券 未上場
└──────────┘
サーバー管理
```

グーグル(米)	マイクロソフト(米)	楽天	LINE
「Google」	「MSN」	「infoseek」	「livedoor」

〈コンテンツ配信〉

```
           子会社                        関連会社
373億円(13.3)                                        67億円(13.3)
┌──────────┐          ┌──────┐          ┌──────────────┐     ┌────────┐
│インフォコム│←────────│ 帝人 │          │日本コロムビア│←────│フェイス│
└──────────┘          └──────┘          └──────────────┘     └────────┘
                                        音楽事業
```

293億円(12.9)	100億円(12.4)	44億円(12.12)
MTI	**ザッパラス**	**デジタルアドベンチャー**

55億円(13.3)	36億円(13.3)	80億円(12.6)
オリコン	**イマジニア**	**ボルテージ**

15億円(13.3)		27億円(12.5)
アイフリーク	**ナノ・メディア**	**日本エンタープライズ**
	Oakキャピタルの子会社に 上場廃止	

26億円(12.8)	84億円(13.3)	24億円(13.3)	14億円(12.7)
メディア工房	**ドリコム**	**ソケッツ**	**メディアシーク**
	コンテンツ配信、SNS 楽天の関連会社		

(ネット広告関連は209ページ参照)

ゲーム・玩具

正念場を迎えている任天堂、ソニーの戦略は?

ゲーム機を短期間で売り、あとは専用ソフトを販売して売上を伸ばす、というビジネスは、大きな曲がり角を迎えた。ガンホー・オンライン・エンターテイメントが手がける「パズル&ドラゴン」に代表されるようにスマートフォンでのゲーム利用に急速にシフトしているからだ。「WiiU」の販売を始めている**任天堂**、13年末に家庭ゲーム機「プレイステーション4」を販売する**ソニー**のゲーム専用機2社は、まさに正念場。スマホでのゲーム利用者は、ゲームに手慣れた人とは限らず、初心者も少なくない。高画像・高音響を追求してきた**スクウェア・エニックスHD**などのパッケージソフトメーカーも、新たな対応を迫られる。

運用しているプラットフォーム上で、自社開発や他社から提供を受けたゲームを会員に利用してもらう**グリー**や**DeNA**などの高額課金問題を抱えるだけに、新たな成長戦略が不可欠。NTTドコモは中国市場向けに、ゲームの提供を開始。**セガサミーHD**は、約350億円を投じて韓国にカジノを含むリゾート施設を開発する。

Part 7 通信・IT・ネット・コンテンツ・広告

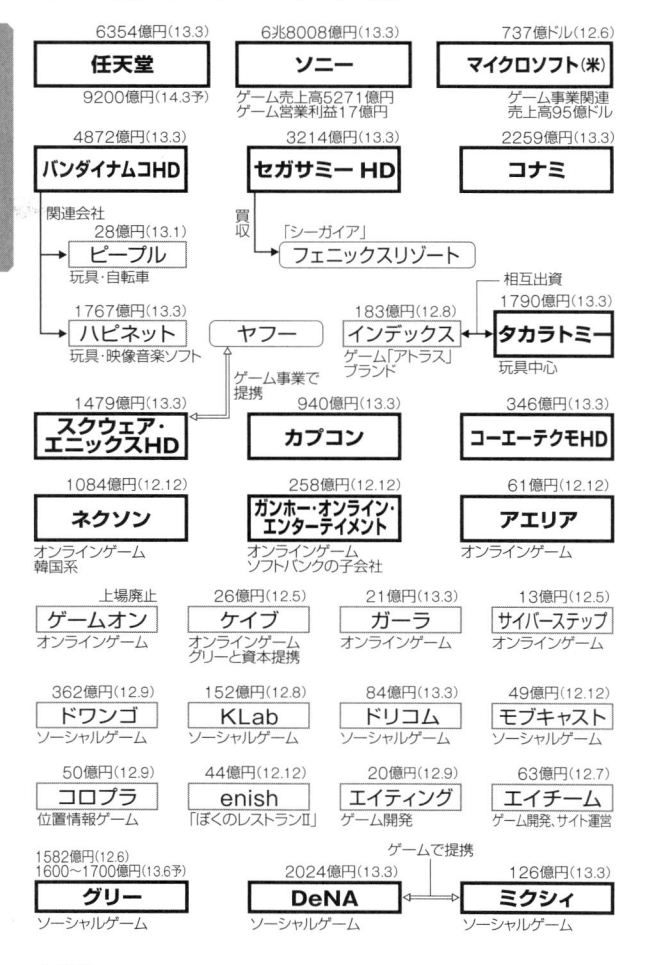

通信・IT・ネット・コンテンツ・広告

6354億円(13.3)
任天堂
9200億円(14.3予)

6兆8008億円(13.3)
ソニー
ゲーム売上高5271億円
ゲーム営業利益17億円

737億ドル(12.6)
マイクロソフト(米)
ゲーム事業関連
売上高95億ドル

4872億円(13.3)
バンダイナムコHD

3214億円(13.3)
セガサミーHD

2259億円(13.3)
コナミ

関連会社
28億円(13.1)
→ **ピープル**
玩具・自転車

買収
→ 「シーガイア」
フェニックスリゾート

1767億円(13.3)
→ **ハピネット**
玩具・映像音楽ソフト

ヤフー

183億円(12.8)
インデックス
ゲーム「アトラス」
ブランド

相互出資
1790億円(13.3)
タカラトミー
玩具中心

ゲーム事業で
提携

1479億円(13.3)
スクウェア・エニックスHD

940億円(13.3)
カプコン

346億円(13.3)
コーエーテクモHD

1084億円(12.12)
ネクソン
オンラインゲーム
韓国系

258億円(12.12)
ガンホー・オンライン・エンターテイメント
オンラインゲーム
ソフトバンクの子会社

61億円(12.12)
アエリア
オンラインゲーム

上場廃止
ゲームオン
オンラインゲーム

26億円(12.5)
ケイブ
オンラインゲーム
グリーと資本提携

21億円(13.3)
ガーラ
オンラインゲーム

13億円(12.5)
サイバーステップ
オンラインゲーム

362億円(12.9)
ドワンゴ
ソーシャルゲーム

152億円(12.8)
KLab
ソーシャルゲーム

84億円(13.3)
ドリコム
ソーシャルゲーム

49億円(12.12)
モブキャスト
ソーシャルゲーム

50億円(12.9)
コロプラ
位置情報ゲーム

44億円(12.12)
enish
「ぼくのレストランⅡ」

20億円(12.9)
エイティング
ゲーム開発

63億円(12.7)
エイチーム
ゲーム開発、サイト運営

1582億円(12.6)
1600~1700億円(13.6予)
グリー
ソーシャルゲーム

2024億円(13.3)
DeNA
ソーシャルゲーム

ゲームで提携
⇔

126億円(13.3)
ミクシィ
ソーシャルゲーム

199

音楽・芸能

エイベックス、映像配信やライブ動員を大幅増！

日本レコード協会によれば、CD・DVDなど音楽ソフトの生産額は3108億円、有料音楽配信売上は542億円だった（12年）。**ソニー**（ソニー・ミュージックエンタテインメント）が、ライバルともいうべき米アップルの「アイチューンズストア」への楽曲提供を開始。最近では何曲でも音楽が聴ける定額配信サービスも普及してきたように、音楽や映像は空から降ってくる（ネット経由）時代を迎えているといっていい。もちろん、音楽ファンは様々。レコード世代の中高年層を中心に、手元に持ちたいという欲求が強いのだろう、廃盤や稀少盤を求めて都心の中古ショップに足を運ぶ音楽ファンも少なくない。中古のDVDやCDを激安価格で販売しており、ネットで取得するよりも割安というのも、人気の秘密だという。

上場企業では、**エイベックス・グループHD**が映像配信サービス会員やライブ動員数を伸ばし好調を維持。芸能では、人気大物歌舞伎役者を相次いで失った**松竹**が、新装した歌舞伎座を中心にどのような歌舞伎ビジネスを展開していくのか、注目したい。

Part 7 通信・IT・ネット・コンテンツ・広告

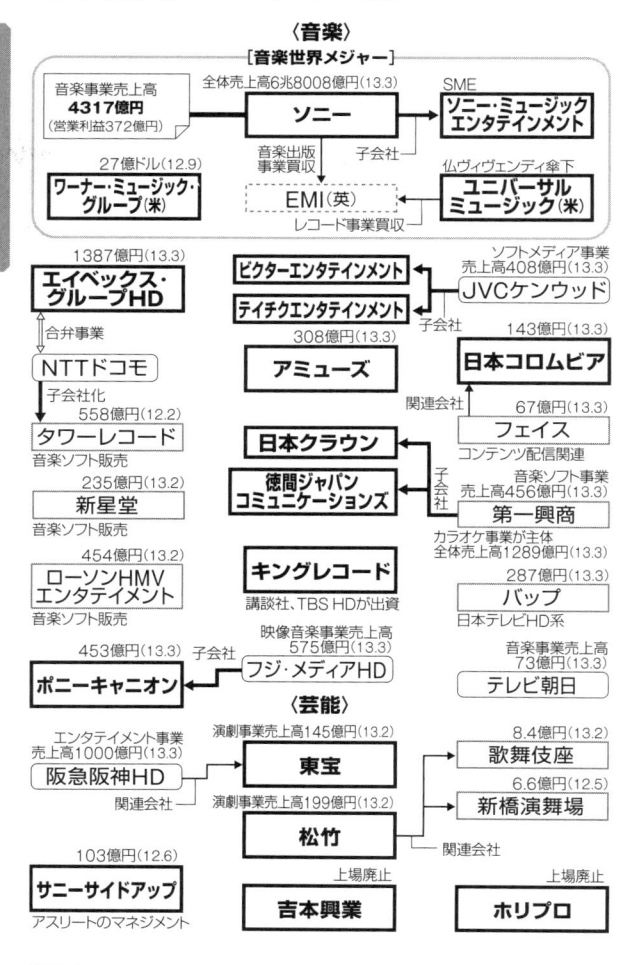

〈音楽〉
[音楽世界メジャー]

全体売上高6兆8008億円(13.3)

音楽事業売上高 **4317億円** (営業利益372億円) → ソニー → ソニー・ミュージックエンタテインメント (SME、子会社)

音楽出版事業買収 → EMI(英) ← レコード事業買収 — ユニバーサルミュージック(米)(仏ヴィヴェンディ傘下)

ワーナー・ミュージック・グループ(米) 27億ドル(12.9)

1387億円(13.3)
エイベックス・グループHD
↕ 合弁事業
NTTドコモ
↓ 子会社化
558億円(12.2)
タワーレコード 音楽ソフト販売

235億円(13.2)
新星堂 音楽ソフト販売

454億円(13.2)
ローソンHMVエンタテイメント 音楽ソフト販売

453億円(13.3) 子会社
ポニーキャニオン ← フジ・メディアHD
映像音楽事業売上高575億円(13.3)

ビクターエンタテインメント
テイチクエンタテインメント (子会社)
← JVCケンウッド ソフトメディア事業売上高408億円(13.3)

308億円(13.3)
アミューズ

日本クラウン
徳間ジャパンコミュニケーションズ (子会社)
← 第一興商 音楽ソフト事業売上高456億円(13.3)
カラオケ事業が主体 全体売上高1289億円(13.3)

キングレコード 講談社、TBS HDが出資

143億円(13.3)
日本コロムビア 関連会社
67億円(13.3)
フェイス コンテンツ配信関連

287億円(13.3)
バップ 日本テレビHD系

音楽事業売上高73億円(13.3)
テレビ朝日

〈芸能〉

エンタテイメント事業売上高1000億円(13.3)
阪急阪神HD 関連会社
→ **東宝** 演劇事業売上高145億円(13.2)
→ **歌舞伎座** 8.4億円(13.2)
→ **新橋演舞場** 6.6億円(12.5)
松竹 演劇事業売上高199億円(13.2) 関連会社

103億円(12.6)
サニーサイドアップ アスリートのマネジメント

上場廃止
吉本興業

上場廃止
ホリプロ

映画・アニメ

邦画人気で東宝が経営成績を伸張！

米ウォルト・ディズニーは、売上高4兆円企業。映画を含むスタジオ・エンターテイメント部門は、テレビ部門やパーク&リゾート部門には及ばないものの5500億円規模の売上だ。そのディズニーは、ルーカスフィルムを買収し「スター・ウォーズ」シリーズを獲得。「スパイダーマン」で知られる出版社のマーベルも買収しているが、スパイダーマンについては、**ソニー**（ソニー・ピクチャーズエンタテインメント）が映画を製作・配給することになっている。世界的人気作品の争奪戦は激しい。

映画興行市場が2000億円（12年）規模の国内では、邦画人気が続いており、とくに、「BRAVE HEARTS 海猿」などを手がけた**東宝**の好調さが際立つ。アニメなどのコンテンツ輸出を成長産業にしようという機運が高まっており、広告代理店大手のアサツーディ・ケイは、**東映アニメーション**や**トムス・エンタテインメント**などと組み、海外向けアニメコンテンツの動画配信プラットフォーム「DAISUKI」の運営を開始。**角川グループHD**はシネマコンプレックス事業から撤退。

202

Part 7 通信・IT・ネット・コンテンツ・広告

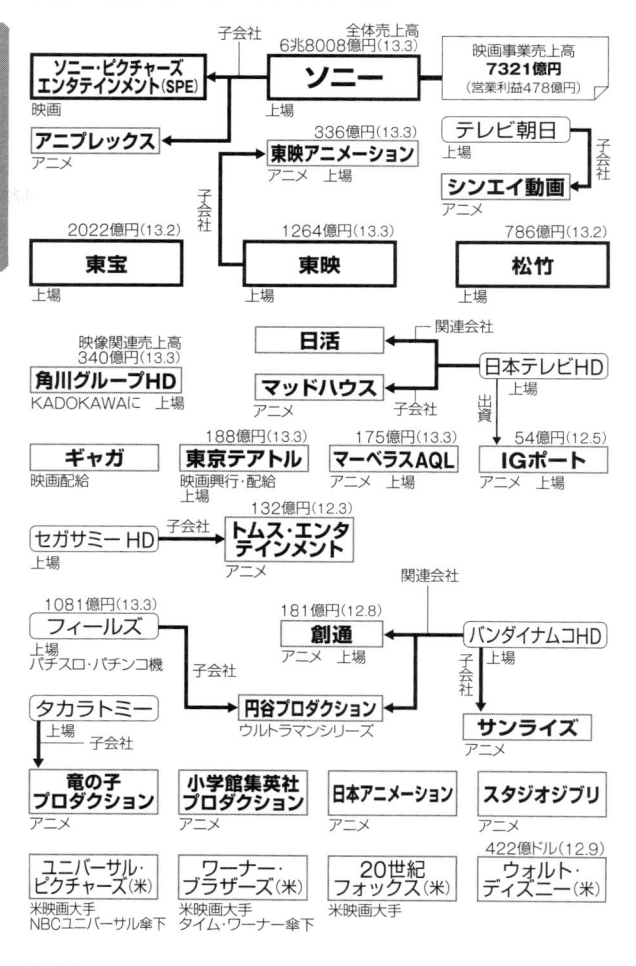

通信・IT・ネット・コンテンツ・広告

```
                                  全体売上高
                                  6兆8008億円(13.3)        映画事業売上高
                        子会社                              7321億円
   ソニー・ピクチャーズ       ←――    ソニー                  (営業利益478億円)
   エンタテインメント(SPE)
   映画                           上場
                                    │                      テレビ朝日
   アニプレックス    ←――       東映アニメーション            上場
   アニメ              子           336億円(13.3)              │子会社
                      会           アニメ 上場                ↓
                      社                                    シンエイ動画
                                                            アニメ

   2022億円(13.2)                  1264億円(13.3)            786億円(13.2)

   東宝                            東映                      松竹
   上場                            上場                      上場
```

```
                                       日活        ―関連会社―
   映像関連売上高
   340億円(13.3)                                              日本テレビHD
   角川グループHD                     マッドハウス   ←――――   上場
   KADOKAWAに 上場                   アニメ      子会社        │出資
                                                              ↓
                    188億円(13.3)   175億円(13.3)            54億円(12.5)
   ギャガ            東京テアトル    マーベラスAQL             IGポート
   映画配給           映画興行・配給   アニメ 上場              アニメ 上場
                     上場
                           132億円(12.3)
                 子会社    トムス・エンタ
   セガサミー HD  ――→    テインメント
   上場                   アニメ
```

```
   1081億円(13.3)           181億円(12.8)       ―関連会社―
   フィールズ             創通              ←――  バンダイナムコHD
   上場          子        アニメ 上場             上場       │子
   パチスロ・パチンコ機  会                                    │会
                        社                                    │社
   タカラトミー    ――→   円谷プロダクション                    ↓
   上場   子会社           ウルトラマンシリーズ                サンライズ
                                                            アニメ

   竜の子              小学館集英社          日本アニメーション   スタジオジブリ
   プロダクション       プロダクション                              アニメ
   アニメ                アニメ                  アニメ
                                                                422億ドル(12.9)
   ユニバーサル・        ワーナー・            20世紀              ウォルト・
   ピクチャーズ(米)     ブラザーズ(米)       フォックス(米)      ディズニー(米)
   米映画大手            米映画大手             米映画大手
   NBCユニバーサル傘下   タイム・ワーナー傘下
```

203

テレビ局・新聞社

ケーブルテレビ1、2位が統合へ！

　テレビ局や新聞社大手は、本格回復には遠いものの、グループ改革やリストラ効果もあって、経営成績を持ち直しつつある。**フジ・メディアHD**は、サンケイビルを子会社化、関西テレビは関連会社にするとともに、グループ内の通販会社を統合し、ディノス・セシールとして再スタートさせる。**日本経済新聞社**は、旅行事業の日経カルチャーを阪急交通社との共同運営に移行。旅行事業では**朝日新聞社**も、朝日旅行をJTBの子会社に移行させている。

　広告収入の急激な増加が見込めない中で、各社は通信販売や映画、不動産事業などで補うという構図だが、日経が電子版の有料会員数を25万人にしたように、新しい試みが実を結びつつあるのも事実。**日本テレビHD**や**TBSHD**、**テレビ朝日**、**テレビ東京HD**らは、アジア太平洋向けの日本コンテンツ専門テレビチャンネルを立ち上げ、13年2月からシンガポールで本放送を開始し、順次エリアを拡大する予定。ケーブルテレビ最大手の**ジュピターテレコム**と2位**ジャパンケーブルネット**は統合する。

204

Part 7 通信・IT・ネット・コンテンツ・広告

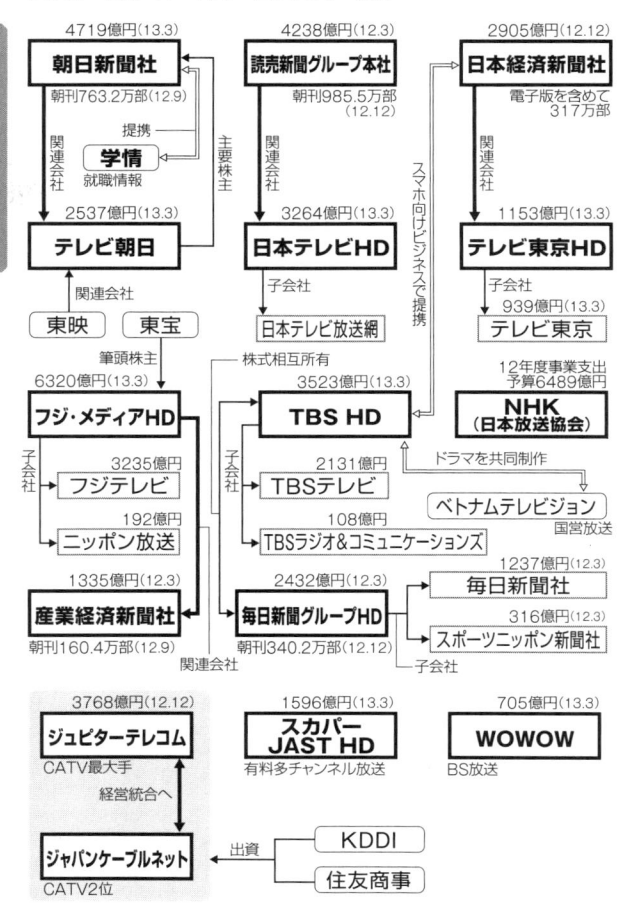

新聞・テレビ系

- **朝日新聞社** 4719億円(13.3) 朝刊763.2万部(12.9)
  - 関連会社 → **学情**（就職情報） ←提携
  - → **テレビ朝日** 2537億円(13.3)
    - 関連会社 → 東映、東宝

- **読売新聞グループ本社** 4238億円(12.3) 朝刊985.5万部(12.12)
  - 主要株主
  - 関連会社 → **日本テレビHD** 3264億円(13.3)
    - 子会社 → 日本テレビ放送網

- **日本経済新聞社** 2905億円(12.12) 電子版を含めて317万部
  - 関連会社 → **テレビ東京HD** 1153億円(13.3)
    - 子会社 → テレビ東京 939億円(13.3)
  - スマホ向けビジネスで提携

- **フジ・メディアHD** 6320億円(13.3)
  - 筆頭株主
  - 子会社 → フジテレビ 3235億円
  - → ニッポン放送 192億円

- **TBS HD** 3523億円(13.3)（株式相互所有）
  - 子会社 → TBSテレビ 2131億円
  - → TBSラジオ&コミュニケーションズ 108億円

- **NHK（日本放送協会）** 12年度事業支出予算6489億円
  - ドラマを共同制作 → ベトナムテレビジョン（国営放送）

- **産業経済新聞社** 1335億円(12.3) 朝刊160.4万部(12.9)

- **毎日新聞グループHD** 2432億円(12.3) 朝刊340.2万部(12.12)
  - 関連会社 → 毎日新聞社 1237億円(12.3)
  - 子会社 → スポーツニッポン新聞社 316億円(12.3)

放送・CATV系

- **ジュピターテレコム** 3768億円(12.12) CATV最大手
  - 経営統合へ
  - **ジャパンケーブルネット** CATV2位 ← 出資 ― KDDI、住友商事

- **スカパーJAST HD** 1596億円(13.3) 有料多チャンネル放送

- **WOWOW** 705億円(13.3) BS放送

（朝刊部数は、朝日、日経、産経は自社決算発表による。読売、毎日は日本ABC協会のレポートによる）

広告

電通が4000億円超の大型買収で世界大手を追撃!

12年の日本の広告費内訳は、テレビ・新聞・雑誌・ラジオのマスコミ4媒体が2兆7796億円、衛星メディア関連が1013億円、ネットは8680億円。いずれも対前年比プラスで、野外・交通・折込・展示などのプロモーションメディア広告を含めた全体でも、前年比3・2%増の5兆8913億円だった(電通調査)。ただしスポンサー企業の海外進出にともなうグローバル化への対応と、ネット広告の訴求効果の拡大や技術革新が課題であることははっきりしているだけに、各社の動きは慌ただしい。ネット広告では、動画などを活用した〝リッチ広告〟と呼ばれる手法が浸透。表現力が豊か、という意味なのだろう。広告会社と媒体の間で、オークションによるリアルタイムでの広告取引も活発化している。

海外展開で大きな動きに出たのは**電通**。同社は13年3月、英国の広告大手イージスの買収を完了。買収総額は約4090億円だった。広告代理店の規模は売上総利益で見るのが一般的だが、これで電通は世界大手4社に肉薄することになる。また、今回

Part 7 通信・IT・ネット・コンテンツ・広告

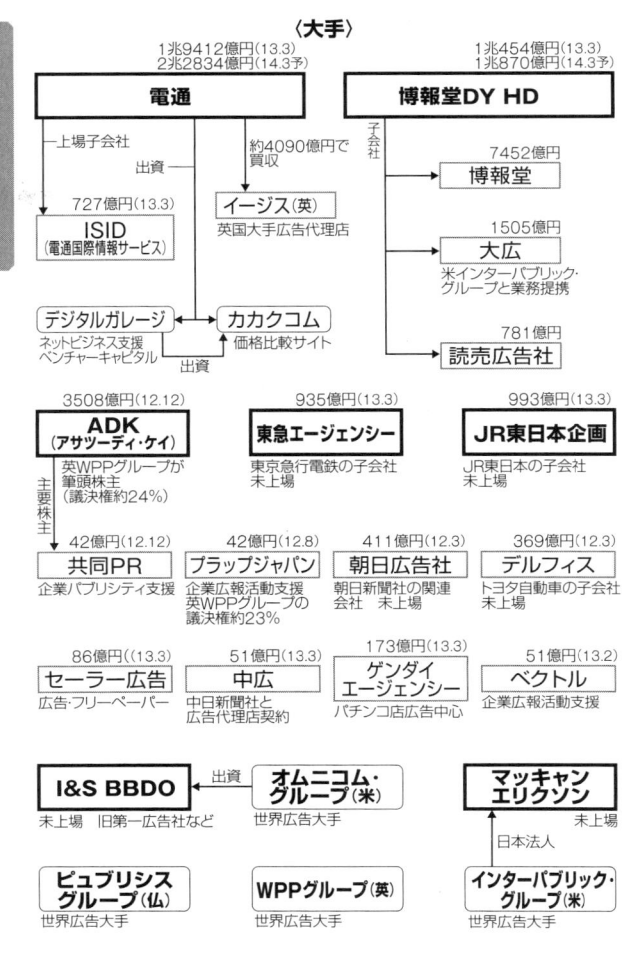

通信・IT・ネット・コンテンツ・広告

〈大手〉

1兆9412億円(13.3)
2兆2834億円(14.3予)

電通

1兆454億円(13.3)
1兆870億円(14.3予)

博報堂DY HD

電通:
- 上場子会社 → 727億円(13.3) **ISID**（電通国際情報サービス）
- 出資 → 約4090億円で買収 → **イージス(英)** 英国大手広告代理店

博報堂DY HD 子会社:
- 7452億円 **博報堂**
- 1505億円 **大広** 米インターパブリック・グループと業務提携
- 781億円 **読売広告社**

デジタルガレージ ← → **カカクコム**
ネットビジネス支援ベンチャーキャピタル　　出資　　価格比較サイト

3508億円(12.12)
ADK（アサツーディ・ケイ）
英WPPグループが筆頭株主
（議決権約24％）

935億円(13.3)
東急エージェンシー
東京急行電鉄の子会社
未上場

993億円(13.3)
JR東日本企画
JR東日本の子会社
未上場

主要株主:

42億円(12.12)
共同PR
企業パブリシティ支援

42億円(12.8)
プラップジャパン
企業広報活動支援
英WPPグループの議決権約23％

411億円(12.3)
朝日広告社
朝日新聞社の関連会社　未上場

369億円(12.3)
デルフィス
トヨタ自動車の子会社
未上場

86億円(13.3)
セーラー広告
広告・フリーペーパー

51億円(13.3)
中広
中日新聞社と広告代理店契約

173億円(13.3)
ゲンダイエージェンシー
パチンコ店広告中心

51億円(13.2)
ベクトル
企業広報活動支援

I&S BBDO ← 出資 **オムニコム・グループ(米)**
未上場　旧第一広告社など　世界広告大手

マッキャンエリクソン
未上場
↑
日本法人
インターパブリック・グループ(米)
世界広告大手

ピュブリシスグループ(仏)
世界広告大手

WPPグループ(英)
世界広告大手

207

の買収で世界110ヵ国・地域で事業を展開することになり、14％程度にとどまる海外売上高比率の拡大とグローバル化の加速を急ぐことになる。電通はこれまで、欧米企業だけでなく、インドやブラジル企業の買収も実施。一方、一時期は関連会社にしていた、世界大手ピュブリシスグループの所有株式は売却した。

博報堂DYHDも、海外事業推進室を新たに設置したほか、ネット広告の子会社である**デジタル・アドバタイジング・コンソーシアム**（DAC）が、現地法人の設立や資本参加を通して中国やマレーシアなど東南アジアでの事業拡大を推進。国内ではグループ企業を再編し、スマホ向け専業の**ユナイテッド**をグループ化するなどの動きに出ている。

中国やタイなど海外売上高を全体の8％程度まで高めてきた**アサツーディ・ケイ**は、資本参加を受けているWPPグループとの協業で海外展開を加速する方向だ。伊藤忠商事と資本関係があるネット広告の**アドウェイズ**も、インド企業に資本参加するなど、海外展開は10ヵ国に及ぶまでになった。ネット広告大手で、「アメーバ」も運営する**サイバーエージェント**は、交流ゲームを主軸に海外展開を進めている。

208

Part 7 通信・IT・ネット・コンテンツ・広告

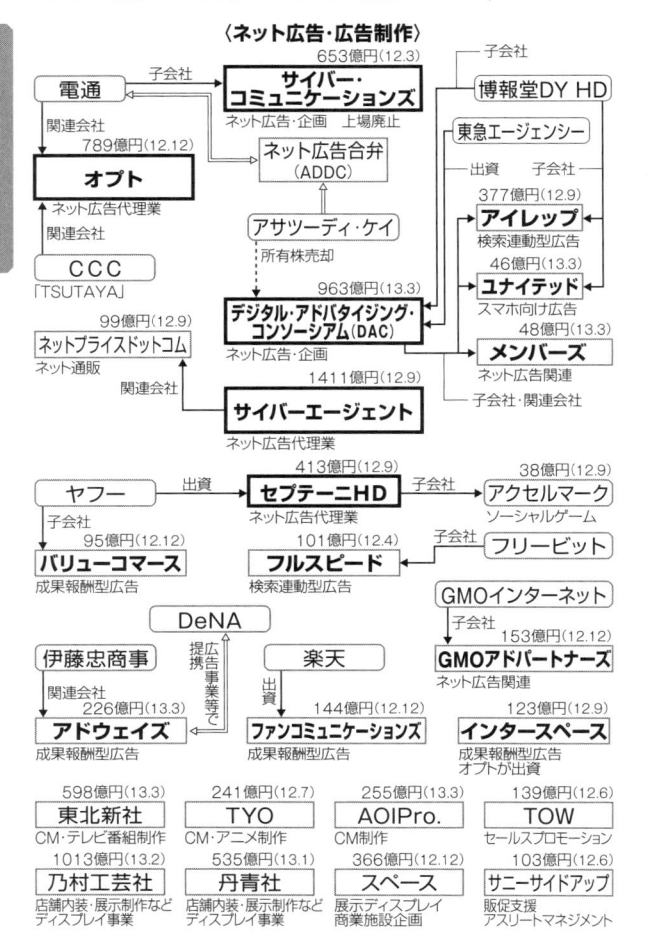

〈ネット広告・広告制作〉

- 電通 ──子会社→ **サイバー・コミュニケーションズ** 653億円(12.3) ネット広告・企画 上場廃止
- 電通 ──関連会社→ **オプト** 789億円(12.12) ネット広告代理業
- サイバー・コミュニケーションズ → ネット広告合弁(ADDC) ← オプト
- アサツーディ・ケイ → ネット広告合弁(ADDC)
- CCC「TSUTAYA」──関連会社→ オプト
- ネットプライスドットコム 99億円(12.9) ネット通販
- アサツーディ・ケイ ──所有株売却→ **デジタル・アドバタイジング・コンソーシアム(DAC)** 963億円(13.3) ネット広告・企画
- **サイバーエージェント** 1411億円(12.9) ネット広告代理業 ──関連会社→ デジタル・アドバタイジング・コンソーシアム(DAC)
- 博報堂DY HD ──子会社→ サイバー・コミュニケーションズ
- 博報堂DY HD ── 東急エージェンシー
- 東急エージェンシー ──出資 子会社→ **アイレップ** 377億円(12.9) 検索連動型広告
- **ユナイテッド** 46億円(13.3) スマホ向け広告
- **メンバーズ** 48億円(13.3) ネット広告関連
- DAC ──子会社・関連会社→ アイレップ、ユナイテッド、メンバーズ

- ヤフー ──出資→ **セプテーニHD** 413億円(12.9) ネット広告代理業 ──子会社→ アクセルマーク 38億円(12.9) ソーシャルゲーム
- ヤフー ──子会社→ バリューコマース 95億円(12.12) 成果報酬型広告
- **フルスピード** 101億円(12.4) 検索連動型広告 ←子会社── フリービット
- GMOインターネット ──子会社→ **GMOアドパートナーズ** 153億円(12.12) ネット広告関連
- DeNA ──提携 広告事業等で→ アドウェイズ
- 伊藤忠商事 ──関連会社→ **アドウェイズ** 226億円(13.3) 成果報酬型広告
- 楽天 ──出資→ ファンコミュニケーションズ 144億円(12.12) 成果報酬型広告
- **インタースペース** 123億円(12.9) 成果報酬型広告 オプトが出資

598億円(13.3)	241億円(12.7)	255億円(13.3)	139億円(12.6)
東北新社	TYO	AOIPro.	TOW
CM・テレビ番組制作	CM・アニメ制作	CM制作	セールスプロモーション
1013億円(13.2)	535億円(13.1)	366億円(12.12)	103億円(12.6)
乃村工藝社	丹青社	スペース	サニーサイドアップ
店舗内装・展示制作など ディスプレイ事業	店舗内装・展示制作など ディスプレイ事業	展示ディスプレイ 商業施設企画	販促支援 アスリートマネジメント

Column 7 主要企業の社内取締役年俸推移

社名	10年度 平均(万円)	11年度 総額(万円)	11年度 人数	11年度 平均(万円)	1億円超
【マスコミ・広告・印刷】					
大日本印刷	6700	139700	20人	6985	4人
電通	6344	57600	9人	6400	0人
テレビ朝日	3835	64400	12人	5366	0人
博報堂DY HD	4250	22900	5人	4580	0人
凸版印刷	4292	106500	25人	4260	2人
朝日放送	4322	38300	9人	4255	0人
フジ・メディアHD	3633	30500	8人	3812	2人
テレビ東京HD	3733	11200	3人	3733	0人
中部日本放送	3433	32700	9人	3633	0人
日本経済新聞社	5683	43500	12人	3625	0人
毎日放送	2988	29700	9人	3300	0人
日本テレビHD	4050	32600	10人	3260	0人
TBS HD	3579	37011	12人	3084	0人
朝日新聞社	2750	28700	10人	2870	0人
アサツーディ・ケイ	2609	30900	12人	2575	0人
産業経済新聞社	2090	18000	11人	1636	0人
毎日新聞グループHD	1690	9000	8人	1125	0人
【通信・ネット】					
トレンドマイクロ	7350	39600	4人	9900	2人
日本通信	9063	29320	3人	9773	1人
ソフトバンク	7133	26600	3人	8866	5人
ヤフー	10566	34300	4人	8575	1人
楽天	7633	80700	11人	7336	0人
DeNA	5220	42400	6人	7066	2人
NTT	5400	60000	10人	6000	0人
KDDI	3850	51700	10人	5170	0人
NTTドコモ	4283	50400	12人	4200	0人
ニフティ	2900	6700	2人	3350	0人
グリー	1400	9600	4人	2400	0人

Part 8
流通・商社

スーパー・コンビニ

ダイエーを子会社化し、イオンが規模拡大を加速！

人口減少による市場規模の縮小という深刻な課題を抱えているだけに、PB商品の開発や海外展開などを含め、これまで以上に厳しい競争が繰り広げられるのは必至。

イオンの拡大戦略が加速。存在感の大きさからショッピングセンター（SC）に通じる道路を、地方では"イオンロード"と表現することがあるが、都市部でも同様の現象が起きかねない状況だ。ファッションビルを運営するパルコの株式取得を巡って争った百貨店J・フロントリテイリングからは、スーパー子会社のピーコックストア（現イオンマーケット）を300億円（債務含む）で買収。13年7月以降には、新たに約400億円を投じて**ダイエー**の子会社化に動く。英国系のテスコジャパンへの出資は現在のところ50％にとどまるが、すでに社名をイオンエブリにしているように出資比率を高めるのは確実だろう。都市型小型店の「まいばすけっと」や「アコレ」、ドラッグストアとコンビニを融合させた「れこっづ」といった店舗も増やしており、街中いたるところにイオンの店舗が出現するということもあり得る。

Part 8 流通・商社

〈商社との相関関係〉

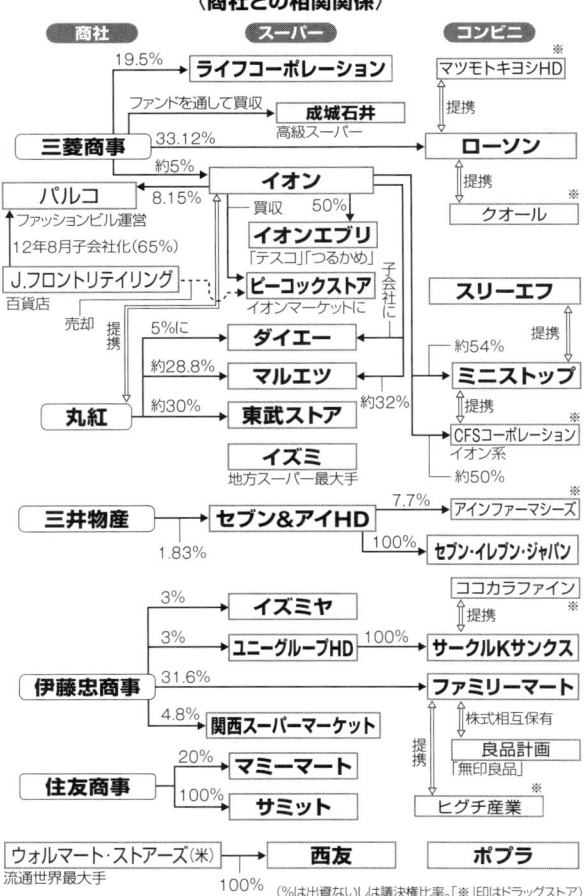

商社 | **スーパー** | **コンビニ**

- 三菱商事 →(19.5%)→ ライフコーポレーション
- 三菱商事 →(ファンドを通して買収)→ 成城石井（高級スーパー）
- 三菱商事 →(33.12%)→ ローソン
- 三菱商事 →(約5%)→ イオン
- イオン ←(8.15%)→ パルコ（ファッションビル運営）
- パルコ ←(12年8月子会社化(65%))─ J.フロントリテイリング（百貨店）
- マツモトキヨシHD ※ ⇔（提携）ローソン
- ローソン ⇔（提携）クオール ※
- イオン →(買収)→ イオンエブリ「テスコ」「つるかめ」（50%）
- イオン →(子会社に)→ ピーコックストア（イオンマーケットに）
- J.フロントリテイリング ─(売却)→ ピーコックストア
- イオン ⇔（提携）ダイエー（5%に）
- イオン →(約28.8%)→ マルエツ
- イオン →(約30%)→ 東武ストア
- 丸紅 →(約30%)→ 東武ストア
- 東武ストア ←(約32%)→ ミニストップ
- イオン →(約54%)→ ミニストップ
- スリーエフ ⇔（提携）ミニストップ
- ミニストップ ⇔（提携）CFSコーポレーション（イオン系）※
- イオン →(約50%)→ CFSコーポレーション
- イズミ（地方スーパー最大手）

- 三井物産 → セブン&アイHD →(7.7%)→ アインファーマシーズ ※
- 三井物産 →(1.83%)→ セブン&アイHD
- セブン&アイHD →(100%)→ セブン・イレブン・ジャパン

- 伊藤忠商事 →(3%)→ イズミヤ
- 伊藤忠商事 →(3%)→ ユニーグループHD →(100%)→ サークルKサンクス
- ココカラファイン ※ ⇔（提携）サークルKサンクス
- 伊藤忠商事 →(31.6%)→ ファミリーマート
- 伊藤忠商事 →(4.8%)→ 関西スーパーマーケット
- ファミリーマート ⇔(株式相互保有) 良品計画「無印良品」
- ファミリーマート ⇔（提携）ヒグチ産業 ※

- 住友商事 →(20%)→ マミーマート
- 住友商事 →(100%)→ サミット

- ウォルマート・ストアーズ(米)（流通世界最大手）→(100%)→ 西友
- ポプラ

(%は出資ないしは議決権比率。「※」印はドラッグストア)

流通・商社

イオンは大都市シフトに加え、アジアシフトもグループ戦略のひとつに掲げており、反日暴動があった中国での事業拡大も推進。食品スーパー「マックスバリュ」ブランドの店舗も中国事業に加えた。仏カルフールのマレーシア事業の買収を実施した同国では、売上高第2位の流通企業グループを実現。コンビニの**ミニストップ**や経営統合した金融子会社、SC内の遊戯施設を運営するイオンファンタジーなど、グループ会社の総力を結集してアジア展開を推進する。ミニストップはカザフスタンにも進出。

スーパー業態では、イオン・ダイエーグループに差をつけられた**セブン&アイHD**は、コンビニの「セブンイレブン」を中核に、国内外の成長を目指す戦略。世界のセブンイレブンの店舗網はおよそ5万。その全店舗売上高を含めたグループ売上高は8兆5000億円にのぼる。さすがに売上高では40兆円を超している米ウォルマート・ストアーズには遠く及ばないが、店舗網では5倍を上回る規模である。米国セブンイレブンが買収を通して店舗網を拡大中だ。

「アピタ」「ピアゴ」などを展開する**ユニー**は、コンビニの**サークルKサンクスとユニーグループHD**を結成し、遅れている海外展開に本格的に着手する。ウォルマート傘

Part **8** 流通・商社

〈イオングループ〉

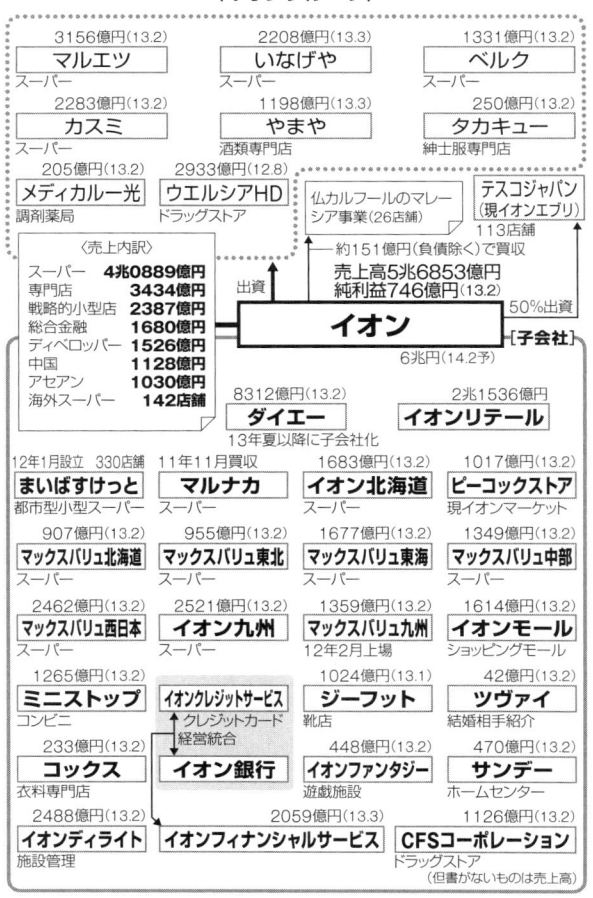

- 3156億円(13.2) **マルエツ** スーパー
- 2208億円(13.3) **いなげや** スーパー
- 1331億円(13.2) **ベルク** スーパー
- 2283億円(13.2) **カスミ** スーパー
- 1198億円(13.3) **やまや** 酒類専門店
- 250億円(13.2) **タカキュー** 紳士服専門店
- 205億円(13.2) **メディカルー光** 調剤薬局
- 2933億円(13.2) **ウエルシアHD** ドラッグストア

仏カルフールのマレーシア事業(26店舗)
約151億円(負債除く)で買収

テスコジャパン(現イオンエブリ) 113店舗
50%出資

〈売上内訳〉
- スーパー **4兆0889億円**
- 専門店 **3434億円**
- 戦略的小型店 **2387億円**
- 総合金融 **1680億円**
- ディベロッパー **1526億円**
- 中国 **1128億円**
- アセアン **1030億円**
- 海外スーパー **142店舗**

出資 →

売上高5兆6853億円
純利益746億円(13.2)

イオン 6兆円(14.2予) [子会社]

- 8312億円(13.2) **ダイエー** 13年夏以降に子会社化
- 2兆1536億円 **イオンリテール**
- 12年1月設立 330店舗 **まいばすけっと** 都市型小型スーパー
- 11年11月買収 **マルナカ** スーパー
- 1683億円(13.2) **イオン北海道** スーパー
- 1017億円(13.2) **ピーコックストア** 現イオンマーケット
- 907億円(13.2) **マックスバリュ北海道** スーパー
- 955億円(13.2) **マックスバリュ東北** スーパー
- 1677億円(13.2) **マックスバリュ東海** スーパー
- 1349億円(13.2) **マックスバリュ中部** スーパー
- 2462億円(13.2) **マックスバリュ西日本** スーパー
- 2521億円(13.2) **イオン九州** スーパー
- 1359億円(13.2) **マックスバリュ九州** 12年2月上場
- 1614億円(13.2) **イオンモール** ショッピングモール
- 1265億円(13.2) **ミニストップ** コンビニ
- **イオンクレジットサービス** ↑↓ クレジットカード経営統合
- 1024億円(13.1) **ジーフット** 靴店
- 42億円(13.2) **ツヴァイ** 結婚相手紹介
- 233億円(13.2) **コックス** 衣料専門店
- **イオン銀行**
- 448億円(13.2) **イオンファンタジー** 遊戯施設
- 470億円(13.2) **サンデー** ホームセンター
- 2488億円(13.2) **イオンディライト** 施設管理
- 2059億円(13.3) **イオンフィナンシャルサービス**
- 606億円(13.2) **CFSコーポレーション** ドラッグストア

(但書がないものは売上高)

下の**西友**も、成長戦略の一環として新規出店を再開した。生活に欠かせない社会インフラになったコンビニは、**セブン・イレブン・ジャパン**が四国に進出したように、出店攻勢を強めている大手による寡占化が進行。同時に挽きたてコーヒーやチケットビジネスなどを含め、大手チェーン同士が激しい競争を繰り広げている。**ローソン**が有機野菜などの宅配を手がける、らでぃっしゅぼーやや大地を守る会に資本参加したように、宅配やネット販売でも競合。海外展開でも同様だ。

業績悪化の**デイリーヤマザキ**は、親会社の山崎製パンに吸収され会社としては消滅。イオンやセブン＆アイHDは圧倒的なバイイング・パワー（購買力）を背景に、メーカーとPB商品の開発を積極的に進めるなど有利な立場にあるが、食品スーパーや中堅クラスにも健闘組が存在。その代表は**ヤオコー**。埼玉県を中心に店舗展開し、24期連続増収増益をマーク。東京と神奈川が中心の**オーケー**も、高い営業利益率をキープ。オーケーが開示する決算書には「意気込みが足りなかった上、力不足で深く反省しております」といったように、他社にはないユニークな表現が見られる。

12年のスーパーの売上高は12兆5340億円、コンビニは9兆264億円だった。

216

Part8 流通・商社

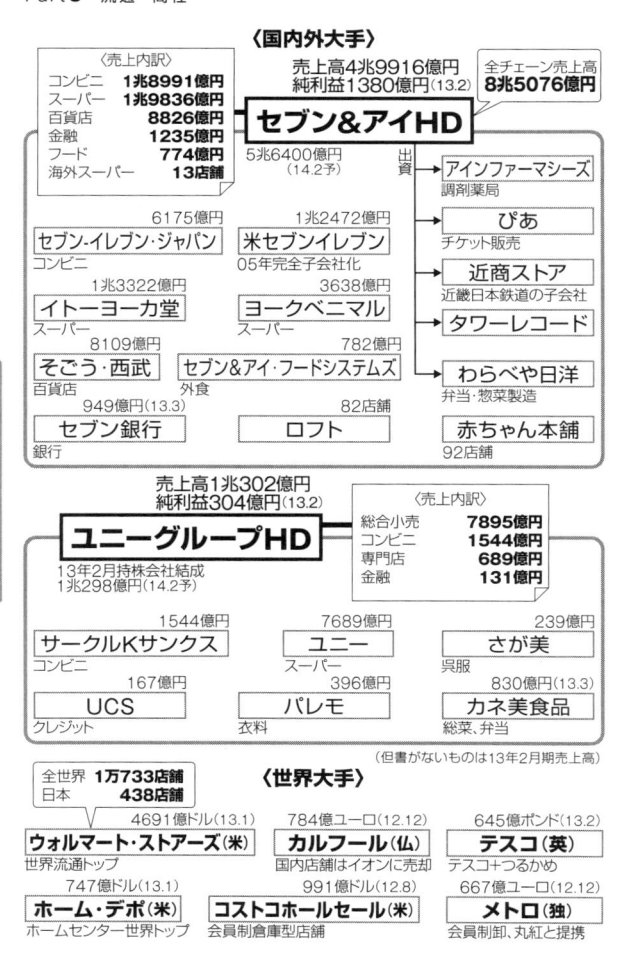

〈国内外大手〉

売上高4兆9916億円
純利益1380億円(13.2)

セブン&アイHD

〈売上内訳〉
コンビニ	**1兆8991億円**
スーパー	**1兆9836億円**
百貨店	**8826億円**
金融	**1235億円**
フード	**774億円**
海外スーパー	**13店舗**

全チェーン売上高 **8兆5076億円**

5兆6400億円 (14.2予)

出資 →

- **アインファーマシーズ** 調剤薬局
- **ぴあ** チケット販売
- **近商ストア** 近畿日本鉄道の子会社
- **タワーレコード**
- **わらべや日洋** 弁当・惣菜製造
- **赤ちゃん本舗** 92店舗

6175億円
セブン-イレブン・ジャパン コンビニ

1兆2472億円
米セブンイレブン 05年完全子会社化

1兆3322億円
イトーヨーカ堂 スーパー

3638億円
ヨークベニマル スーパー

8109億円
そごう・西武 百貨店

782億円
セブン&アイ・フードシステムズ 外食

949億円(13.3)
セブン銀行 銀行

82店舗
ロフト

売上高1兆302億円
純利益304億円(13.2)

ユニーグループHD

13年2月持株会社結成
1兆298億円(14.2予)

〈売上内訳〉
総合小売	**7895億円**
コンビニ	**1544億円**
専門店	**689億円**
金融	**131億円**

1544億円
サークルKサンクス コンビニ

7689億円
ユニー スーパー

239億円
さが美 呉服

167億円
UCS クレジット

396億円
パレモ 衣料

830億円(13.3)
カネ美食品 総菜、弁当

(但書がないものは13年2月期売上高)

全世界 **1万733店舗**
日本 **438店舗**

〈世界大手〉

4691億ドル(13.1)
ウォルマート・ストアーズ(米)
世界流通トップ

784億ユーロ(12.12)
カルフール(仏)
国内店舗はイオンに売却

645億ポンド(13.2)
テスコ(英)
テスコ+つるかめ

747億ドル(13.1)
ホーム・デポ(米)
ホームセンター世界トップ

991億ドル(12.8)
コストコホールセール(米)
会員制倉庫型店舗

667億ユーロ(12.12)
メトロ(独)
会員制卸、丸紅と提携

217

〈コンビニ各社の概要〉

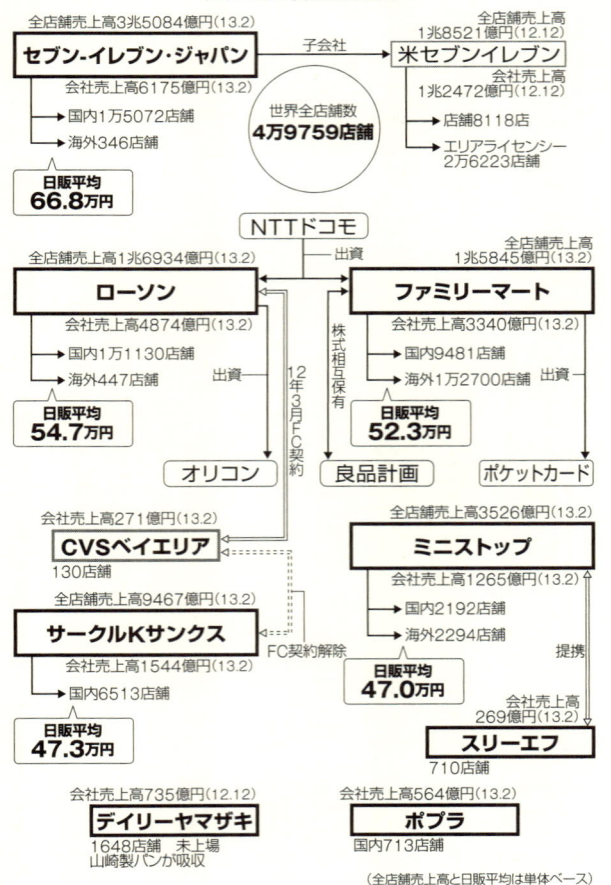

セブン-イレブン・ジャパン
- 全店舗売上高3兆5084億円(13.2)
- 会社売上高6175億円(13.2)
  - → 国内1万5072店舗
  - → 海外346店舗
- 日販平均 **66.8万円**

子会社 →

米セブンイレブン
- 全店舗売上高1兆85521億円(12.12)
- 会社売上高1兆2472億円(12.12)
  - → 店舗8118店
  - → エリアライセンシー 2万6223店舗

世界全店舗数 **4万9759店舗**

NTTドコモ 出資

ローソン
- 全店舗売上高1兆6934億円(13.2)
- 会社売上高4874億円(13.2)
  - → 国内1万1130店舗
  - → 海外447店舗
- 日販平均 **54.7万円**

株式相互保有

ファミリーマート
- 全店舗売上高1兆5845億円(13.2)
- 会社売上高3340億円(13.2)
  - → 国内9481店舗
  - → 海外1万2700店舗
- 日販平均 **52.3万円**

出資 → オリコン
良品計画
出資 → ポケットカード

12年3月FC契約

CVSベイエリア
- 会社売上高271億円(13.2)
- 130店舗

サークルKサンクス
- 全店舗売上高9467億円(13.2)
- 会社売上高1544億円(13.2)
  - → 国内6513店舗
- 日販平均 **47.3万円**

FC契約解除

ミニストップ
- 全店舗売上高3526億円(13.2)
- 会社売上高1265億円(13.2)
  - → 国内2192店舗
  - → 海外2294店舗
- 日販平均 **47.0万円**

提携

スリーエフ
- 会社売上高269億円(13.2)
- 710店舗

デイリーヤマザキ
- 会社売上高735億円(12.12)
- 1648店舗 未上場
- 山崎製パンが吸収

ポプラ
- 会社売上高564億円(13.2)
- 国内713店舗

(全店舗売上高と日販平均は単体ベース)

218

Part8 流通・商社

〈海外展開〉

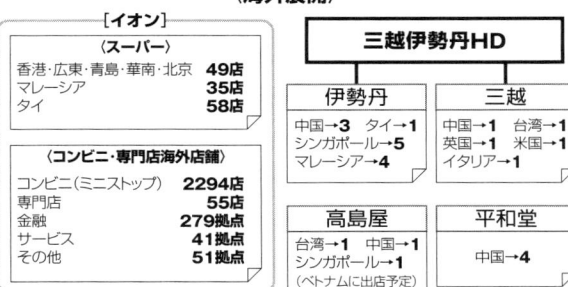

[イオン]

〈スーパー〉

香港・広東・青島・華南・北京	**49店**
マレーシア	**35店**
タイ	**58店**

〈コンビニ・専門店海外店舗〉

コンビニ(ミニストップ)	**2294店**
専門店	**55店**
金融	**279拠点**
サービス	**41拠点**
その他	**51拠点**

三越伊勢丹HD

伊勢丹
中国→**3** タイ→**1**
シンガポール→**5**
マレーシア→**4**

三越
中国→**1** 台湾→**1**
英国→**1** 米国→**1**
イタリア→**1**

高島屋
台湾→**1** 中国→**1**
シンガポール→**1**
(ベトナムに出店予定)

平和堂
中国→**4**

[世界のセブンイレブン]

[欧州] **547**
[中国] **1919**
[韓国] **6986**
[米州] **9984**
[日本] **1万5072**
[台湾] **4852**
[ハワイ] **59**
[タイ] **6822**
[その他・アジア] **2923**
[豪州] **595**

[ローソン、ファミリーマート、ミニストップの海外店舗網]

[中国]
ファミリーマート **989**
ミニストップ:**49**
ローソン:**362**

[韓国]
ファミリーマート:**8001**
ミニストップ:**1892**

[アメリカ]
ファミリーマート:**9**

[ベトナム]
ファミリーマート:**39**
ミニストップ:**16**

[台湾]
ファミリーマート:**2851**

[ハワイ]
ローソン:**2**

[インドネシア]
ローソン:**83**
ファミリーマート:**5**

[タイ]
ファミリーマート:**806**

[フィリピン]
ミニストップ:**337**

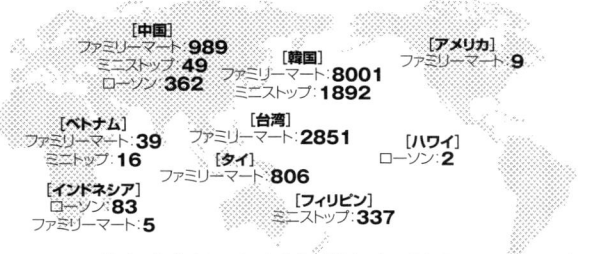

(セブンイレブンとミニストップの海外店舗網は12年12月末、その他は13年2月現在)

百貨店

J・フロントリテイリングは、ピーコックをイオンに売却

百貨店によっては顧客の5割から6割はカード支払い。ところが、カード決済の7割以上が60歳以上で、20代や30代はほぼゼロに近い店舗が存在しているのも事実。将来の顧客がいないのだ。百貨店はテナントの店頭に並べられている商品が売れた時点で、仕入と売上を同時に計上する。在庫はテナント側が負担する仕組みだ。百貨店が"場所貸しビジネス"といわれる所以だが、その「消化仕入方式」というビジネスモデルも含めて、百貨店という業態は存続が可能なのか。12年の国内全百貨店の売上高6兆1453億円は、イオン1社の売上高とほぼ同規模にすぎない。**J・フロントリテイリング**は、ファッションビル運営のパルコを子会社にする一方で、スーパー子会社のピーコックストアはイオンに売却した。もっとも、アベノミクス効果による株高もあって高額商品の販売が伸びるなど、大手各社の経営成績は回復基調。**伊勢丹新宿本店**の活況、大阪地区での**近鉄百貨店**「あべのハルカス近鉄本店」の誕生や**阪神梅田本店**の建替え、**阪急うめだ本店**の新装など明るい話題も少なくない。

Part8 流通・商社

〈百貨店〉

- **三越伊勢丹HD** 1兆2363億円(13.3)（08年4月発足）
  - 子会社・関連会社:
    - 三越伊勢丹
    - 岩田屋三越
    - プランタン銀座
    - 札幌丸井三越
    - JR西日本伊勢丹 ← 子会社 JR西日本

- 提携 ⇔ **東急百貨店** 2457億円(13.1)
  - 子会社: ながの東急百貨店 237億円(13.1)

- **J.フロントリテイリング** 1兆927億円(13.2)（07年9月発足）
  - 子会社: 大丸松坂屋百貨店 6605億円
  - 725億円出資し子会社化: パルコ（ファッションビル）2675億円(13.2) ← 8.15%出資 イオン
  - 売却 → ピーコックストア（現イオンマーケット） ← 買収 イオン

- **高島屋** 8703億円(13.2)
  - 関連会社: JR東海高島屋 ← 子会社 JR東海
  - 統合予定白紙化 ⇔ **H2Oリテイリング** 5251億円(13.3)（07年10月発足）
    - 子会社: 家族亭（外食）
    - 12年12月出資: 梅の花（外食）
    - 子会社: 阪急阪神百貨店

- **そごう・西武** 8109億円(13.2)
  - 06年傘下に セブン&アイHD

- **丸井グループ** 4073億円(13.3)

- 近畿日本鉄道 ─子会社→ **近鉄百貨店** 2704億円(13.2)

- 駅スペース活用事業売上高 **4042億円**
  ショッピング・オフィス事業売上高 **2389億円** (13.3)
  - 子会社: JR東日本 → **ルミネ**（ファッションビル）631億円(13.3)

| 井筒屋 872億円(13.2) | 松屋 715億円(13.2) | 大和（ダイワ）508億円(13.2) |
| さいか屋 395億円(12.2) | 丸栄 261億円(13.2)（医薬・卸事業の興和の子会社） | 山陽百貨店 199億円(13.2) |

| 東武百貨店 1837億円(13.3) | 小田急百貨店 1527億円(13.3) | 京王百貨店 906億円(13.3) | 名鉄百貨店 803億円(13.3) |

（東武・小田急・京王・名鉄百貨店は、親会社である鉄道各社の「百貨店事業」売上高）

流通・商社

221

通販・宅配

米アマゾン、日本での売上高7000億円を突破！

大衆薬の取扱いも本格化する方向にあり、5兆円台に乗ったとされる通信販売の市場規模は、ネット販売を軸に拡大していくのは確実のようだ。仮想商店街「楽天市場」など、**楽天**が展開するサイト内の国内流通総額が1兆4460億円（12年）まで伸張しているのがその象徴。年齢を問わず単身世帯の増加で、宅配ビジネスも有望とされる。

ただし、液晶テレビの急激な販売減少は、ネット通販企業にとっても影を落とす。

売上規模は拡大しても、利益がともなわないネット通販企業も少なくない。

1ドル95円で換算すれば、12年の売上総額が5兆8000億円だった米アマゾン・ドット・コムにしても、営業利益率は1%台にすぎない。即日配送など配達のスピード化のために物流施設の設置・運営に先行投資し、販売に備えて在庫を保有するという、リアル店舗に近いビジネスモデルが低い利益率になっている最大の要因だろう。楽天も効率的な物流サービスを提供するために、新たに三井不動産が建設している物流施設などを利用する予定だが、その運用規模や在

Part 8 流通・商社

〈ネット通販〉

- 4434億円(12.12) **楽天**
  - 「楽天市場」「楽天トラベル」など
  - ─ 子会社化 →
    - 179億円(13.3) **ケンコーコム** 健康関連商品など
    - 52億円(13.3) **スタイライフ** 「Stylife」ファッション系

- 3429億円(13.3) **ヤフー**
  - 「ヤフー!ショッピング」「たびゲーター」など
  - ─ 関連会社 →
    - 2129億円(12.5) **アスクル** オフィス用品通販

- 610億ドル(12.12) **アマゾン・ドット・コム(米)**
  - 日本78億ドル
  - 独87億ドル
  - 英64億ドル

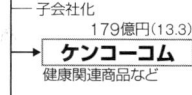

- **リクルートHD** ネット通販に参入

52億円(13.3) **スタイライフ** 「Stylife」ファッション系	2024億円(13.3) **DeNA** 「DeNAショッピング」	350億円(13.3) **スタートトゥデイ** 「ZOZOTOWN」	226億円(13.1) **ストリーム** 「ECカレント」
128億円(12.12) **ゴルフダイジェスト・オンライン** オンラインショップ	99億円(12.9) **ネットプライスドットコム** 「sekaimon」米イーベイと提携	178億円(13.3) **健康コーポレーション** 化粧品・美容機器のネット通販	94億円(13.3) **マガシーク** 「MAGASEEK」「OUTLET PEAK」NTTドコモの子会社
52億円(13.1) **ミネルヴァHD** 釣具・アウトドア関連	13億円(13.2) **北の達人コーポレーション** 健康・美容品のEコマース	14億円(13.1) **エニグモ** ソーシャルショッピングサイト「バイマ」	287億円(12.12) **MonotaRO** 工業用消耗品のネット販売
145億円(13.3) **オイシックス** 野菜中心	43億円(12.4) **ビューティガレージ** 理美容商材		124億円(13.3) **シュッピン** 中古品買取・販売

〈リアル店舗の通販サイト〉

高島屋 オンライン会員86万人	**三越伊勢丹HD**	**セブン&アイHD** EC事業・宅配	**ヤマダ電機** 「ヤマダモール」

〈テレビショッピング〉

1170億円(12.12) **ジャパネットHD** 「ジャパネットたかた」	1209億円(12.3) **ジュピターショップチャンネル** 住友商事系 株式50%売却	**QVCジャパン** 三井物産系	**オークローンマーケティング** NTTドコモの子会社

〈通販支援〉

1663億円(13.3) **トランスコスモス** 「日本直販」コールセンター運営主力	338億円(13.2) **トライステージ** ダイレクトマーケティング支援	**ヤマトHD**（ヤマト運輸） 物流・決済	**SG HD**（佐川急便） 物流・決済

庫保有の兼ね合いを誤ると、10％台後半で推移している営業利益率が低下する懸念も残る。

楽天は、仮想商店街の海外展開の加速化も課題だ。

もちろん、成長が見込める分野だけに、各社の動きは急ピッチ。縮小ではなく、拡大を目指す合従連衡である。楽天は健康関連の**ケンコーコム**に続いて、ファッション系通販の**スタイライフ**を子会社化。**ヤフー**もオフィス用品通販の柱のひとつとしている**NTTドコモ**は、ファッション通販サイト運営の**マガシーク**、有機野菜宅配のらでぃっしゅぼーやをグループ化。コンビニの**ローソン**は、そのらでぃっしゅぼーやに資本参加するとともに、ヤフーと共同運営する宅配サービス「スマートキッチン」での販売も手がける。通販事業に本格参入のリクルート**HD**や**日本郵便**はもとより、専業の**ニッセンHD**、**千趣会**、**ベルーナ**なども含め、競争の激化は必至の状況だ。

工場用部品のカタログ販売を手がける**ミスミグループ本社**は、「高品質・低コスト・短納期」のビジネスモデルを追求するなど、独自路線を歩む。

224

Part 8　流通・商社

〈カタログ通販〉

- **ニッセンHD** 1766億円(12.12)
  - 関連会社 ← UCC HD (UCC上島珈琲)
  - 子会社化 → **シャディ** 392億円(12.12)　ギフト用品
  - 売却
- **千趣会** 1457億円(12.12)
- **ベルーナ** 1178億円(13.3)
- **スクロール** 622億円(13.3)

- **フェリシモ** 432億円(13.2)
- **ヒラキ** 206億円(13.3)
- **ティーライフ** 47億円(12.7)
- **イマージュHD** 138億円(12.2)

- **ミスミグループ本社** 1348億円(13.3)　製造業向け製品のカタログ販売
- **フジ・メディアHD** 生活情報事業売上高 1318億円(13.3)
  - 子会社 → **セシール** 560億円 ┐合併
  - 　　　→ **ディノス** 611億円 ┘

〈専門品の通販〉

- **ファンケル** 828億円(13.3)　化粧品
- **ドクターシーラボ** 390億円(12.7)　化粧品
- **サントリーHD** 1兆8515億円(12.12)　「セサミン」
- **カウネット** 787億円(12.12)　オフィス用品 ← 子会社 ― **コクヨ** 2758億円(12.12)
- **大塚商会** 5157億円(12.12)　オフィス用品

〈宅配・訪問販売〉

- **日本生活共同組合連合会** 総事業高 3兆3452億円(11年度)　宅配、店舗販売
  - 宅配売上高 **1兆6345億円**
  - 店舗売上高 **9190億円**
- **ヤクルト本社** 3191億円(13.3)　乳飲料訪問販売

- **ダスキン** 1681億円(13.3)　掃除用具レンタル ← 筆頭株主 ― 三井物産
- **ノエビアHD** 472億円(12.9)　化粧品訪問販売

- **ポーラ・オルビスHD** 1808億円(12.12)　化粧品・ファッション
  - 子会社 → **ポーラ** 982億円　訪問販売主力
  - 　　　→ **オルビス** 468億円　ネット販売
- **シャルレ** 212億円(13.3)　インナー訪問販売
- 買収・子会社化 ← NTTドコモ

- ローソン 出資 → **らでぃっしゅぼーや** 220億円(12.2)　有機野菜の宅配 ← NTTドコモ
- **ヤマノHD** 236億円(13.3)　催事・訪問販売
- **ウォーターダイレクト** 71億円(13.3)　天然水の宅配

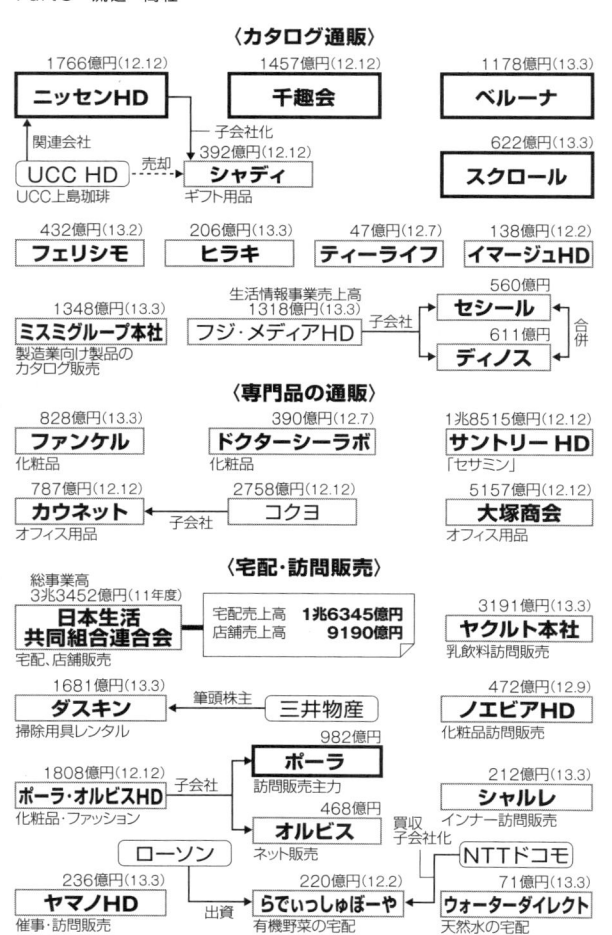

ファッション・アパレルショップ

売上高5兆円を目指し「ユニクロ」が積極展開!

　衣料を中心としたファッション関連業界の注目のひとつは、「ユニクロ」や「ジーユー」を展開しているアパレル製造小売（SPA）世界4位の**ファーストリテイリング**が、トップ3のH&M、インディテックス（ZARA）、ギャップにいつ追いつくのか、ということ。売上規模はかなり射程圏内に入ってきた。同社は売上高5兆円を目標に、機能性にこだわった衣料を中心に販売、店舗網の拡大を急ピッチで進めているが、課題は海外店舗の底上げだろう。決算書の数字から単純計算すれば、1店舗1日当たりの平均売上高は国内店舗がおよそ240万円なのに対して、海外店舗は約200万円である。そのファーストリテイリングは、売上規模が100億円強の米国ジーンズメーカー、JブランドHDの買収も実現。規模拡大には企業買収が不可欠なだけに、今後の同社のM&A戦略にも注目が集まる。

　平均単価約2万4600円のスーツを年間に246万着販売するなど、百貨店の市場を奪ってきたともいえる**青山商事**が、百貨店に出店したのも驚き。同社はセレクト

Part 8 　流通・商社

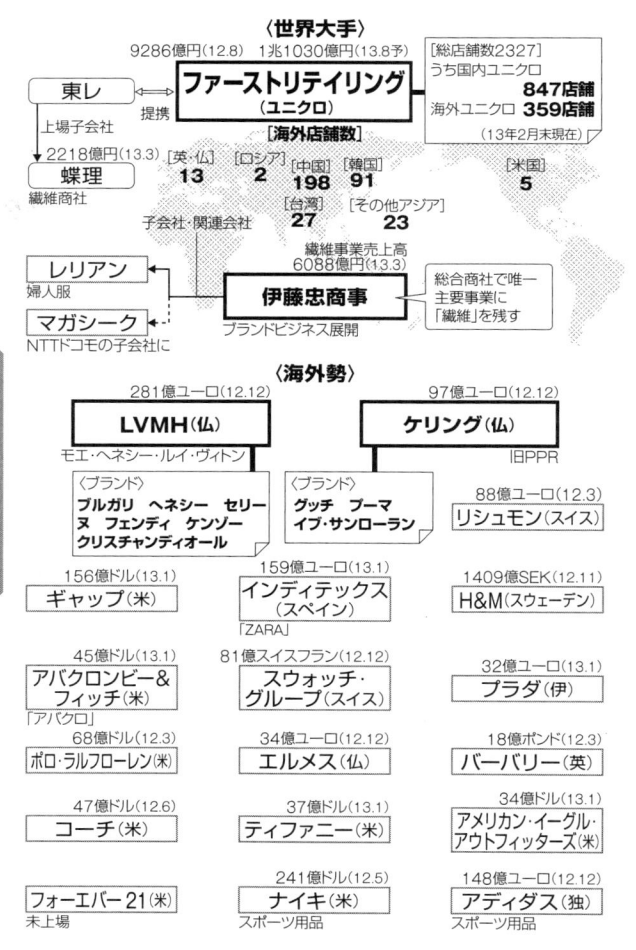

〈世界大手〉

9286億円(12.8)　1兆1030億円(13.8予)

ファーストリテイリング (ユニクロ)

[総店舗数2327]
うち国内ユニクロ **847店舗**
海外ユニクロ **359店舗**
(13年2月末現在)

東レ ⇔ 提携
上場子会社
↓
2218億円(13.3)
蝶理
繊維商社

[海外店舗数]
[英・仏] **13**　[ロシア] **2**　[中国] **198**　[韓国] **91**　[米国] **5**
[台湾] **27**　[その他アジア] **23**

子会社・関連会社

レリアン
婦人服

マガシーク ← NTTドコモの子会社に

繊維事業売上高
6088億円(13.3)

伊藤忠商事
ブランドビジネス展開

総合商社で唯一主要事業に「繊維」を残す

〈海外勢〉

281億ユーロ(12.12)
LVMH(仏)
モエ・ヘネシー・ルイ・ヴィトン

〈ブランド〉
ブルガリ　ヘネシー　セリーヌ　フェンディ　ケンゾー　クリスチャンディオール

97億ユーロ(12.12)
ケリング(仏)
旧PPR

〈ブランド〉
グッチ　プーマ　イブ・サンローラン

88億ユーロ(12.3)
リシュモン(スイス)

156億ドル(13.1)
ギャップ(米)

159億ユーロ(13.1)
インディテックス (スペイン)
「ZARA」

1409億SEK(12.11)
H&M(スウェーデン)

45億ドル(13.1)
アバクロンビー＆ フィッチ(米)
「アバクロ」

81億スイスフラン(12.12)
スウォッチ・ グループ(スイス)

32億ユーロ(13.1)
プラダ(伊)

68億ドル(12.3)
ポロ・ラルフローレン(米)

34億ユーロ(12.12)
エルメス(仏)

18億ポンド(12.3)
バーバリー(英)

47億ドル(12.6)
コーチ(米)

37億ドル(13.1)
ティファニー(米)

34億ドル(13.1)
アメリカン・イーグル・ アウトフィッターズ(米)

フォーエバー21(米)
未上場

241億ドル(12.5)
ナイキ(米)
スポーツ用品

148億ユーロ(12.12)
アディダス(独)
スポーツ用品

流通・商社

227

ショップ業態の「ユニバーサルランゲージ」を大丸札幌店と大丸心斎橋店に出店。ここにきて企業間格差や優勝劣敗も目立ってきた。婦人服の**しまむら**や、子ども服の**西松屋チェーン**、靴販売の**ABCマート**、眼鏡の**ジェイアイエヌ**のように増収増益基調で推移しているところもあれば、経営成績の低迷でリストラに追われている企業も存在。店舗の収益性が低下し、投資の回収ができる見込みがないと判断すると減損処理をすることになっているが、減損損失が発生し店舗の資産価値がゼロになっているチェーンもあるほどだ。企業継続への赤信号が点滅している上場企業も実在する。

業績に大きな差が出る要因のひとつは自主企画商品、いわゆるPB商品の展開やその販売比率の高低。「JINS」ブランドのジェイアイエヌは、自主企画・海外協力工場への生産委託商品を展開。ABCマートのPB比率は4割を超えた。ジェイアイエヌの場合、パソコンやスポーツ用、花粉対策といった商品で、これまでメガネとは縁遠かった消費者を取り込んだのも大きい。ユニ・チャームの大人用オムツ市場の開拓と同様の戦略である。カジュアル衣料チェーンの**ポイント**は同業との経営統合で、**アダストリアHD**として新しく出発する。

Part8 流通・商社

〈レディース・カジュアル〉

4920億円(13.2)	1855億円(13.2)	1833億円(13.2)
しまむら	**TSIホールディングス**	**良品計画**
婦人服/1808店舗	↑11年6月統合 サンエー・インターナショナル / 東京スタイル	「無印良品」585店舗

1225億円(13.2)		1216億円(13.2)
西松屋チェーン		**ポイント**
子ども服/835店舗		カジュアル/899店舗

1150億円(13.3)	924億円(13.2)	853億円(12.8)	92店舗(13.2)
ユナイテッドアローズ	**パル**	**ライトオン**	**赤ちゃん本舗**
婦人服/紳士服	レディース 子会社	ジーンズ	セブン&アイHDの子会社

639億円(12年度)	591億円(12.2)	96億円(13.1)	598億円(12.5)
クロスカンパニー	**三喜**	**ナイスクラップ**	**ハニーズ**
		レディース	レディース

386億円(13.2)	109億円(13.2)	48億円(13.3)	19億円 (13.1)
マックハウス	**ジーンズメイト**	**キムラタン**	**クリムゾン**
ジーンズ	ジーンズ	ベビー子供服卸・小売	卸・小売

[イオン系]

233億円(13.2)	250億円(13.2)
コックス	**タカキュー**
カジュアル	紳士服

[ユニー系]

239億円(13.2)	396億円(13.2)
さが美	**パレモ**
呉服	婦人服

〈メーカー系〉

3364億円(13.3)	2583億円(13.2)	1076億円(12.12)
ワールド	**オンワードHD**	**三陽商会**
「アンタイトル」	「23区」「組曲」	「バーバリー」

関連会社

761億円(13.2)	276億円(13.3)	792億円(13.1)
レナウン	**ダイドーリミテッド**	**クロスプラス**
「ダーバン」中国企業の子会社に	「ニューヨーカー」	「ジュンコシマダ」

370億円(12.12)	234億円(12.8)	176億円(12.12)	137億円(13.3)
ルック	**ヤマトインターナショナル**	**東京ソワール**	**キング**
「トリーバーチ」	「クロコダイル」	フォーマルウェア	「オースチンリード」

993億円(12.8)	1306億円(13.2)	1138億円(13.3)	745億円(13.2)
ファイブフォックス	**GSIクレオス**	**ヤギ**	**タキヒヨー**
未上場	繊維商社	繊維商社	繊維商社

229

〈紳士服〉

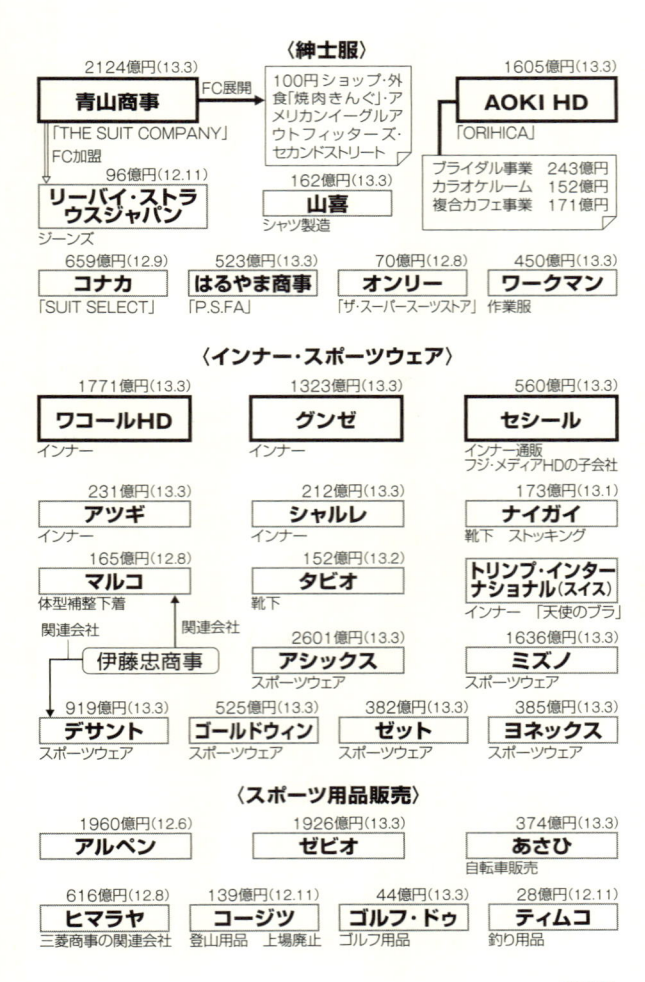

青山商事 2124億円(13.3)
「THE SUIT COMPANY」
FC展開 → 100円ショップ・外食「焼肉きんぐ」・アメリカンイーグルアウトフィッターズ・セカンドストリート

AOKI HD 1605億円(13.3)
「ORIHICA」
- ブライダル事業 243億円
- カラオケルーム 152億円
- 複合カフェ事業 171億円

FC加盟
リーバイ・ストラウスジャパン 96億円(12.11)
ジーンズ

山喜 162億円(13.3)
シャツ製造

コナカ 659億円(12.9)
「SUIT SELECT」

はるやま商事 523億円(13.3)
「P.S.FA」

オンリー 70億円(12.8)
「ザ・スーパースーツストア」

ワークマン 450億円(13.3)
作業服

〈インナー・スポーツウェア〉

ワコールHD 1771億円(13.3)
インナー

グンゼ 1323億円(13.3)
インナー

セシール 560億円(13.3)
インナー通販
フジ・メディアHDの子会社

アツギ 231億円(13.3)
インナー

シャルレ 212億円(13.3)
インナー

ナイガイ 173億円(13.1)
靴下 ストッキング

マルコ 165億円(12.8)
体型補整下着

タビオ 152億円(13.2)
靴下

トリンプ・インターナショナル(スイス)
インナー「天使のブラ」

関連会社 — **伊藤忠商事** — 関連会社

アシックス 2601億円(13.3)
スポーツウェア

ミズノ 1636億円(13.3)
スポーツウェア

デサント 919億円(13.3)
スポーツウェア

ゴールドウィン 525億円(13.3)
スポーツウェア

ゼット 382億円(13.3)
スポーツウェア

ヨネックス 385億円(13.3)
スポーツウェア

〈スポーツ用品販売〉

アルペン 1960億円(12.6)

ゼビオ 1926億円(13.3)

あさひ 374億円(13.3)
自転車販売

ヒマラヤ 616億円(12.8)
三菱商事の関連会社

コージツ 139億円(12.11)
登山用品 上場廃止

ゴルフ・ドゥ 44億円(13.3)
ゴルフ用品

ティムコ 28億円(12.11)
釣り用品

Part 8　流通・商社

〈靴・メガネ〉

1503億円(13.2)
チヨダ
靴　　　　1143店舗
衣料品　　 476店舗

↓上場子会社

マックハウス
カジュアル衣料

1594億円(13.2)
ABCマート
靴　国内703店舗
　　海外 24店舗

↓買収

ラクロス(米)
靴製造

1024億円(13.1)
ジーフット
靴　673店舗

↑子会社

イオン

361億円(13.3)
**リーガル
コーポレーション**
靴

206億円(13.3)
ヒラキ
靴

181億円(12.12)
東邦レマック
靴・自転車の卸中心

61億円(12.12)
アマガサ
靴卸中心

57億円(13.3)
卑弥呼
靴

676億円(13.3)
メガネトップ
メガネ
上場廃止へ

554億円(13.3)
三城HD
メガネ

191億円(12.4)
メガネスーパー
メガネ

**スターバックス
コーヒージャパン**
↑コーヒーチェーン

― 関連会社

フジ
スーパー
(愛媛県)
関連会社↓

161億円(13.3)
愛眼
メガネ

226億円(12.8)
ジェイアイエヌ
メガネ「JINS」

サザビーリーグ
バッグ・衣料・雑貨
上場廃止

〈バッグ・宝飾品〉

482億円(13.2)
F&AアクアHD
宝飾「4℃」アパレル

457億円(13.3)
東京デリカ
バッグ

274億円(13.2)
**サマンサタバサ
ジャパンリミテッド**
バッグ・ジュエリー

156億円(12.8)
ハピネス・アンド・ディ
宝飾・時計・バッグ・
メガネ

262億円(13.3)
ツツミ
宝飾品

298億円(13.3)
As-meエステール
宝飾品

149億円(13.2)
セキド
バッグ・貴金属・家電

149億円(12.10)
TASAKI
真珠

85億円(13.3)
シーマ
ダイヤ指輪

105億円(13.3)
ベリテ
宝飾品

78億円(12.8)
サダマツ
宝飾品

328億円(13.3)
桑山
宝飾品製造卸

236億円(13.3)
ヤマノHD
和洋装・宝飾品
訪問販売

225億円(12.6)
藤久
手芸用品

992億円(13.3)
ドウシシャ
時計など
海外ブランド品の卸

家電量販店・100円ショップ

進む寡占化──ヤマダ電機とビックカメラが買収に出動!

ヤマダ電機がベスト電器を、ビックカメラがコジマを、それぞれに子会社化。合従連衡が活発化しているのは、液晶テレビを中心に販売不振に陥っているからだ。米アマゾン・ドット・コムや楽天などのネット通販や、規模拡大でメーカーとの仕入交渉で発言力を強めるヤマダ電機の攻勢が不可避なだけに、家電量販店のさらなる寡占化は避けられない情勢だ。各社の対応策は、エコ住宅の販売拡大と海外展開。ただし、この点でも住宅メーカーや住設会社の買収を手がけているヤマダ電機が先行。業界では珍しく海外店舗網が多いことが、ベスト電器買収の狙いだったともいえるだろう。

100円ショップの勝負は商品開発力。とくに、利益率が食品より高い雑貨類のそれが鍵を握る。業界2位のセリアは、消費者の飽きを防ぐために月に500から700アイテムを入れ替える。大型店志向と小型店舗中心といったように各社の方針は分かれるが、60円前後で仕入れた商品を100円で販売して5円前後から7、8円の利益を積み重ねるのがビジネスモデル。スーパーなどのPB商品との競争は不可避の情勢だ。

Part 8 流通・商社

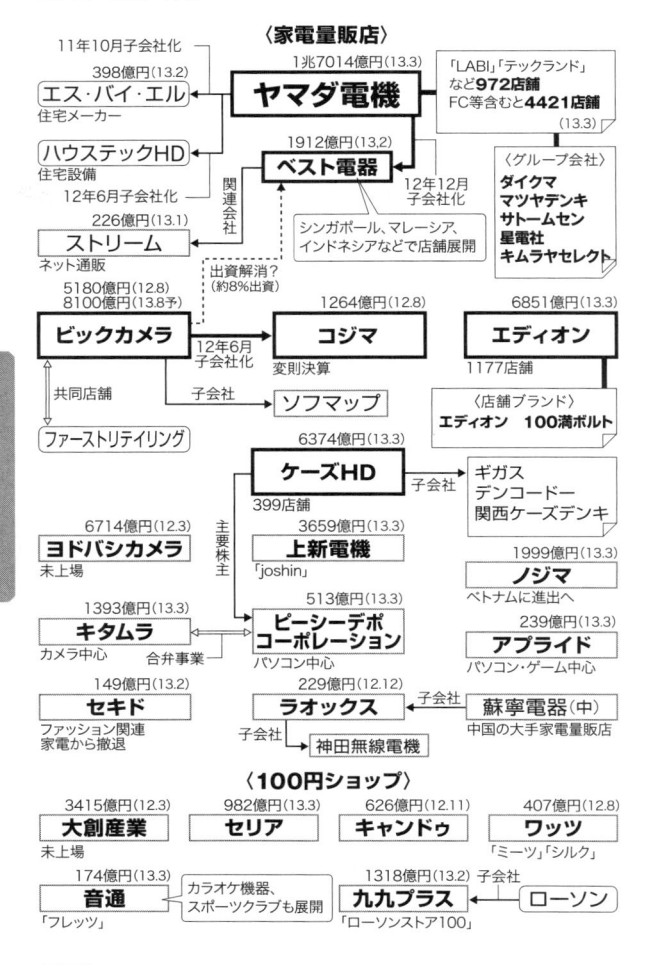

〈家電量販店〉

- **ヤマダ電機** 1兆7014億円(13.3)
  - 「LABI」「テックランド」など972店舗 FC等含むと4421店舗 (13.3)
  - 11年10月子会社化 398億円(13.2) → **エス・バイ・エル** 住宅メーカー
  - **ハウステックHD** 住宅設備
  - **ベスト電器** 1912億円(13.2) 12年12月子会社化
    - シンガポール、マレーシア、インドネシアなどで店舗展開
  - 関連会社 12年6月子会社化 226億円(13.1) → **ストリーム** ネット通販
  - 〈グループ会社〉ダイクマ／マツヤデンキ／サトームセン／星電社／キムラヤセレクト

- 出資解消?(約8%出資)

- **ビックカメラ** 5180億円(12.8) 8100億円(13.8予)
  - 12年6月子会社化 → **コジマ** 1264億円(12.8) 変則決算
  - 子会社 → **ソフマップ**
  - 共同店舗 ↕ **ファーストリテイリング**

- **エディオン** 6851億円(13.3) 1177店舗
  - 〈店舗ブランド〉 エディオン 100満ボルト

- **ケーズHD** 6374億円(13.3) 399店舗
  - 子会社 → ギガス／デンコードー／関西ケーズデンキ

- **ヨドバシカメラ** 6714億円(12.3) 未上場
- **上新電機** 3659億円(13.3) 「joshin」
- **ノジマ** 1999億円(13.3) ベトナムに進出へ

- **キタムラ** 1393億円(13.3) カメラ中心
  - 主要株主 ↓ 合弁事業 ⇔ **ピーシーデポコーポレーション** 513億円(13.3) パソコン中心
- **アプライド** 239億円(13.3) パソコン・ゲーム中心

- **セキド** 149億円(13.2) ファッション関連 家電から撤退
- **ラオックス** 229億円(12.12)
  - 子会社 → **神田無線電機**
  - 子会社 ← **蘇寧電器**(中) 中国の大手家電量販店

〈100円ショップ〉

- **大創産業** 3415億円(12.3) 未上場
- **セリア** 982億円(13.3)
- **キャンドゥ** 626億円(12.11)
- **ワッツ** 407億円(12.8) 「ミーツ」「シルク」

- **音通** 174億円(13.3) 「フレッツ」 カラオケ機器、スポーツクラブも展開
- **九九プラス** 1318億円(13.2) 「ローソンストア100」 ← 子会社 **ローソン**

流通・商社

ドラッグストア・調剤薬局

大衆薬のネット解禁への対応策は?

業界最大手の**マツモトキヨシHD**の全体売上高に占める、医薬品の割合はほぼ3割。大型店舗主体の**カワチ薬品**ともなれば2割を切る。比較的安定した医薬品販売による利益をベースに、雑貨や食品の低価格化攻勢でコンビニなどと競合しながらも業績を拡大してきたといっていい。各社が開示している「品目別仕入・売上高」でも、食品や雑貨の売上高は仕入額の1.2～1.3倍程度にとどまっているのに対し、医薬品の売上高は仕入高の1.5倍以上になっていることからも明らか。その医薬品(大衆薬)のネット販売が、最高裁判決を受けて全面解禁になる方向だ。アマゾン・ドット・コムや楽天らが大衆薬のネット販売に本格参入してくれば、影響は避けられない。

調剤薬局は、顧客(患者)への薬価が決められていることから、仕入価格をどれだけ下げられるかが経営に直結。医薬卸と1円を巡っての攻防もある。**日本調剤**らが積極的な出店を続けているのは、規模拡大による仕入値下げも目的のひとつだろう。

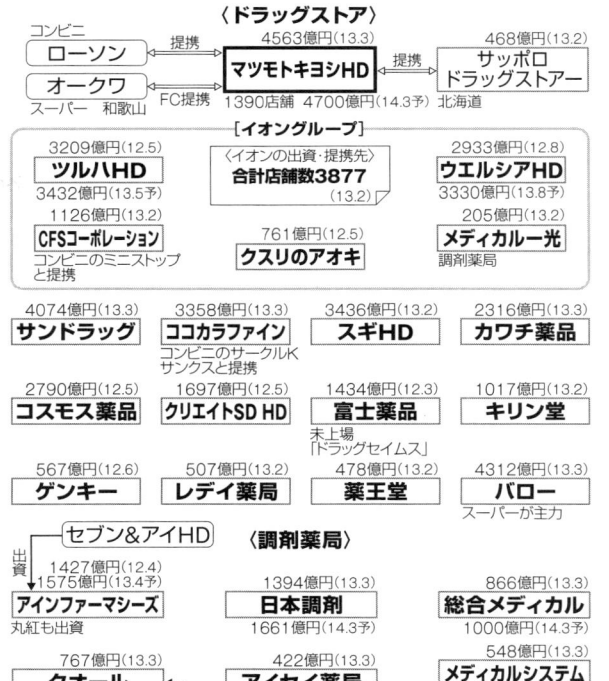

Part 8 流通・商社

〈ドラッグストア〉

コンビニ
[ローソン] ←提携→ 4563億円(13.3) **マツモトキヨシHD** ←提携→ 468億円(13.2) **サッポロドラッグストアー**
[オークワ] ←FC提携→ 1390店舗 4700億円(14.3予)　北海道
スーパー　和歌山

[イオングループ]

3209億円(12.5) **ツルハHD** 3432億円(13.5予)	〈イオンの出資・提携先〉 合計店舗数3877 (13.2)	2933億円(12.8) **ウエルシアHD** 3330億円(13.8予)
1126億円(13.2) **CFSコーポレーション** コンビニのミニストップと提携	761億円(12.5) **クスリのアオキ**	205億円(13.2) **メディカル一光** 調剤薬局

4074億円(13.3) **サンドラッグ**	3358億円(13.3) **ココカラファイン** コンビニのサークルKサンクスと提携	3436億円(13.2) **スギHD**	2316億円(13.3) **カワチ薬品**
2790億円(12.5) **コスモス薬品**	1697億円(12.5) **クリエイトSD HD**	1434億円(12.3) **富士薬品** 未上場「ドラッグセイムス」	1017億円(13.2) **キリン堂**
567億円(12.6) **ゲンキー**	507億円(13.2) **レデイ薬局**	478億円(13.2) **薬王堂**	4312億円(13.3) **バロー** スーパーが主力

[セブン&アイHD]
↓出資

〈調剤薬局〉

1427億円(12.4) 1575億円(13.4予) **アインファーマシーズ** 丸紅も出資	1394億円(13.3) **日本調剤** 1661億円(14.3予)	866億円(13.3) **総合メディカル** 1000億円(14.3予)
767億円(13.3) **クオール** 医薬品卸のメディパルHDの関連会社 ←出資 [ローソン] コンビニ	422億円(13.3) **アイセイ薬局** 296億円(12.5) **ファーマライズHD**	548億円(13.3) **メディカルシステムネットワーク** 102億円(13.3) **EMシステムズ**
113億円(13.3) **トータル・メディカルサービス**	50億円(12.6) **オストジャパングループ**	869億円(13.3) **トーカイ** 介護用品レンタルなども展開
1兆1403億円(13.3) **東邦HD** 医薬品卸が主力	2243億円(13.3) **シップヘルスケアHD** 医療機器販売が主力	627億円(13.3) **ファルコSD HD** 臨床検査も主力事業	153億円(13.3) **札幌臨床検査センター** 臨床検査も展開

ホームセンター・ディスカウントショップ・カー用品

1100店舗を超えたコメリのPB比率は3割超

 ホームセンター業界は、国内消費の低迷という影響は受けるものの、大手を中心に堅調な経営成績で推移。大苦戦を強いられている家電量販店とは対照的だ。ナショナルブランドなど有名メーカー製品の仕入・販売が中心の家電量販店とは異なり、利益率が高いPB商品の展開が可能なことも強み。**コメリ**の売上高に占めるPB比率はすでに3割を超す。"多サイズ・多品種"の品揃えに注力する**アークランドサカモト**は、外食産業では高水準の利益率を誇るとんかつ専門店「かつや」を運営するアークランドサービスを子会社に擁しており、その利益も取込む。

 ホームセンター業界では、ペット用品やガーデン用品の卸をメインに、LED照明の製造など電気製品メーカー色を強めている**アイリスオーヤマ**の存在も大きい。エコ住宅などを巡って、同業他社・異業種企業との競合は避けられないだけに、各社の舵取りに注目したい。

 自転車販売専業の**あさひ**は、PB商品に新たに電動アシスト自転車を投入している。

Part8 流通・商社

〈ホームセンター・ディスカウントショップ〉

```
ホーマック ┐
カーマ    ├─06年9月経営統合→ DCM HD (4342億円(13.2)) 514店舗      カインズ (3365億円(11.2)) 未上場
ダイキ   ┘                  ↑出資
                         イオン ──グループ→ ワークマン (450億円(13.3)) 作業服販売 ←─ ベイシア (2867億円(12.2)) 未上場 ショッピングセンター
```

| コメリ 3192億円(13.3) 1126店舗 | コーナン商事 2849億円(13.2) 278店舗 | ナフコ 2241億円(13.3) 322店舗 |

出資↓（イオン→サンデー 子会社）

1808億円(13.2)	470億円(13.2)	970億円(13.2)	808億円(12.9)
ケーヨー	サンデー	アークランドサカモト 外食チェーンも展開	PLANT スーパーセンター

579億円(13.2)	461億円(13.2)	466億円(13.3)	368億円(13.2)
スーパーバリュー	ジュンテンドー	エンチョー	セキチュー

399億円(13.2) 業務資本提携	278億円(13.2)	311億円(13.2)	311億円(13.2)
ダイユーエイト	リックコーポレーション	カンセキ	サンワドー

250億円(12.6)	178億円(12.5)	167億円(13.1)	2500億円(12.12)
ハンズマン	くろがねや	タカショー ガーデニング	アイリスオーヤマ ペット・ガーデン関連卸中心

| LIXILグループ 「LIXILビバ」 | 644億円(12.3) ロイヤルホームセンター 大和ハウス工業の子会社 | 1594億円(12.8) 島忠 ホームセンター・家具 | 374億円(12.2) あさひ 自転車販売 |

5402億円(12.6)	871億円(13.2)	1061億円(13.3)	554億円(13.3)
ドン・キホーテ ディスカウントストア	オリンピック スーパーハイパーマーケット	MrMax ディスカウントストア	マキヤ ディスカウントストア

〈カー用品〉

2301億円(13.3)	826億円(13.3)	1174億円(13.3)
オートバックスセブン ──FC契約→	G-7 HD	イエローハット

関連会社↓

90億円(13.3)	195億円(12.10)	369億円(13.3)	111億円(13.3)
バッファロー	フジ・コーポレーション	アイエーグループ	オートウェーブ

雑貨・インテリア・家具

ニトリHDは26期、ドン・キホーテは23期、連続増収！

家具の**ニトリHD**は、自主企画開発商品を海外生産工場で製造し、販売を手がけるSPA（製造小売）の強みを生かし、26期連続増収増益（当期純利益は14期）を継続中だ。小売だけでなく、全産業でも極めて稀な例である。13年2月期は、為替差損2・4億円を計上（前期は4・2億円の為替差益）しているが、およそ900品目の一斉値下げを実施するなど、低価格志向のニーズをとらえていることが最大の要因。22年までの国内外1000店舗が同社の目標だ。

一方、**ドン・キホーテ**は、およそ250店舗に年間で2億人を超す顧客を引き寄せる集客力と商品開発力が大きな武器。ニトリHDに迫る23期連続増収増益を記録中だ。PB商品「情熱価格」や深夜営業が人気の秘密である。

アンデス山脈で育ったアルパカの毛を使った「アルパカシリーズ」など、素材の特長を生かした商品をヒットさせている「**無印良品**」の**良品計画**は、日本製品の不買運動があった中国でも売上高や営業利益を伸張。**イケア**は14年春に国内7店舗目を開業。

Part 8 流通・商社

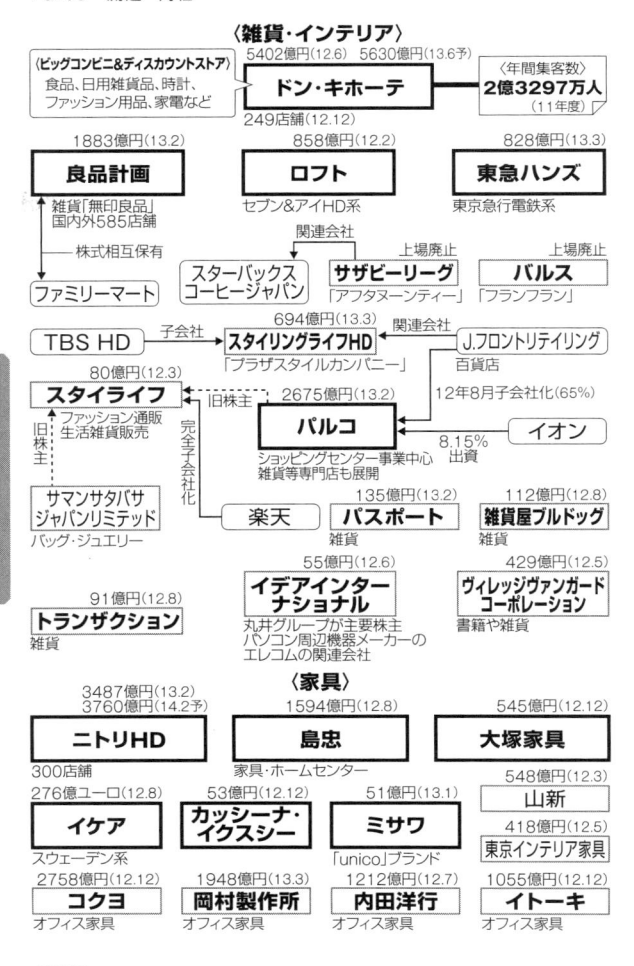

〈雑貨・インテリア〉

〈ビッグコンビニ&ディスカウントストア〉
食品、日用雑貨品、時計、
ファッション用品、家電など

ドン・キホーテ
5402億円(12.6) 5630億円(13.6予)
249店舗(12.12)

〈年間集客数〉
2億3297万人
（11年度）

良品計画 1883億円(13.2)
雑貨「無印良品」
国内外585店舗

ーー株式相互保有ーー

ファミリーマート

ロフト 858億円(12.2)
セブン&アイHD系

関連会社ー**スターバックス コーヒージャパン**

東急ハンズ 828億円(13.3)
東京急行電鉄系

関連会社ー**サザビーリーグ** 上場廃止
「アフタヌーンティー」

バルス 上場廃止
「フランフラン」

TBS HD ─子会社─ **スタイリングライフHD** 694億円(13.3)
「プラザスタイルカンパニー」

関連会社ー **J.フロントリテイリング**
百貨店

スタイライフ 80億円(12.3)
ファッション通販
生活雑貨販売
旧株主

サマンサタバサ ジャパンリミテッド
バッグ・ジュエリー
旧株主

完全子会社化ー**パルコ** 2675億円(13.2)
ショッピングセンター事業中心
雑貨等専門店も展開

12年8月子会社化(65%)ー**イオン**
8.15%出資

楽天 **パスポート** 135億円(13.2)
雑貨

雑貨屋ブルドッグ 112億円(12.8)
雑貨

トランザクション 91億円(12.8)
雑貨

イデアインターナショナル 55億円(12.6)
丸井グループが主要株主
パソコン周辺機器メーカーの
エレコムの関連会社

ヴィレッジヴァンガードコーポレーション 429億円(12.5)
書籍や雑貨

〈家具〉

ニトリHD 3487億円(13.2) 3760億円(14.2予)
300店舗

島忠 1594億円(12.8)
家具・ホームセンター

大塚家具 545億円(12.12)

イケア 276億ユーロ(12.8)
スウェーデン系

カッシーナ・イクスシー 53億円(12.12)

ミサワ 51億円(13.1)
「unico」ブランド

山新 548億円(12.3)

東京インテリア家具 418億円(12.5)

コクヨ 2758億円(12.12)
オフィス家具

岡村製作所 1948億円(13.3)
オフィス家具

内田洋行 1212億円(12.7)
オフィス家具

イトーキ 1055億円(12.12)
オフィス家具

専門商社

日鉄商事と住金物産が経営統合へ

食品・飲料卸の販売額は45兆9860億円(11年、経済産業省統計)。約6兆400 0億円の衣服・身回品卸と比べると、7倍を上回る規模である。ただし、人口の減少による市場規模の縮小は必至。加えて主要顧客である流通業界はイオンとセブン&アイHDの2強による寡占化が進んでおり、限られたパイを巡って大手対大手、中央対地方の競合が激化。旧菱食らが再編で**三菱食品**としてスタートしたように、合従連衡が相次ぐのはそのためだ。13年1月には、いずれも地方卸の旭食品(高知)、カナカン(石川)、丸大堀内(青森)が、**トモシアHD**を結成して経営統合した。

生き残りのためには、専門商社として培ってきた物流、決済、商品政策、売り場提案力などの機能強化が不可欠。**伊藤忠食品**は、賞味期限切れ間近の商品のウェブ取引「モッタイナイ・com」を立ち上げ、三菱食品はネット企業のデジタルガレージと組み一般消費者向けの食品オンライン販売サイト「FOOZA」の運営を開始と、これまでにない動きに出ている。当然、海外展開も活発化しており、三菱食品はイオン傘

Part **8** 流通・商社

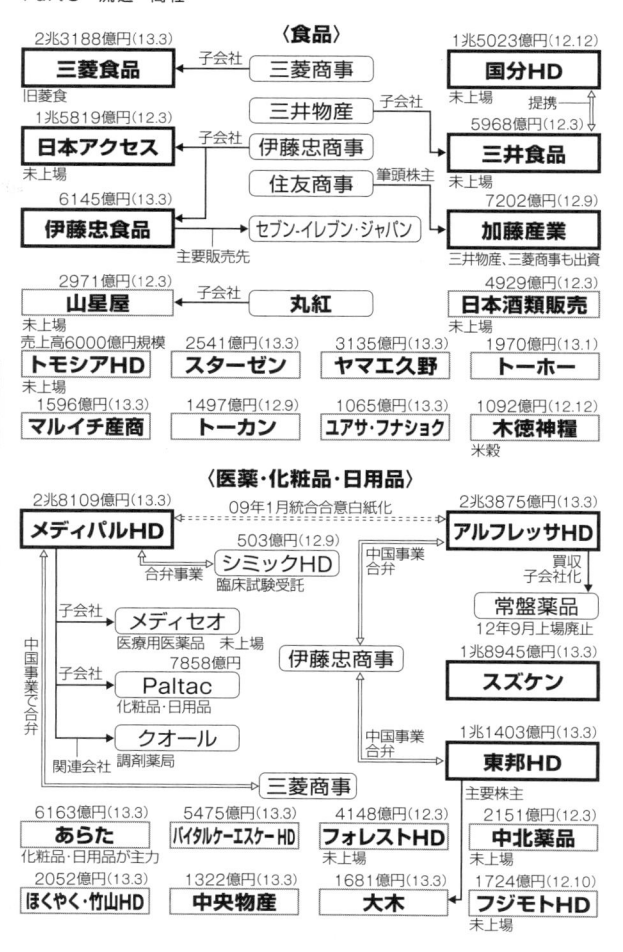

〈食品〉

- 2兆3188億円(13.3) **三菱食品** 旧菱食 ← 子会社 ─ 三菱商事
- 1兆5023億円(12.12) **国分HD** 未上場 ⇔ 提携
- 三井物産 ─ 子会社 → 5968億円(12.3) **三井食品** 未上場
- 1兆5819億円(12.3) **日本アクセス** 未上場 ← 伊藤忠商事
- 住友商事 ─ 筆頭株主 → 7202億円(12.9) **加藤産業** 三井物産、三菱商事も出資
- 6145億円(13.3) **伊藤忠食品** → セブン・イレブン・ジャパン（主要販売先）
- 2971億円(12.3) **山星屋** 未上場 ← 子会社 ─ 丸紅
- 4929億円(12.3) **日本酒類販売** 未上場
- 売上高6000億円規模 **トモシアHD** 未上場
- 2541億円(13.3) **スターゼン**
- 3135億円(13.3) **ヤマエ久野**
- 1970億円(13.1) **トーホー**
- 1596億円(13.3) **マルイチ産商**
- 1497億円(12.9) **トーカン**
- 1065億円(13.3) **ユアサ・フナショク**
- 1092億円(12.12) **木徳神糧** 米穀

〈医薬・化粧品・日用品〉

- 2兆8109億円(13.3) **メディパルHD** ⋯⋯09年1月統合合意白紙化⋯⋯ 2兆3875億円(13.3) **アルフレッサHD**
- 503億円(12.9) **シミックHD** 臨床試験受託 ← 合弁事業
- 中国事業合弁
- 買収子会社化 → **常盤薬品** 12年9月上場廃止
- 子会社 → **メディセオ** 医療用医薬品 未上場
- 1兆8945億円(13.3) **スズケン**
- 子会社 → **Paltac** 化粧品・日用品 7858億円
- 伊藤忠商事
- 中国事業合弁
- 1兆1403億円(13.3) **東邦HD** 主要株主
- **クオール** 調剤薬局 関連会社
- 三菱商事
- 中国事業で合弁
- 6163億円(13.3) **あらた** 化粧品・日用品が主力
- 5475億円(13.3) **バイタルケーエスケーHD**
- 4148億円(12.3) **フォレストHD** 未上場
- 2151億円(12.3) **中北薬品** 未上場
- 2052億円(13.3) **ほくやく・竹山HD**
- 1322億円(13.3) **中央物産**
- 1681億円(13.3) **大木**
- 1724億円(12.10) **フジモトHD** 未上場

下の食品スーパー、マックスバリュ東海などが中国で展開するスーパー事業に参画。医療用医薬品卸では、**メディパルHD、アルフレッサHD、スズケン**の大手3社はすでに、医薬品の製造にも取組んでいるが、メディパルHDは開発段階にある医療用医薬品に資金を投資し、製造販売承認を受けた際にはリターンや優先的販売権を得る、という新たな取組みを始めている。

親会社などの合従連衡に従うように再編が進むのは、専門商社や卸の宿命。新日鉄住金の誕生によって、旧新日本製鉄系の**日鉄商事**と旧住友金属工業系の**住金物産**は、13年10月に合併する予定だ。**JFE商事**はJFEHDの完全子会社になって上場を廃止した。主要顧客である自動車メーカーの製造拠点が海外に移行しているように、鉄鋼を取り巻く外部環境が急速に変化していることが背景にある。もちろん、持続的成長のためには、攻めの姿勢や投資が不可欠。三菱商事と双日の鉄鋼合弁会社**メタルワン**は、豪州の建機向け厚板・棒鋼加工メーカーを買収したほか、ミャンマーの変圧器製造メーカーや、ベトナムの鉄鋼事業に出資・参画。住金物産はマレーシアで太陽光発電を建設、稼働させている。

242

Part 8 流通・商社

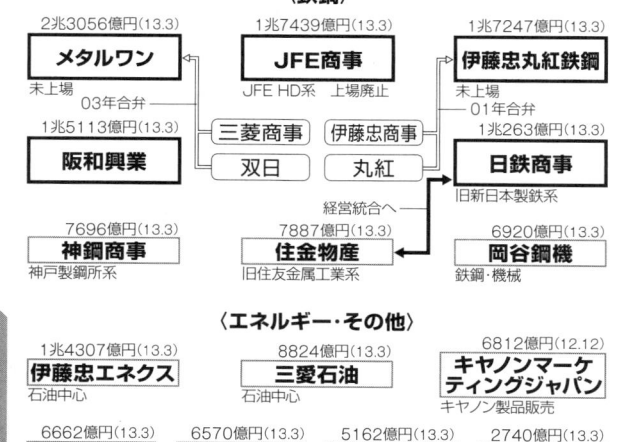

〈鉄鋼〉

2兆3056億円(13.3)
メタルワン
未上場
― 03年合弁 ―

1兆7439億円(13.3)
JFE商事
JFE HD系　上場廃止

1兆7247億円(13.3)
伊藤忠丸紅鉄鋼
未上場
― 01年合弁 ―

1兆5113億円(13.3)
阪和興業

三菱商事 / 伊藤忠商事
双日 / 丸紅

1兆263億円(13.3)
日鉄商事
旧新日本製鉄系

経営統合へ

7696億円(13.3)
神鋼商事
神戸製鋼所系

7887億円(13.3)
住金物産
旧住友金属工業系

6920億円(13.3)
岡谷鋼機
鉄鋼・機械

〈エネルギー・その他〉

1兆4307億円(13.3)
伊藤忠エネクス
石油中心

8824億円(13.3)
三愛石油
石油中心

6812億円(12.12)
キヤノンマーケティングジャパン
キヤノン製品販売

6662億円(13.3)
長瀬産業
化学品

6570億円(13.3)
岩谷産業
LPガス中心

5162億円(13.3)
カメイ
石油中心

2740億円(13.3)
シナネン
LPガス、灯油

5052億円(13.3)
日本紙パルプ商事
紙パルプ

5011億円(13.3)
稲畑産業
化学品

4002億円(13.3)
ユアサ商事
工作機械・産業機器

3703億円(13.3)
山善
機械・工具

2202億円(13.3)
丸文
半導体

2164億円(13.3)
加賀電子
電子部品

2065億円(13.3)
リョーサン
電子部品

2037億円(13.3)
菱電商事
三菱電機系

1465億円(12.5)
佐鳥電機
半導体・電子部品

1479億円(13.3)
三信電気
電子部品

2218億円(13.3)
蝶理
繊維　東レの子会社

1212億円(12.7)
内田洋行
オフィス家具

1767億円(13.3)
ハピネット
玩具

1231億円(13.3)
サンゲツ
インテリア

675億円(12.9)
フーマイスターエレクトロニクス
半導体、電子部品

747億円(12.6)
カワニシHD
医療機器

480億円(12.9)
三洋貿易
ゴム・化学品
12年10月上場

7149億円(12.3)
日本出版販売
書籍取次　未上場

5145億円(12.3)
トーハン
書籍取次　未上場

総合商社

伊藤忠、"青果メジャー"ドールのアジア事業などを買収

　総合商社の収益源は、貿易取引による手数料獲得から、事業への直接参画や資本参加などにともなう、配当金の受取と利益分配に移ったといっていいだろう。

　たとえば、**三菱商事**は12年度、所有する株式や航空機、船舶、土地、発電設備、鉱業権といった有形固定資産を売却したことで5298億円を回収する一方、新たに投資をしたことでキャッシュベースで7524億円（＝投資活動CF）ほど出金が入金を上回った。08年度からの5期合計でいえば、出金超過額は約3兆円に達する。その結果が、12年度は4121億円の配当金収入であり、持分法投資損益1642億円の黒字である。関連会社の利益を投資割合に応じて取り込むのが持分法投資損益。投資先選びの巧拙を判断する重要指標だ。子会社の場合は親会社と一体になって連結決算を組むことから利益の配分は見えづらいが、三菱商事単体の純利益は3185億円、グループのそれは3600億円であることから、差額は子会社の貢献分と見ていい。

　三菱商事と同様に、総合商社各社は「投資→回収→再投資」を積み重ねてきたこと

244

Part 8 流通・商社

〈総合商社①〉

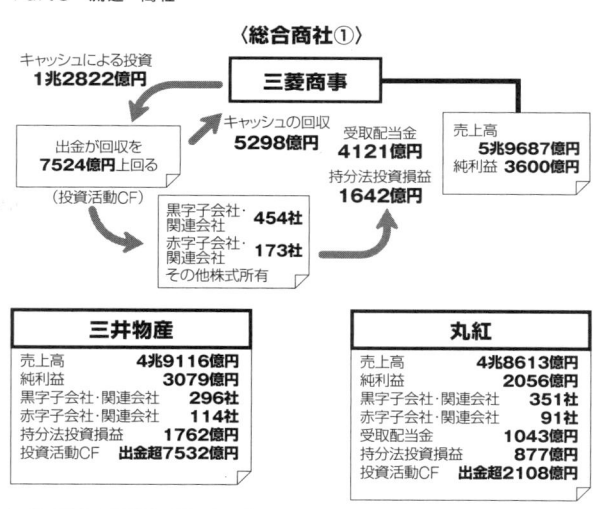

三菱商事

- キャッシュによる投資 **1兆2822億円**
- キャッシュの回収 **5298億円**
- 出金が回収を **7524億円**上回る（投資活動CF）
- 受取配当金 **4121億円**
- 持分法投資損益 **1642億円**
- 売上高 **5兆9687億円**
- 純利益 **3600億円**
- 黒字子会社・関連会社 **454社**
- 赤字子会社・関連会社 **173社**
- その他株式所有

三井物産
- 売上高　　　　　**4兆9116億円**
- 純利益　　　　　　**3079億円**
- 黒字子会社・関連会社　**296社**
- 赤字子会社・関連会社　**114社**
- 持分法投資損益　　**1762億円**
- 投資活動CF　**出金超7532億円**

丸紅
- 売上高　　　　　**4兆8613億円**
- 純利益　　　　　　**2056億円**
- 黒字子会社・関連会社　**351社**
- 赤字子会社・関連会社　**91社**
- 受取配当金　　　　**1043億円**
- 持分法投資損益　　**877億円**
- 投資活動CF　**出金超2108億円**

住友商事
- 売上高　　　　　**3兆0162億円**
- 純利益　　　　　　**2324億円**
- 黒字子会社・関連会社　**648社**
- 赤字子会社・関連会社　**151社**
- 持分法投資損益　　**1073億円**
- 投資活動CF　**出金超1862億円**

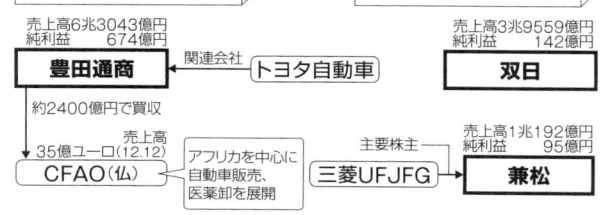

伊藤忠商事
- 売上高　　　　　**4兆5797億円**
- 純利益　　　　　　**2802億円**
- 黒字子会社・関連会社　**301社**
- 赤字子会社・関連会社　**55社**
- 受取配当金　　　　**1536億円**
- 持分法投資損益　　**858億円**
- 投資活動CF　**出金超1999億円**

豊田通商
- 売上高 6兆3043億円
- 純利益 674億円
- 関連会社 ── トヨタ自動車
- 約2400億円で買収
- CFAO（仏）　売上高 35億ユーロ(12.12)
- アフリカを中心に自動車販売、医薬卸を展開

双日
- 売上高 3兆9559億円
- 純利益 142億円

兼松
- 売上高 1兆192億円
- 純利益 95億円
- 主要株主 ── 三菱UFJFG

（5大商社の売上高は「米国基準」ないしは「国際基準」。その他は「日本基準」。数値は13年3月期）

で今日があるわけだが、それぞれの投資先からは各社の戦略や得意分野が鮮明になってくる。将来の有望市場として、アジアの新興国に先に目を向けていることも明らかだ。鉄鉱石など資源分野に強い**三井物産**は、三菱商社が先に出資を決めたチリの銅鉱山・製錬所運営会社に相乗りで資本参加。融資を含めた投資金額は、両社合計で約64億ドル。出資発表当時のレートで換算すれば5000億円を超す巨額投資である。

伊藤忠商事が約1350億円を投じて買収したのは、世界最大の青果物メジャー、米国ドール・フードのアジアにおける青果物事業と世界における加工食品事業（缶詰・果汁飲料事業）。トヨタ自動車と関係が深い**豊田通商**が約2400億円で傘下に収めたのはアフリカを中心に自動車販売や医薬卸を手がけているフランスのCFAO。トヨタのアフリカでの販売増を担う買収だ。国内最大のテレビ通販、ジュピターショップチャンネルを運営している**住友商事**は、タイでのテレビ通販に取組む。電力に強みを発揮している**丸紅**は、世界最大の地熱資源を有するとされるインドネシアで地熱発電事業に着手しているほか、バングラデシュでは火力発電所の建設を受注、カザフスタンが日本企業に発注すると見られる原発建設でも主導的役割を担う。

Part 8　流通・商社

〈最近のアジア展開〉

〈トルコ〉
三井物産 民間最大手の病院に出資

〈カザフスタン〉
住友商事 レアアース製造の合弁会社を運営
伊藤忠商事 鉱物資源のモリブデン開発プロジェクトを推進
丸紅 国の機関と原発導入に向けた覚書締結

〈インド〉
三井物産 大塚HDと共同で輸液製造会社に資本参加
　　　　　医薬品中間体・原薬製造受託企業に資本参加
丸紅 王子HDらの段ボール加工事業に資本参加

〈バングラデシュ〉
丸紅 火力発電所建設受注

〈タイ〉
三菱商事 エビの養殖事業に着手
三井物産 製糖会社に資本参加
住友商事 TV通販会社を設立し番組放映を開始

〈フィリピン〉
三井物産 住友金属鉱山と共同でニッケル生産へ
住友商事 工業団地を開発運営
伊藤忠商事 ファミリーマートを開店

〈ミャンマー〉
三井物産・丸紅・住友商事
3社共同で工業団地開発

〈シンガポール〉
三井物産 肝臓疾患・生体肝移植クリニックを開設
伊藤忠商事 同国のITサービス事業会社を買収

〈ベトナム〉
住友商事 加藤産業と共同で食品卸事業を開始予定
　　　　　鉄鋼建材の製造販売合弁会社を設立
豊田通商 冷凍野菜製造会社に資本参加
双日 同国最大級の食品卸会社に資本参加

〈インドネシア〉
三菱商事 地熱発電の運営・開発に参画
住友商事 日用品のeコマースサイトをオープン
　　　　　受注していた地熱発電所完工
伊藤忠商事 工業団地を開発運営
丸紅 地熱発電プロジェクトを推進
兼松 食品加工の合弁会社を設立

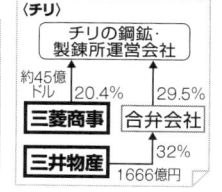

〈チリ〉
チリの鋼鉱・製錬所運営会社
約45億ドル
20.4%　29.5%
三菱商事　合弁会社
32%
三井物産
1666億円

流通・商社

247

Column 8　主要企業の社内取締役年俸推移

社名	10年度 平均(万円)	11年度 総額(万円)	11年度 人数	11年度 平均(万円)	11年度 1億円超
【商　社】					
三菱商事	13980	121400	8人	15175	6人
三井物産	10455	108700	9人	12077	5人
伊藤忠商事	8200	141000	12人	11750	5人
住友商事	11291	127400	12人	10616	5人
双日	6380	38900	5人	7780	0人
丸紅	6981	79500	11人	7227	1人
豊田通商	7200	91700	14人	6550	0人
【流　通】					
ファーストリテイリング	15000	35500	1人	35500	1人
キャンドゥ	1282	20475	1人	20475	1人
ユナイテッドアローズ	3283	75300	6人	12550	2人
メガネトップ	4219	89061	8人	11132	1人
日本調剤	10196	69400	7人	9914	2人
ニトリHD	7680	34100	4人	8525	1人
イズミ	10025	28400	4人	7100	1人
エディオン	5946	70500	10人	7050	1人
ドン・キホーテ	6355	27600	4人	6900	1人
サマンサタバサジャパン	5552	27075	4人	6768	1人
青山商事	6400	37500	6人	6250	2人
ローソン	4250	22900	4人	5725	1人
イオン	4423	90300	18人	5016	1人
ヤマダ電機	4870	82100	17人	4829	2人
マツモトキヨシHD	5316	23400	5人	4680	1人
コメリ	3672	29600	7人	4228	1人
三越伊勢丹HD	3250	24600	6人	4100	0人
J.フロントリテイリング	4200	20400	5人	4080	0人
ファミリーマート	3070	39000	10人	3900	0人
高島屋	3971	23700	7人	3385	0人
セブン&アイHD	1691	23600	12人	1966	1人

Part 9
金融

メガバンク

三井住友FGが英銀から大型資産を購入!

08年9月、米国投資銀行のリーマン・ブラザーズが、6130億ドル（約64兆円）という巨額負債を抱え経営破綻。世界は金融危機に見舞われた。"リーマンショック"である。それと前後して、**三菱UFJFG**が1兆円規模の出資をしてモルガン・スタンレーを関連会社にするなど、世界の大手金融機関の再編が相次いだ。

当時、さらに深刻な危機があった。大手格付会社による最上位の「Aaa（トリプルA）」評価などを背景に、金融機関の貸倒リスク軽減のためのCDS（クレジット・デフォルト・スワップ）といった金融商品を大量に販売していた、AIGの信用不安問題だ。AIGの破綻はリーマンの比ではない、世界の金融機関に及ぶ。米国政府がリーマンは救わず、AIGへは公的資金を投入して救済した最大の理由とされる。

そのAIGは12年12月に「米国政府は、金融危機の間にAIGを安定させることに関連して投じた1823億ドルの全額を回収し、さらに合計227億ドルのプラスの収益を獲得しました」と、公的支援のすべてを返済したことを発表。世界金融は安定

250

Part **9** 金融

〈世界大手〉

```
                            三菱UFJ FG ──────────────── JPモルガン・    212億ドル
         関連会社 ┐           │                           チェース(米)
                  └─→         │
                国内証券会社合弁  │ 富裕層向けでの
                 0.6億ドル      │ 合弁解消
                  ↓            ↕
         モルガン・          メリルリンチ(米) ──子会社→ バンク・オブ・   41億ドル
         スタンレー(米)                                  アメリカ(米)
                                                          │ 出資
         ▲59億ポンド  航空機リース                          ↓
                     事業買収                          ▲10億ポンド
         ロイヤルバンク・オブ・ ← 三井住友FG ──────────→ バークレイズ(英)
         スコットランド(英)    │
                          日興コーディアル証券  所
                          (現SMBC日興証券)買収 有   株式所有
                          │                    株
         75億ドル         ↓                    売
         シティグループ(米)  ゴールドマン・     却   ウェルズ・     188億ドル
                            サックス(米)            ファーゴ(米)
              売           72億ドル
              却
         日興アセット
         マネジメント ←──── みずほFG              ゆうちょ銀行

         旧日興シティ ──子会社──
         信託銀行を買収              ┌──子会社──┐      農林中央金庫
         野村信託銀行         三井住友トラストHD ──→ 三井住友信託銀行
              │                    11年4月発足            12年4月発足
           子会社
              ↓
         野村HD              大和証券         りそなHD
                             グループ本社
```

▲13億ポンド	65億ユーロ	14億スイスフラン
ロイズ・バンキング・グループ(英)	BNPパリバ(仏)	クレディ・スイス(スイス)

▲25億スイスフラン	6.6億ユーロ	153億ドル
UBS(スイス)	ドイツ銀行	HSBC(英)(上海香港銀行)

2385億元	1931億元	1394億元
中国工商銀行(中国)	中国建設銀行(中国)	中国銀行(中国)

三菱UFJFGが出資

(数値は12年12月期の純利益。▲は赤字)

を取り戻したのだろうか。ギリシャ国債に対する引当金の設定など、ユーロ圏の銀行は、債務危機問題の長期化や欧州経済の低迷で収益が悪化しているように、世界の信用不安は完全に払拭されてはいないようだ。巨額損失や相次ぐ不祥事もあり巨大銀行の〝解体論〟も一部では主張されるほどだ。

そうした状況下で、存在感を発揮しているのが邦銀だ。

三井住友FGは12年6月、子会社の三井住友ファイナンス＆リース、それに住友商事の3社で、英ロイヤルバンク・オブ・スコットランドの航空機リース事業を共同買収。約73億ドルの大型投資である。インフラ整備や資源開発プロジェクトなど海外案件でも、三菱UFJFG、三井住友FG、**みずほFG**の3メガバンクは融資を拡大。

海外勢の苦境をついて、遅れていた国際化を推進している形だ。

郵便局と郵便事業を統合して日本郵便とした日本郵政は、日本のTPP参加問題に絡むだけに**ゆうちょ銀行**とかんぽ生命の金融2社の新規事業や、株式上場が課題。**三井住友トラストHD**は、13年3月、残っていた公的資金約2000億円を返済。当初の注入額ベース約5300億円の公的資金を完済した。

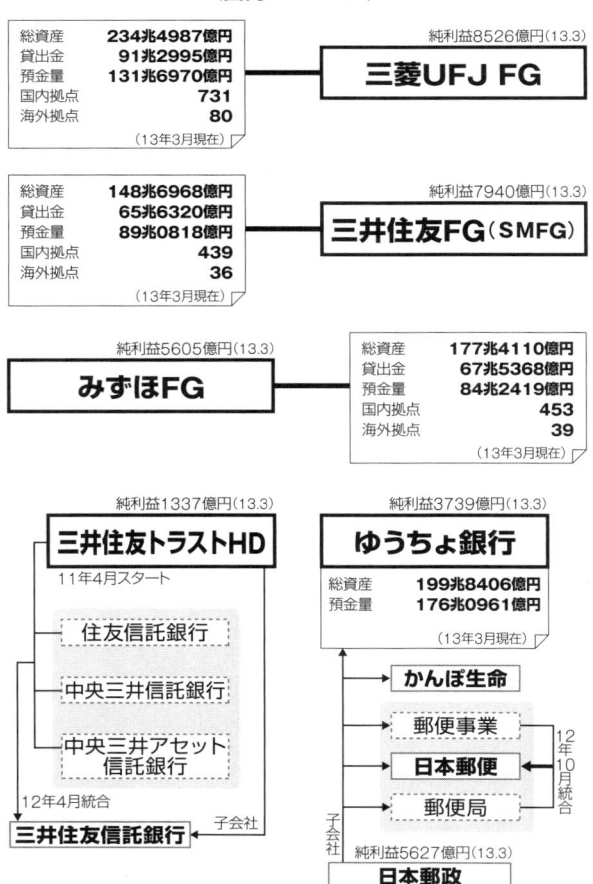

Part 9 　金融

〈国内メガバンク〉

総資産	234兆4987億円
貸出金	91兆2995億円
預金量	131兆6970億円
国内拠点	731
海外拠点	80

（13年3月現在）

純利益8526億円(13.3)

三菱UFJ FG

総資産	148兆6968億円
貸出金	65兆6320億円
預金量	89兆0818億円
国内拠点	439
海外拠点	36

（13年3月現在）

純利益7940億円(13.3)

三井住友FG（SMFG）

純利益5605億円(13.3)

みずほFG

総資産	177兆4110億円
貸出金	67兆5368億円
預金量	84兆2419億円
国内拠点	453
海外拠点	39

（13年3月現在）

純利益1337億円(13.3)

三井住友トラストHD

11年4月スタート

- 住友信託銀行
- 中央三井信託銀行
- 中央三井アセット信託銀行

12年4月統合

三井住友信託銀行 ← 子会社

純利益3739億円(13.3)

ゆうちょ銀行

総資産	199兆8406億円
預金量	176兆0961億円

（13年3月現在）

- かんぽ生命
- 郵便事業
- **日本郵便**
- 郵便局

12年10月統合

子会社

純利益5627億円(13.3)

日本郵政

金融

253

中堅・ネット・新銀行

イオン銀行はイオンクレジットと経営統合

住信SBIネット銀行の預金量はすでに2兆5000億円を突破し、ソニー銀行も2兆円に迫るように、ネット銀行は利用者を着実に拡大している。

ネット銀行というより、グループ会社のコンビニ店舗などに設置してある"ATM銀行"と呼ぶのにふさわしいのが**セブン銀行**だ。設置台数はおよそ1万8100台。1台1日当たりの利用件数は約110件。その利用者負担の手数料を原資に、高収益を実現するというのがビジネスモデルだ。同社は米国のATM運用専用会社大手を約100億円で買収し、既存・新設を合わせて3000台程度からATM事業を手がけるように、海外でも同様のビジネスモデルを展開し業績の拡大を図る。

イオン銀行は、イオンクレジットサービスと共同で、**イオンフィナンシャルサービス**を結成し経営統合。総合金融の展開でイオングループの金融部門を担う。**あおぞら銀行**は、公的資金残約2000億円を、10年程度かけて返済する計画を発表。同銀行の大株主だった米投資ファンドのサーベラスは、所有株の大半を売却している。

Part 9　金融

りそなHD (2751億円)
子会社:
- りそな銀行 (2129億円)
- 埼玉りそな銀行 (426億円)
- 近畿大阪銀行 (41億円)

新生銀行 (510億円(13.3))
- アプラスフィナンシャル（消費者金融）← 子会社
- JCフラワーズ(米)（投資ファンド）← 筆頭株主
- あおぞら銀行 (405億円) ← 統合白紙化
- サーベラス(米)（投資ファンド）→ 所有株の大部分を売却

ソニーフィナンシャルHD (450億円)
子会社:
- ソニー銀行 (32億円)
- ソニー生命
- ソニー損害保険

住信SBIネット銀行 (47億円(12年度))
- 三井住友信託銀行（三井住友トラストHD）合弁
- SBIホールディングス 合弁
  - 子会社: SBI証券、SBI損保
- あいおいニッセイ同和損保 → 出資

セブン銀行 (193億円)
← セブン＆アイHD（子会社）

ジャパンネット銀行 (15億円)
← 三井住友FG（子会社）

イオン銀行 (76億円)
- イオンフィナンシャルサービス (136億円) ← イオン（子会社）、子会社
- イオンクレジットサービス ← 統合

楽天銀行 (118億円)
← 楽天（子会社）

オリックス銀行 (60億円)
旧オリックス信託銀行

大和ネクスト銀行 (33億円)
大和証券グループ本社系

じぶん銀行 (18億円)
合弁:
- KDDI
- 三菱東京UFJ銀行

新銀行東京 (10億円)
東京都が設立

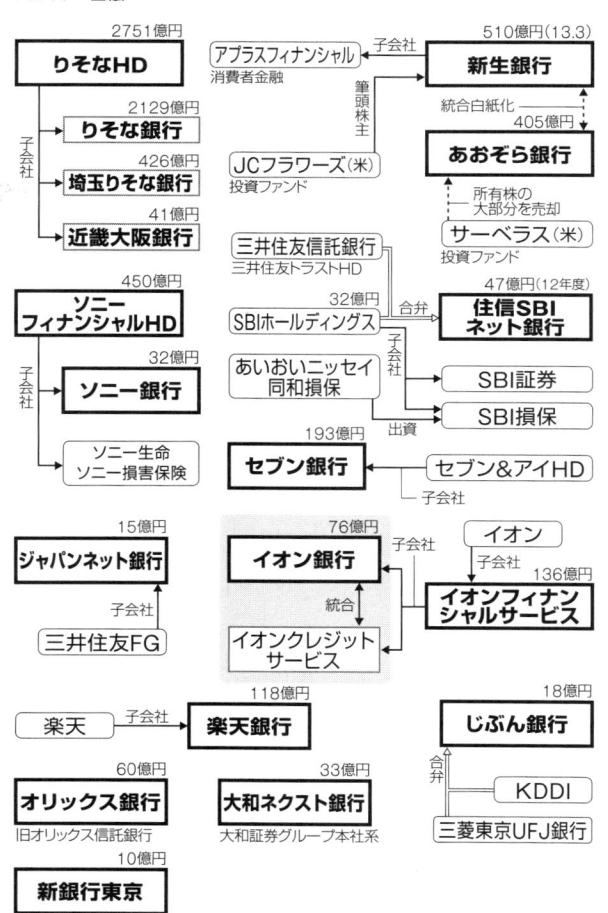

(数字は13年3月期の純利益)

地方銀行

ゆうちょ銀行やネット銀行との競争をどうやって勝ち抜く?

元々の地方銀行(第1地銀)を中心に、相互銀行から転換したことから第2地銀と呼ばれる地方銀行、それに信用金庫や信用組合などが地域経済を支える。全国金融機関である農林中央金庫は、農林水産業者の共同組織を基盤としており、そのひとつである農業協同組合の「JAバンク」の預金量規模も90兆円超である。

地方銀行の課題は山積。TPP参加の日米交渉でゆうちょ銀行の本格参入は見送られる方向になったが、収益源のひとつである住宅ローンでは、銀行間の金利競争が激化。住信SBIネット銀行の預金量が**岩手銀行**や**愛知銀行**と並び、すでに**秋田銀行**や**東京都民銀行**を上回る水準まで増えているように、ネット銀行の利用も浸透。地方銀行は預金獲得はもちろん、企業融資や資金運用などでこれまで以上に力量を問われる。地元企業の海外進出サポート、証券会社などとの提携で販売商品の多様化を図り手数料収入を増やすことも不可欠だ。米投資ファンドのローンスターの出資を受けている、**東京スター銀行**(預金量約2兆1000億円)の動きに注目が集まっている。

Part9 金融

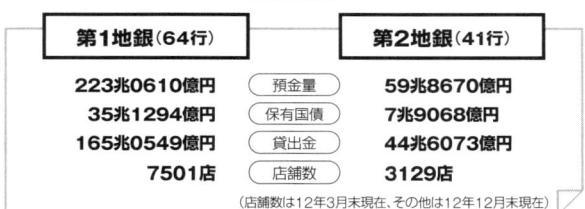

〈地方銀行〉

第1地銀(64行)		第2地銀(41行)
223兆0610億円	預金量	59兆8670億円
35兆1294億円	保有国債	7兆9068億円
165兆0549億円	貸出金	44兆6073億円
7501店	店舗数	3129店

(店舗数は12年3月末現在、その他は12年12月末現在)

信用金庫(271金庫)

店舗数	7535
預金量	122兆5884億円
貸出金	63兆7886億円

(12.3)

出資 3850団体 →

農業協同組合
漁業協同組合
森林組合

農林中央金庫

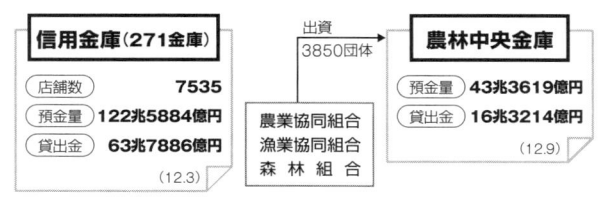

預金量	43兆3619億円
貸出金	16兆3214億円

(12.9)

〈地方銀行預金量上位行〉

10兆9618億円	10兆8720億円	9兆7041億円
横浜銀行	**ふくおかFG** 福岡銀行＋熊本ファミリー銀行＋親和銀行	**ほくほくFG** 北陸銀行＋北海道銀行

9兆4671億円	7兆7862億円	7兆6564億円
千葉銀行	**静岡銀行**	**山口FG** 山口銀行＋もみじ銀行＋北九州銀行

(数値は12年12月末現在の連結ベース預金量)

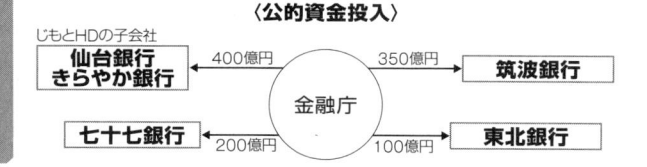

〈公的資金投入〉

じもとHDの子会社
**仙台銀行
きらやか銀行** ←400億円— 金融庁 —350億円→ **筑波銀行**

七十七銀行 ←200億円— 金融庁 —100億円→ **東北銀行**

証券・投資銀行

IPOやM&A案件獲得で競い合う大手証券グループ

13年3月、株式取引の総本山である**日本取引所グループ**は12年度の業績予想と配当予想を上方修正した。証券取引所の運営会社のこの発表は、業界を取り巻く事業環境の好転を象徴する。円安進行や日銀の金融緩和強化策への期待感から株価が上昇局面に転じ、株式売買代金が膨らむなど証券市場は活況を取り戻した。日本取引所グループは、東京証券取引所グループと大阪証券取引所の統合で誕生した会社だ。

市場環境の好転を受け、証券各社の業績も急回復。**野村HD**など大手を中心に利益を拡大。11年度に大幅赤字を計上した**三菱UFJモルガン・スタンレー証券**や**大和証券グループ本社**、**みずほ証券**も、12年度は最終黒字に転換。トレーディング損益が大きく改善したこともあり、野村HDの最終利益は前年度を9倍以上上回った。

もちろん、証券市場は常に不安定であり、いつ急変するかわからない。下降局面でも経営を安定させるためには、収益基盤の強化が不可欠。新規上場に際して中心的な役割を担う主幹事業務や、企業の買収・合併にともなうM&Aアドバイザリー業務の

Part9　金融

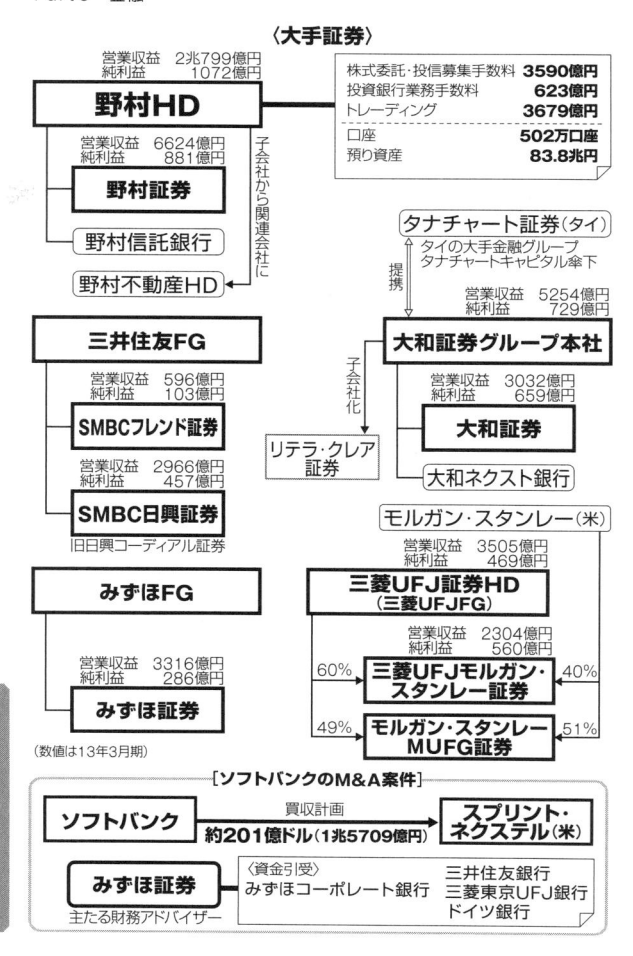

〈大手証券〉

野村HD
営業収益　2兆799億円
純利益　　　1072億円

株式委託・投信募集手数料	**3590億円**
投資銀行業務手数料	**623億円**
トレーディング	**3679億円**
口座	**502万口座**
預り資産	**83.8兆円**

野村証券
営業収益　6624億円
純利益　　　881億円

野村HDの子会社から関連会社に：
- 野村信託銀行
- 野村不動産HD

タナチャート証券(タイ)
タイの大手金融グループ
タナチャートキャピタル傘下
↕提携

大和証券グループ本社
営業収益　5254億円
純利益　　　729億円

子会社化 → リテラ・クレア証券

大和証券
営業収益　3032億円
純利益　　　659億円

- 大和ネクスト銀行

三井住友FG

SMBCフレンド証券
営業収益　596億円
純利益　　　103億円

SMBC日興証券
営業収益　2966億円
純利益　　　457億円
旧日興コーディアル証券

みずほFG

みずほ証券
営業収益　3316億円
純利益　　　286億円

（数値は13年3月期）

モルガン・スタンレー(米)

三菱UFJ証券HD
（三菱UFJFG）
営業収益　3505億円
純利益　　　469億円

三菱UFJモルガン・スタンレー証券　60% / 40%
営業収益　2304億円
純利益　　　560億円

モルガン・スタンレーMUFG証券　49% / 51%

[ソフトバンクのM&A案件]

ソフトバンク ─買収計画 **約201億ドル(1兆5709億円)**→ **スプリント・ネクステル(米)**

みずほ証券
主たる財務アドバイザー

〈資金引受〉
みずほコーポレート銀行
三井住友銀行
三菱東京UFJ銀行
ドイツ銀行

259

獲得などで、大手各社が競い合っていることはいうまでもない。

ソフトバンクの米携帯電話運営会社スプリント・ネクステルの買収計画では、みずほ証券が主たる財務アドバイザーを務め、**SMBC日興証券**は住友軽金属工業と古河スカイの経営統合で合併比率の算定作業に参画。三菱UFJモルガン・スタンレー証券がかかわった案件はJAL再上場や電通の英国広告代理店買収である。

メガバンク系列の証券会社は、グループ会社からの紹介を得やすいという利点を生かして案件を増やしているが、**野村証券**が日立製作所の英国原子力事業会社の買収で助言業務役に就き、**大和証券**が中国損保最大手PICCの香港市場上場で主幹事役を獲得するなど、独立系も巻き返しに必死だ。ちなみに、ダイキン工業は12年に米国の空調会社であるグッドマンを約37億ドルで買収しているが、そのアドバイザリー費用は28億2400万円だったことを開示している。野村HDは取得していた英国国防省の軍人住宅関連事業を売却するなど、海外事業の収益改善にも注力。

長く続いた株価の低迷で証券業界全体の従業員は、ピーク時のほぼ半減の8万人台に落ち込んでいる。今後、増員に向かうのだろうか？

Part 9　金融

〈中堅証券〉

- **岡三証券グループ** 純利益143億円
- **東海東京フィナンシャルHD** 純利益112億円
- **沢田HD** 純利益30億円
  - HS証券
- **岩井コスモHD** 純利益26億円
  - 岩井コスモ証券
- **いちよし証券** 純利益33億円
- **丸三証券** 純利益28億円
- **東洋証券** 純利益12億円
- **水戸証券** 純利益26億円
- **極東証券** 純利益51億円
- **藍沢証券** 純利益18億円
- **高木証券** 純利益27億円
- **インヴァスト証券** 純利益6.0億円
- **丸八証券** 純利益5.7億円
- **光世証券** 純利益11億円
- **マネーパートナーズグループ** 純利益0.9億円
  - FX中心

〈ネット証券〉

- **SBI証券** 純利益67億円
- **松井証券** 純利益64億円
- SBI HD 純利益32億円 — 総合金融
  - 子会社 → SBI証券
  - 関連会社 → ティエン・ホン銀行（ベトナム）
  - → プノンペン商業銀行（カンボジア）
  - 子会社・関連会社 → SBI損保
  - → 住信SBIネット銀行
- **GMOクリック証券** 純利益29億円
- オリックス（綜合金融）
  - 関連会社 → **マネックス証券** 純利益75億円
    - 子会社 → マネックスグループ 純利益39億円
      - 買収 → 米国のネット証券会社／米国のFX会社
- **楽天証券** 純利益56億円（ネット証券）
  - 子会社 ← 楽天
- 三菱UFJ FG — 子会社 → **カブドットコム証券** 純利益22億円（ネット証券）

（数値は13年3月期）

〈証券取引所〉

- 東京証券取引所グループ — 統合 → **日本取引所グループ** ← 統合 — 大阪証券取引所
  - 営業収益 717億円
  - 純利益 109億円

金融

損害保険

MS&ADとNKSJがグループ内再編。公的資金返済のAIGは?

MS&ADHD傘下の三井住友海上火災とあいおいニッセイ同和損害は海外部門などの事業統合を計画。**NKSJHD**の損害保険ジャパンと日本興亜損害は、14年9月に合併する。自動車保険の収益悪化などにともなう体質改善が目的だ。

損保の主力商品である火災保険や自動車保険は少額の保険料の積重ねであるのに対し、生命保険契約は数千万円単位の大型もあることから、損保各社は系列会社を通した生保事業の拡大を推進。この生保事業と海外展開の加速が、各社の持続的成長の2本柱だ。MS&ADはインドの生保会社に、NKSJはブラジルの保険会社に、それぞれ新たに出資。MS&ADは、インド社株式26%の当初取得見込450億円が、実際には約391億円にダウン。円高局面を利用した形だ。**東京海上HD**は、2100億円を超す大型投資で、米国生損保デルファイの買収を手がけている。

1823億ドルの公的資金を完済した米AIGは、富士生命をAIG富士生命にしたように、経営再建のために売却した生保部門の再強化を含め反転攻勢に出るようだ。

Part**9** 金融

保険収入2兆6390億円　純利益836億円

MS&ADインシュアランスグループHD

保険収入1兆3142億円
三井住友海上火災

14年4月以降
事業再編
（管理・海外部門統合）

保険収入1兆1032億円
あいおいニッセイ同和損害

三井住友海上
プライマリー生命
生保

三井住友海上
あいおい生命
生保

保険収入2兆5580億円
純利益　　　1295億円

東京海上HD

保険収入1兆8696億円
東京海上日動火災

保険収入1387億円
日新火災海上

イーデザイン
保険収入105億円

東京海上日動フィナンシャル生命
生保

東京海上日動あんしん生命
生保

シダー
介護関連　関連会社

第一生命

損保商品で
提携

明治安田生命

保険収入
130億円　提携

そんぽ24損害

保険料収入2兆626億円
純利益　　　　436億円

**NKSJ
ホールディングス**

保険収入1兆3273億円
損害保険ジャパン

14年9月合併予定
保険収入6388億円
日本興亜損害

保険収入172億円
セゾン自動車火災

損保ジャパンDIY生命
生保

NKSJひまわり生命
生保

保険収入1590億円
純利益　　　32億円
共栄火災海上
JA系

保険収入　340億円
純利益　　4.6億円
朝日火災海上
野村HD系

保険収入2717億円
純利益　赤字155億円
富士火災海上

子会社
AIG富士生命
生保

保険収入344億ドル(12.12)
純利益　34億ドル(12.12)

子会社

AIG（米）
AIGジャパンHD

出資

ジェイアイ傷害火災
JTBとの合弁会社

子会社

アメリカンホーム

保険収入　835億円
純利益　　　14億円
ソニー損害

保険収入　157億円
純利益　　6.4億円
アニコムHD
ペット保険

AIU

（但書がないものは13年3月期数値。保険収入は「正味収入保険料」）

リース

オリックス、三井住友、三菱UFJが大型投資！

12年のリース取扱高は、4兆8405億円（前年比7.1％増）。震災復興の本格化で建設機械などのレンタル需要が伸びたためで、対前年比増は06年以来のこと。同時に大手各社の積極的な投資も目立つ。**オリックス**は、自動車リース事業に加え、法人金融や不動産事業、海外事業なども手がけ万遍なく稼ぐ企業。約2400億円でオランダの資産運用会社ロベコを買収するとともに、ロベコの親会社である銀行のラボバンクを株主として迎え入れる。

三井住友ファイナンス＆リースは、親会社の三井住友FG、それに住友商事の3社で、英ロイヤルバンク・オブ・スコットランドの航空機リース事業を約73億ドルで買収。同時にグループ再編で約320機体制の世界3位クラスの航空機リース会社「SMBC Aviation Capital」として業務を開始。**三菱UFJリース**も、約70機所有する米国の航空機リース事業会社を約1000億円で買収。両社とも格安航空会社（LCC）の台頭などで航空機リース需要の拡大を見込んだのだろう。

Part **9** 金融

```
                              1兆656億円(13.3)
   ┌─ 子会社 ─┐
オリックス生命 ◀──    オリックス    ── 関連会社 ──▶  大京
                                                   マンション分譲
オリックス銀行 ◀── メンテナンスリース事業        株
                    売上高2383億円              式    マネックス
                                               所     グループ
オリックス・  ◀── オランダの資産運用会社、     有     証券
クレジット        ロベコを約2400億円で買収へ
                                              185億円(13.3)
                                              九州リースサービス
```

```
┌─三井住友FG、住友商事と共同で英ロイ─┐   ┌─約70機保有の米航空リ─┐
│ ヤルバンク・オブ・スコットランドの航空 │   │ ース事業会社を約1000  │
│ 機リース事業を約73億ドルで買収     │   │ 億円で買収           │
└───────────────────────┘   └──────────────┘
    9922億円(13.3)                        6981億円(13.3)
    三井住友                               三菱UFJリース
 ファイナンス&リース
                                              関
    ┌60%─ 三井住友FG                          連 ─── 三菱UFJFG
    │                                          会
    └40%─ 住友商事      出                     社 ─── 三菱商事
                        資
                                 1033億円(13.3)
         2080億円(12.3)
         住友三井オートサービス ── 資本提携 ── 日立キャピタル
                                              日立製作所系
         2292億円(13.3)                        2340億円(13.3)
         NECキャピタル ── 関連会社 ── NEC    リコーリース
         ソリューション                         リコー系
  関連会社                                         (数値は売上高)
```

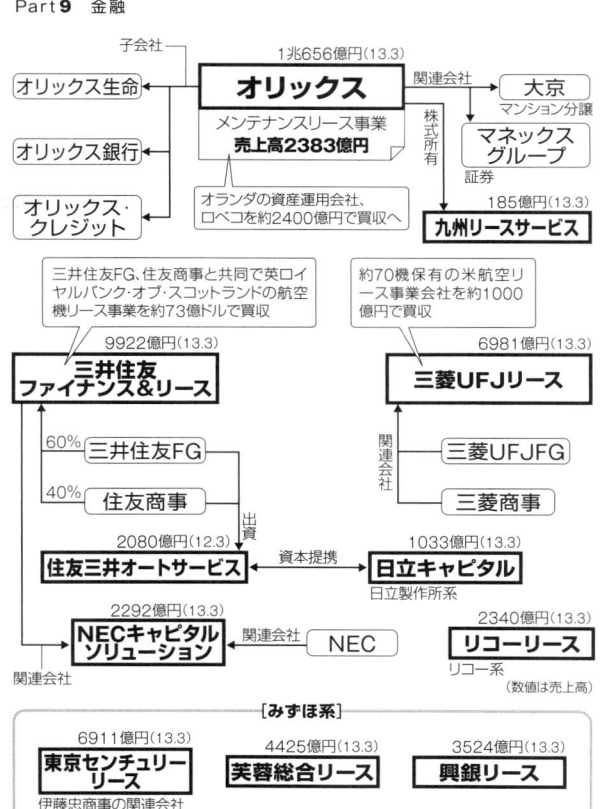

[みずほ系]

6911億円(13.3)	4425億円(13.3)	3524億円(13.3)
東京センチュリーリース	**芙蓉総合リース**	**興銀リース**
伊藤忠商事の関連会社		

4086億円(12.3)	4203億円(12.3)	2248億円(12.3)
JA三井リース	**三井住友トラスト・パナソニックファイナンス**	**NTTファイナンス**
三井物産・JA系	三井住友信託銀行系 パナソニックも出資	

金融

三菱UFJ FG

米国で攻勢、ベトナムの大手銀行をグループ化！

三菱UFJ FG（MUFG）の預金量と貸出金の差額はおよそ40兆円。23兆円強の三井住友FGや約17兆円のみずほFGと比較すると、預金量がゆうちょ銀行に次ぐ規模にあるとはいえ、貸出金との格差は大きい（253ページ参照）。貸出に慎重姿勢をとっていることが見てとれる。ただし、海外は別。海外貸出残高は約19兆円規模と3メガでトップ。インフラ整備や資源開発事業などのプロジェクトや輸出入にともなう融資にも積極姿勢。グローバルネットワークを構築するための出資・提携戦略も推進。米国では子会社と共同歩調で攻勢をかける。ミャンマーやメキシコでも地元銀行と提携。12年12月には、ベトナム国営大手銀行のヴィエティンバンクと資本・業務提携契約を締結、約630億円を投じて関連会社にする。

国内では、富裕層を中心とする顧客獲得がテーマ。バンク・オブ・アメリカのグループに入ったメリルリンチとの合弁、**三菱UFJメリルリンチPB証券**（預り資産約2・3兆円）を単独運営に切り替えている。

Part9 金融

```
                                            8526億円(13.3)
モルガン・     関連会社      三菱UFJ FG
スタンレー(米)               （MUFG）
```

- 6735億円(13.3) **三菱東京UFJ銀行**
- 1270億円(13.3) **三菱UFJ信託銀行**
- 6.2億ドル(12年度) **ユニオンバンク(米)** 店舗は400超

― 証券で合弁事業

- 469億円(13.3) **三菱UFJ証券HD**
  - 560億円(13.3) **三菱UFJモルガン・スタンレー証券**
  - **モルガン・スタンレー MUFG証券** 関連会社
- 22億円(13.3) **カブドットコム証券**

- 316億円(13.3) **三菱UFJニコス**
- 360億円(13.3) **三菱UFJリース** 関連会社
- 208億円(13.3) **アコム**

- 76億円(13.3) **ジャックス** 関連会社
- **JALカード** 関連会社 49%出資
- 18億円(13.3) **じぶん銀行** 関連会社 KDDIとの合弁

- 82億円(13.3) **三菱UFJメリルリンチPB証券** プライベートバンキング 米系メリルリンチとの合弁解消
- 池田泉州銀行 **池田泉州HD** 関連会社から外れる
- 10億円(13.3) **大正銀行** 関連会社

- 11億円(13.3) **中京銀行** 関連会社
- **アバディーンアセットマネジメント** 英国の資産運用会社 関連会社
- **丸の内キャピタル** 投資ファンド
  - 出資 **三菱商事**

(数値は「純利益」)

三菱UFJFG	10年度	11年度
従業員平均年間給与	**1061万円** (平均年齢40.1歳)	**1053万円** (平均年齢40.1歳)
社内取締役平均年俸	**9741万円**	**7846万円**

三菱東京UFJ銀行	10年度	11年度
従業員平均年間給与	**795万円** (平均年齢37.8歳)	**808万円** (平均年齢38.1歳)
社内取締役平均年俸	**7950万円**	**9507万円**

三井住友FG

証券や消費者金融などグループ会社が利益に貢献！

収益力の強化が課題と指摘され続けている国内金融機関だが、**三井住友FG**（SMFG）は、三菱UFJFGやみずほFGを上回る〝収益力〟と〝効率性〟を発揮することで定評のある金融グループだ。〝銀証連携〟が進み、〝銀行紹介〟のM&A案件が増えた**SMBC日興証券**（旧日興コーディアル証券）や、香港での貸付金がすでに200億円を突破した消費者金融**SMBCコンシューマーファイナンス**（旧プロミス）など、グループ会社も利益に貢献するようになってきた。

海外金融機関との提携や預金獲得はアジアが中心だが、日本企業のアンデス地域への進出を支援する動きを見せるなどグローバル化も加速。新たにインドネシアの金融機関BTPNに第一段階として約800億円を出資、追加投資も予定する。

子会社の**三井住友ファイナンス&リース**などと共同で、英大手金融グループの航空機リース事業を買収。航空機リース世界3位クラスの企業として業務を開始し、新興国や格安航空会社（LCC）などからの需要を取込む。

268

Part9 金融

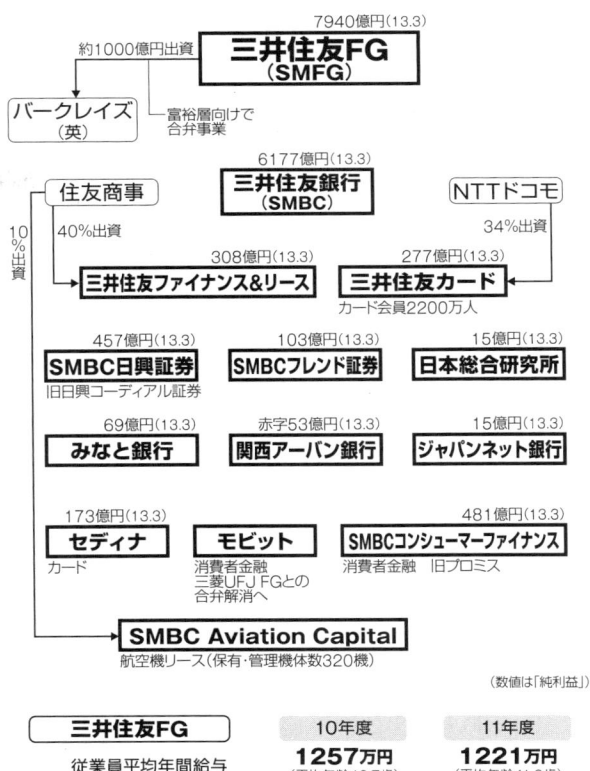

7940億円(13.3)

三井住友FG (SMFG)

約1000億円出資 → バークレイズ(英) ― 富裕層向けで合弁事業

6177億円(13.3)

三井住友銀行 (SMBC)

住友商事 ―40%出資→ 三井住友ファイナンス&リース（308億円(13.3)）

NTTドコモ ―34%出資→ 三井住友カード（277億円(13.3)）
カード会員2200万人

住友商事 10%出資

457億円(13.3)	103億円(13.3)	15億円(13.3)
SMBC日興証券 旧日興コーディアル証券	**SMBCフレンド証券**	**日本総合研究所**

69億円(13.3)	赤字53億円(13.3)	15億円(13.3)
みなと銀行	**関西アーバン銀行**	**ジャパンネット銀行**

173億円(13.3)		481億円(13.3)
セディナ カード	**モビット** 消費者金融 三菱UFJ FGとの合弁解消へ	**SMBCコンシューマーファイナンス** 消費者金融 旧プロミス

SMBC Aviation Capital
航空機リース(保有・管理機体数320機)

（数値は「純利益」）

三井住友FG	10年度	11年度
従業員平均年間給与	1257万円 (平均年齢40.7歳)	1221万円 (平均年齢41.3歳)
社内取締役平均年俸	4300万円	5012万円

三井住友銀行	10年度	11年度
従業員平均年間給与	748万円 (平均年齢34.3歳)	792万円 (平均年齢35.6歳)
社内取締役平均年俸	6000万円	6250万円

金融

みずほFG

銀行はみずほ銀行、証券はみずほ証券に一本化!

みずほFGの預金量に占める貸出金の割合は8割を超す。70%前後の三菱UFJFGや三井住友FGに比べ、貸出率は高い。個人・法人とも顧客基盤が広いことが最大の要因。そのみずほFGは、グループ再編の総仕上げに着手した。

13年7月、みずほ銀行とみずほコーポレート銀行が合併。みずほコーポレートが吸収合併する形だが、合併会社の商号は**みずほ銀行**となる。13年1月には、証券部門も**みずほ証券**に集約した。2000年に日本興業銀行、富士銀行、第一勧業銀行の3行が経営統合して誕生以来、組織や人事体制の重複弊害が指摘され続けていた。今後は銀行・信託・証券の連携や経営効率の改善に取組み、収益力の強化を図る。

徐々に比率を高めているものの、業務純益に占める海外比率のさらなる拡大もテーマ。経済成長が見込まれるブラジルでは、現地の中堅銀行の買収も手がけ、資源開発やインフラ整備が進む同国での現地企業向けファイナンス供与や各種プロジェクト案件への参加などを通して、ビジネスの拡大を図る方向だ。

270

Part 9　金融

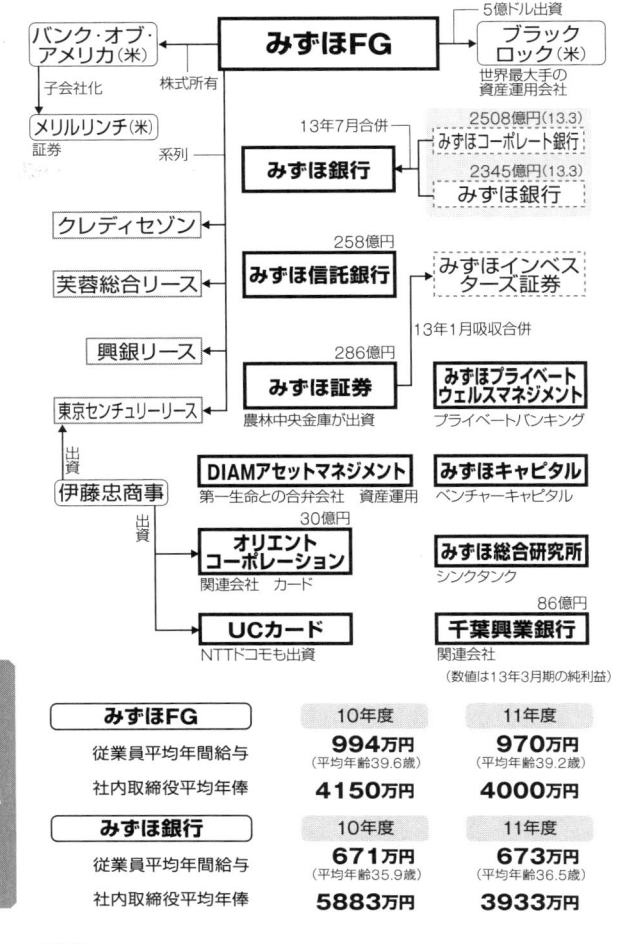

みずほFG

- バンク・オブ・アメリカ(米) ← 株式所有
  - 子会社化 → メリルリンチ(米) 証券
- ブラックロック(米) ← 5億ドル出資
  - 世界最大手の資産運用会社

みずほ銀行
13年7月合併
- みずほコーポレート銀行　2508億円(13.3)
- みずほ銀行　2345億円(13.3)

系列:
- クレディセゾン
- 芙蓉総合リース
- 興銀リース
- 東京センチュリーリース

みずほ信託銀行　258億円
→ みずほインベスターズ証券（13年1月吸収合併）

みずほ証券　286億円
農林中央金庫が出資

みずほプライベートウェルスマネジメント
プライベートバンキング

- 伊藤忠商事（出資 → 東京センチュリーリース）
- DIAMアセットマネジメント　第一生命との合弁会社　資産運用
- みずほキャピタル　ベンチャーキャピタル
- オリエントコーポレーション　30億円　関連会社　カード（伊藤忠商事 出資）
- みずほ総合研究所　シンクタンク
- UCカード　NTTドコモも出資
- 千葉興業銀行　86億円　関連会社

(数値は13年3月期の純利益)

みずほFG	10年度	11年度
従業員平均年間給与	994万円(平均年齢39.6歳)	970万円(平均年齢39.2歳)
社内取締役平均年俸	4150万円	4000万円

みずほ銀行	10年度	11年度
従業員平均年間給与	671万円(平均年齢35.9歳)	673万円(平均年齢36.5歳)
社内取締役平均年俸	5883万円	3933万円

ユニプレス	105
ユニマットそよ風	169
ゆうちょ銀行	251, 252, 253, 256, 266
有機合成薬品工業	50
郵船ロジスティクス	133, 139
雪国まいたけ	23
雪印メグミルク	68

【ヨ】

ヨコレイ	69
ヨドバシカメラ	233
ヨネックス	230
ヨロズ	106
よみうりランド	177
幼児活動研究会	166, 167
養命酒製造	51, 61
横河電機	31, 88, 89, 95
横河ブリッジHD	31
吉野家HD	71, 72
淀川製鋼所	125
米久	67

【ラ】

ライオン	51, 55
ライトオン	229
ライフコーポレーション	213
ライフネット	196
ライフフーズ	74
ラウンドワン	179
ラオックス	233
ラクオリア創薬	50
ラサ工業	93
らでぃっしゅぼーや	187, 225
楽天	44, 137, 183, 189, 192, 209, 210, 222, 224, 239, 255, 261

【リ】

リーガルコーポレーション	231
リオン	169
リクルートHD	167, 171, 172, 183, 223, 224
リケン	106
リコー	86, 87, 88
リゾートソリューション	175, 177
リゾートトラスト	177, 181
リソー教育	167
リックコーポレーション	237
リニカル	50
リブセンス	196
リョーサン	243

リョービ	106
リロHD	174, 175
リンガーハット	74
リンクトイン	193
リンコーコーポレーション	133
リンテック	121, 157
リンナイ	147
りそなHD	251, 255
理研グリーン	25
理研計器	89
理研ビタミン	63
理想科学工業	87
良品計画	213, 218, 229, 238

【ル】

ルック	229
ルネサスエレクトロ	36, 37, 110
ルネサンス	56, 57

【レ】

レオパレス21	175
レデイ薬局	235
レナウン	229
レンゴー	121, 128

【ロ】

ロイヤルHD	71, 181
ローソン	23, 75, 137, 156, 187, 213, 216, 218, 224, 233, 235, 248
ロート製薬	51, 55
ローム	89, 109, 111
ロック・フィールド	75
ロフト	217, 239
ロングライフHD	168, 169
六甲バター	68

【ワ】

ワークマン	230, 237
ワールド	229
ワールドインテック	173
ワイ・イー・データ	101
ワイエスフード	74
ワオ・コーポレーション	167
ワコールHD	230
ワタベウェディング	170, 184
ワタミ	23, 71, 159, 169
ワッツ	233
わらべや日洋	75, 217
和井田製作所	99
和弘食品	63
早稲田アカデミー	167

　スペースの関係で社名の一部を省略している場合があります。また、本書ではおよそ2550社を掲載しています。ただし、索引では海外企業や未上場企業、グループ子会社を省略しているため、1600社程度になっています。そのため、索引になくても、本文に掲載している場合があります。索引に掲載している企業でも、掲載しているページを省略している場合もあります。

企業索引

三井不動産 ······ 136、142、145、157、
　　　　　　　　164、175、177、181
三越伊勢丹HD ······ 219、221、223、248
三菱UFJFG ······ 39、43、189、245、250、
　　　　　　　　253、259、265、266
三菱UFJリース ······ 264、265、267
三菱化学 ······ 18、19、20
三菱化工機 ······ 35
三菱ガス化学 ······ 21
三菱ケミカルHD ······ 20、35、47、107、
　　　　　　　　115、128、163
三菱地所 ······ 57、136、142、145、181
三菱自動車 ······ 12、102、107、161
三菱重工業 ······ 15、31、37、79、90、92、
　　　　　　94、97、99、102、107、152、157、159、161
三菱商事 ······ 15、23、31、33、37、39、49、63、
　　　　　　64、67、73、81、83、85、97、125、131、139、161、
　　　　　　169、213、241、244、247、248
三菱食品 ······ 240、241
三菱製鋼 ······ 125
三菱製紙 ······ 121
三菱倉庫 ······ 137
三菱総合研究所 ······ 191
三菱電機 ······ 31、53、78、81、85、94、97、
　　　　　　101、102、107、111、153、155
三菱マテリアル ······ 101、113、118、122、
　　　　　　　　128、155、157、163
三ツ星ベルト ······ 117
三益半導体工業 ······ 113
未来工業 ······ 147

【ム】

武蔵精密工業 ······ 105
村田製作所 ······ 108、109

【メ】

メイコー ······ 109
メイテック ······ 173
メガネスーパー ······ 231
メガネトップ ······ 231、248
メッセージ ······ 169
メディアシーク ······ 197
メディアフラッグ ······ 174、175
メディア工房 ······ 91
メディカル一光 ······ 215、235
メディキット ······ 53
メディネット ······ 169
メディパルHD ······ 241、242
メディビックグループ ······ 50
メドレックス ······ 50
メンバーズ ······ 209
明治 ······ 65、68
明治HD ······ 49、57、65、66、68、76
明星電気 ······ 91
明電舎 ······ 35、107、153、155
名鉄運輸 ······ 137
免疫生物研究所 ······ 50

モスフードサービス ······ 73
モブキャスト ······ 195、199
モバイルクリエイト ······ 175
モリタHD ······ 93
モロゾフ ······ 65
持田製薬 ······ 49
物語コーポレーション ······ 74
森下仁丹 ······ 51、55
森精機製作所 ······ 99、100
森永製菓 ······ 65、68
森永乳業 ······ 65、66、68

【ヤ】

ヤオコー ······ 216
ヤギ ······ 229
ヤクルト本社 ······ 49、55、61、66、68、76、225
ヤフー ······ 183、189、193、194、196、199、209、
　　　　　　　　210、223、224
ヤマダ電機 ······ 145、223、232、248
ヤマHD ······ 133、137、138、164、223
ヤマトインターナショナル ······ 229
ヤマノHD ······ 225、231
ヤマハ ······ 81、102、167
ヤマハ発動機 ······ 15、101、102
ヤヨイ食品 ······ 66、69
やまねメディカル ······ 169
やまびこ ······ 25
やまや ······ 215
薬王堂 ······ 235
安川電機 ······ 100、107、159
八千代工業 ······ 105
山喜 ······ 230
山崎製パン ······ 59、62、64、65、218
山善 ······ 243
大和工業 ······ 125

【ユ】

ユーシン ······ 104、106
ユーシン精機 ······ 101
ユーラシア旅行社 ······ 183
ユーラスエナジーHD ······ 151、158
ユアサ・フナショク ······ 241
ユアサ商事 ······ 243
ユタカフーズ ······ 63、64
ユタカ技研 ······ 105
ユナイテッド ······ 196、208
ユナイテッドアローズ ······ 229、248
ユニ・チャーム ······ 55、76、228
ユニーグループHD ······ 213、214、217
ユニオンツール ······ 101
ユニカフェ ······ 61、73
ユニキャリア ······ 37
ユニチカ ······ 115
ユニデン ······ 81
ユニバーサル園芸社 ······ 175
ユニバンス ······ 106

273

ベネッセHD	166、169、184
ベネフィット・ワン	173、175
ベリテ	231
ベルーナ	224、225
ベルク	215
ベルグアース	23
平安レイサービス	171
平和	177、184
平和堂	219

【ホ】

ボーソー油脂	63
ホープ	23
ポーラ・オルビスHD	55、225
ポイント	228、229
ホウスイ	69
ホウライ	177
ホギメディカル	53
ホクト	23、24
ホシデン	109
ホッカンHD	123
ポプラ	213、215
ボルテージ	197
ホンダ	10、13、25、81、94、102、157、161
ほくやく・竹山HD	241、169
放電精密加工研究所	99
豊和工業	99
北越紀州製紙	120、121
北越メタル	125
北興化学工業	25
星医療酸器	53
保土谷化学工業	20
堀場製作所	31、89、102
鴻海(ホンハイ)精密工業	79、85
翻訳センター	167

【マ】

マーベラスAQL	203
マイクロン・テクノロジー	110
マガシーク	187、196、223、224、227
マキタ	101
マキヤ	237
マクロミル	193、196
マックス	169
マックハウス	229、231
マツダ	12、14、15、102、107
マツモトキヨシHD	213、234、248
マニー	53
マネックスグループ	261、263
マブチモーター	109
マルエツ	213、215
マルコ	230
マルサンアイ	63
マルシェ	75
マルハニチロHD	66、67、69
マルヤ	71、72
マンズワイン	61
マンダム	55
前沢工業	35
牧野フライス製作所	99
松井証券	261
松屋	221
丸井グループ	221、239
丸一鋼管	125
丸運	137
丸栄	47、221
丸順	105
丸全昭和運輸	137
丸善石油化学	19、20
丸大食品	59、66、67
丸文	243
丸紅	25、33、37、43、57、67、68、121、151、157、159、213、241、243、245、246、248
丸山製作所	25

【ミ】

ミクシィ	195、199
ミサワ	239
ミサワホーム	145、147
ミズノ	230
ミスミグループ本社	99、100、224
ミツウロコHD	157
ミツカングループ本社	63
ミツバ	106
ミツミ電機	109
ミニストップ	213、215、218
ミネベア	95、106、109
ミネルヴァHD	196、223
ミヤチテクノス	99、100
ミヨシ油脂	63
ミライアル	113
ミルボン	55
みずほFG	39、251、252、259、266、270
みずほ証券	259、260、270、271
ミヨシ油脂	64
みらかＨＤ	50
三城ＨＤ	231
三井海洋開発	91
三井化学	18、25、43、128、148、157、163
三井金属	107、122、128、155、163
三井情報	191
三井住友FG	39、42、187、251、252、255、259、264、266、268
三井住友海上火災	262、263
三井住友トラストHD	251、252、255
三井住友ファイナンス＆リース	42、252、264、265、268、269
三井製糖	68
三井生命	27
三井倉庫	137
三井造船	31、90、153、159、163
三井物産	31、33、50、67、122、139、191、213、223、225、241、245、265

274

企業索引

ヒューマンHD	166、169、173
ヒューリック	143
ヒラキ	225、231
ヒロセ電機	109
ぴあ	217
ひらまつ	70、73、171
比較.com	196
光ハイツ・ヴェラス	169
久光製薬	47、51
日立化成	21、163
日立金属	95、107、122、125、155
日立建機	37、92
日立工機	101
日立国際電気	113
日立住友重機械建機	93
日立製作所	31、33、37、43、78、83、84、89、90、93、96、101、102、107、111、125、151、152、155、159、161、191、260
日立造船	31、35、90、133、159
日立ツール	101
日立電線	122、125、155
日立ハイテクノロジーズ	113
日立物流	137、139
日立マクセル	163
日立メディコ	53
日野自動車	15、102、161
桧家HD	145
卑弥呼	231
兵機海運	133
平田機工	101

【フ】

ファーストリテイリング	43、44、114、226、233、248
ファーマフーズ	50
ファーマライズHD	235
ファナック	98、101、102
ファミリーマート	75、213、218、233、248
ファルコSD HD	50、235
ファルテック	104、106
ファンケル	55、225
フィールズ	184、203
フェイス	197、201
フェニックスリゾート	177、199
フェリシモ	225
フェローテック	102、113、157
フォード・モーター	13、14、161
フォスター電機	109
フォレストHD	241
フクダ電子	53
フコク	117
フジ	231
フジ・コーポレーション	237
フジ・メディアHD	192、201、204、210、225、230
フジクラ	107、123、155
フジタ	140、141、144、145
フジッコ	69、75
フジモトHD	241
フタバ産業	106
フマキラー	93、123
ブラザー工業	87、99
ブラップジャパン	207
フランスベッドHD	169
フリービット	197、209
ブリヂストン	95、116、128、157
プリマハム	66、67
フルキャストHD	173、184
フルスピード	209
ブルドックソース	63
ブルボン	65
プレサンスコーポレーション	145
プレス工業	106
プレナス	75
フレンドリー	73
ブロンコビリー	73
福留ハム	67
福山通運	137
富国生命	27
富士機械製造	99
富士機工	106
富士急行	177
富士重工業	10、13、15、94
富士精工	101
富士製薬工業	49
富士ソフト	191
富士通	78、81、82、102、112、161、190、197
富士通ゼネラル	81
富士通セミコンダクター	110、111
富士電機	35、97、111、123、153、157、159
富士フイルムHD	43、47、49、52、55、86、102
富士紡HD	115
不二越	101
不二サッシ	147
不二製油	49
不二家	59、65、68
藤久	231
藤田観光	133、171、181、184
扶桑化学工業	113
扶桑薬品工業	49
双葉電子工業	109
船井電機	80、81、85
古河機械金属	93、123
古河スカイ	122、123、260
古河電気工業	123、155、161
古河電池	123、161
文化シヤッター	147

【ヘ】

ベクトル	207
ベストブライダル	170、184
ベスト電器	232、233

日本通運	136、139、164、183
日本通信	187、210
日本テクシード	173
日本テレビHD	177、192、203、204、210
日本電気硝子	118、128
日本電工	163
日本電産	107、108、159
日本電子	39、113
日本電波工業	109
日本特殊陶業	106、159
日本トランスシティ	137
日本農薬	25
日本パーキング	175
日本パーカライジング	21
日本配合飼料	25、67、69
日本バイリーン	115
日本ハウズイング	175
日本ハム	66、67
日本ファルコム	195
日本風力開発	151、159
日本ブラスト	105
日本ペイント	21
日本マイクロニクス	113
日本マクドナルドHD	44、67、70
日本マニュファクチャリング	172
日本メナード化粧品	55
日本冶金工業	125
日本山村硝子	119
日本郵政	142、252
日本郵船	131、132、139、164
日本ユニシス	191
日本旅行	135、182、183
任天堂	109、184、198

【ネ】

ネオス	196
ネクスト	193、196
ネクソン	195、199
ネットプライス	195、209、223
ネットワンシステムズ	191
ネポン	25

【ノ】

ノーリツ	147、157
ノーリツ鋼機	89
ノエビアHD	55、76、225
ノジマ	233
ノバレーゼ	171、184
ノリタケカンパニー	101、106
野村HD	142、191、251、258、260
乃村工芸社	209
野村不動産HD	57、142、145
野村マイクロ・サイエンス	35

【ハ】

パーク24	137、142、174
ハークスレイ	75
ハーバー研究所	55
ハーモニック・ドライブ	101
パイオニア	81
バイタルケーエスケーHD	241
ハイビック	147
ハウステックHD	233
ハウス食品	39、62、63
パスコ	131
パスポート	239
パソナグループ	173、175、184
バッファロー	237
パナソニック	37、40、53、78、81、82、85、101、102、110、138、145、146、157、160、191
パナソニックIS	191
パナホーム	145、147
ハニーズ	229
ハピネス・アンド・ディ	231
ハピネット	199、243
パピレス	196
ハブ	71
ハマキョウレックス	137、138
パラカ	175
パラマウントベッドHD	169
バリューコマース	193、209
パル	229
パルコ	212、220、239
パレモ	217、229
バロー	57、235
パロマ	147
ハンズマン	147
バンダイナムコHD	179、184、199
パンチ工業	99
バンドー化学	117
はごろもフーズ	64、69
はせがわ	170、171
はるやま商事	230
博報堂DYHD	207、208、210
一建設	144、145
浜松ホトニクス	89
林兼産業	67、69
阪急阪神HD	135、143、181、183、201
阪和興業	243

【ヒ】

ピー・エム・エル	50
ビーエス三菱	141
ピープル	199
ピエトロ	63、73、76
ビオフェルミン製薬	51
ビジネス・ブレークスルー	167
ビジョン	55
ビックカメラ	232、233
ピックルスコーポレーション	75
ビッグローブ	197
ヒマラヤ	230
ビューティガレージ	223
ビューティ花壇	171

276

企業索引

企業名	ページ
なとり	69
内外トランスライン	133
内海造船	91
長瀬産業	243
永谷園	63
長野計器	89
中山製鋼所	39、125、151
名古屋鉄道	135、137
名村造船所	91
南海電気鉄道	135、171
南海プライウッド	147

【ニ】

企業名	ページ
ニコン	83、87、88、113
ニチアス	147
ニチイ学館	167、169、184
ニチコン	107、109、157、161
ニチゾウテック	91
ニチリョク	171
ニチリン	117
ニチレイ	67、69、76、137
ニッケ	115
ニッコウトラベル	183
ニッセイ	99
ニッセンHD	224、225
ニッタ	117
ニッパツ	106
ニトリHD	115、238、239、248
ニフコ	21、106
ニフティ	197、210
ニプロ	49、50、52、53、118
ニューフレアテクノロジー	113
新田ゼラチン	65
西川ゴム工業	117
西日本鉄道	135、139
西松屋チェーン	228、229
西亜化学工業	163
日医工	48、49
日油	21
日糧製パン	64
日和産業	25
日揮	30、31、35、37、53
日機装	35、53
日建設計	141
日産自動車	11、37、44、92、102、111、117、124、161、162
日産化学工業	21、25、49
日新	137、138、139
日清オイリオグループ	63、64
日信工業	105
日進工具	101
日清食品HD	64、65、76
日新製鋼HD	125、126
日新製糖	57、68
日清製粉グループ本社	39、62、64
日清紡HD	107、115、157、163
日水製薬	51、69
日精エー・エス・ビー機械	99
日精樹脂工業	99
日鉄鉱業	123、155
日エフシー	25
日東工器	101
日東電工	32、33、35、49、109、163
日東富士製粉	64
日東ベスト	69
日東紡	50、115
日本CMK	109
日本KFC	23、24、67、73
日本アジアグループ	131
日本板硝子	118、128、157
日本エスリード	143
日本エム・ディ・エム	53
日本エンタープライズ	197
日本カーボン	163
日本ガイシ	31、35、106、161
日本海洋掘削	132、133、149
日本化学工業	163
日本化薬	21、50
日本金属工業	125、126
日本空港ビルデング	131
日本ケアサプライ	169
日本軽金属HD	123、133
日本ケミカルリサーチ	49
日本ケミコン	109
日本ケミファ	49
日本航空	130、131、138
日本航空電子工業	95、109
日本合成化学工業	21
日本光電	53
日本コンクリート工業	119
日本梱包運輸倉庫	137
日本写真印刷	85
日本社宅サービス	174、175
日本車両製造	96、97、135
日本触媒	21
日本信号	97
日本新薬	49
日本水産	66、69
日本生活共同組合連合会	225
日本精機	105
日本精工	97、106、159
日本製鋼所	97、99、125、128、153、159
日本製紙	120、121、128、151
日本製粉	64
日本ゼオン	21、117、128、163
日本総合研究所	269
日本曹達	21、25
日本たばこ産業	42、61、69
日本タングステン	101
日本駐車場開発	174、175、177
日本調剤	234、235、248

277

帝人	49, 53, 95, 107, 114, 128, 197	東京ソワール	229
鉄人化計画	179	東京建物	143, 145, 175
電気化学工業	20, 119, 163	東京鉄鋼	125
電通	43, 206, 207, 208, 209, 210	東京デリカ	231
電通国際情報サービス	190, 207	東京電波	108, 109

【ト】

トーカイ	235	東京電力	150, 154, 158, 164, 189
トーカン	241	東京ドーム	177, 178, 184
トーホー	241	東光	108, 109
トーモク	121	東光高岳HD	151, 155
ドウシシャ	231	東光電気	151
ドクターシーラボ	54, 55, 225	東芝	15, 31, 35, 37, 38, 52, 78, 80, 82, 84, 89,
トクヤマ	21, 113, 119, 157		97, 107, 110, 151, 152, 157, 161
ドトール・日レスHD	73	東祥	56, 57
トナミHD	137	東ソー	19, 20, 35, 119, 162
トピー工業	107, 125	東燃ゼネラル石油	149, 164
トプコン	53, 89	東福製粉	64
トムス・エンタテインメント	202	東宝	143, 179, 201, 202, 205
トモシアHD	240, 241	東邦HD	49, 235, 241
トヨタ自動車	10, 13, 14, 15, 37, 81, 86,	東邦亜鉛	123
	102, 106, 110, 117, 125, 143, 145,	東邦ガス	151
	161, 162, 175, 207, 245, 246	東邦チタニウム	95, 123, 149
トヨタ紡織	105	東邦レマック	231
トライステージ	223	東北新社	209
トラスト・テック	173	東洋インキSC HD	21
トラストパーク	175	東洋エンジニアリング	30, 31
トランザクション	239	東洋機械金属	99
トランスコスモス	191, 223	東洋鋼鈑	125
トランスジェニック	50	東洋ゴム工業	116, 117
トリケミカル研究所	21	東洋水産	64, 69
ドリコム	193, 197, 199	東洋製缶グループＨＤ	123
トリドール	74	東洋精糖	68
トレンダーズ	196	東洋電機製造	97
トレンドマイクロ	210	東洋紡	32, 35, 50, 114, 128
ドワンゴ	192, 195, 199	東理ＨＤ	61
ドン・キホーテ	237, 238, 248	東レ	20, 32, 33, 35, 49, 94, 107,
東亞合成	21		114, 128, 163, 227
東映	179, 203, 205	東和薬品	49
東映アニメーション	202, 203	特種東海製紙	121
東栄住宅	145	戸田工業	163
東栄リーファーライン	133	凸版印刷	85, 157, 210
東海カーボン	108	巴川製紙所	121
東海ゴム工業	104, 107, 116	豊田合成	105
東海理化	105	豊田自動織機	43, 92, 93, 105
東急不動産	57, 143, 145, 177	豊田通商	43, 64, 69, 151, 245, 247, 248
東京インテリア家具	239	西島製作所	35
東京エレクトロン	112, 113		

【ナ】

東京応化工業	113	ナイガイ	230
東京海上HD	27, 29, 43, 262	ナイスクラップ	229
東京ガス	150, 158, 164	ナガイレーベン	53
東京急行電鉄	134, 143, 164, 177, 181, 239	ナガセ	57, 166, 167, 181
東京鋼鉄	125	ナカニシ	53
東京スタイル	229	ナノ・メディア	197
東京製鉄	125	ナノキャリア	50
東京精密	113	ナフコ	237
		ナブテスコ	95, 97, 101

278

企業索引

企業名	ページ
タカラトミー	39、199、203
タカラバイオ	23、50
タキヒヨー	229
タクトホーム	145
タクマ	31
ダスキン	73、169、225
タダノ	93
タチエス	106
タビオ	230
ダブル・スコープ	163
タマホーム	144、145
タムラ製作所	109
タムロン	89
タンガロイ	101
たびゲーター	183、193
第一興商	179、184、201
第一三共	40、46、49、51、76
第一屋製パン	64
大王製紙	121
大京	143、145、265
大建工業	146、147
大研医器	53
大幸薬品	51
大正製薬HD	49、51、76
大真空	109
大成建設	141
大創産業	233
大東建託	145
大同信号	97
大同特殊鋼	95、125
大同メタル	106
大日精化工業	21、128
大日本印刷	85、157、191、196、210
大日本スクリーン製造	113
大日本住友製薬	20、47、76
大豊工業	105
大鵬薬品工業	47、51
大陽日酸	21
大和	97
大和証券グループ	251、255、258
大和ハウス工業	57、137、140、144、147、151、161、162、164、177、237
太平工業	31
太平洋セメント	119、128、133
太陽HD	21
太陽工機	99
太陽誘電	105
高砂香料工業	21、55
高島屋	219、221、223、248
高松機械工業	99
高見沢サイバネティックス	97
宝HD	23、61
多木化学	25
滝沢ハム	67
竹内製作所	93
武田薬品工業	40、46、51、76
田中化学研究所	163
田中精密工業	105
田辺三菱製薬	20、47、76
田淵電機	109
丹青社	209

【チ】

企業名	ページ
チムニー	75
チャーム・ケア・コーポ	169
チヨダ	231
中越パルプ工業	121
中央発条	105
中外製薬	47、51、76
中京医薬	51
中国塗料	21
中部鋼鈑	125
中部飼料	25
駐車場総合研究所	175
蝶理	115、227、243
千代田化工建設	30、31

【ツ】

企業名	ページ
ツヴァイ	171、215
ツガミ	99
ツクイ	169、184
ツツミ	231
ツネイシHD	91
ツムラ	49、76
ツルハHD	235
月島機械	31、35
椿本チエイン	106

【テ】

企業名	ページ
テイ・エステック	104、105
ティア	171
ティアック	81
ティーライフ	225
テイク＆ギヴ・ニーズ	170、184
ディスコ	113
ディップ	196
ティムコ	230
ティラド	106
デクセリアルズ	39
テクノスジャパン	191
テクマトリックス	193
デサント	230
デジタル・アドバ（DAC）	208
デジタルアドベンチャー	197
デジタルガレージ	196、207
テラプローブ	111
デリカフーズ	75
テルモ	52、53
テレビ朝日	201、203、204、210
テレビ東京HD	204、210
テンアライド	75
デンソー	37、102、104
テンプHD	172、173、184

279

スカイマーク	130、131
スカパーJSAT HD	205
スギHD	235
スクウェア・エニックスHD	184、198
スクロール	225
スズキ	12、14、15、102、161
スズケン	241、242
スターゼン	67、241
スターツコーポレーション	175
スタートトゥデイ	196、223
スターバックスコーヒー	73、231、239
スターフライヤー	131、137
スタイライフ	223、224、239
スタッフサービスHD	172、173
スタンレー電気	106
ステップ	167
ステラケミファ	163
ストリーム	196、223、233
スペース	209
スリーエフ	213、218
スリープログループ	173
すてきナイスグループ	145、147
水道機工	35
住金物産	242、243
住友大阪セメント	119、153
住友化学	18、20、25、47、117、128
住友金属鉱山	122、123、128
住友軽金属工業	122、123、260
住友建機	93
住友ゴム工業	116、117
住友重機械工業	31、53、91、99、153
住友商事	33、42、68、151、159、188、205、213、241、245、246、252、264、269
住友精密工業	95、97、153
住友倉庫	137
住友電気工業	97、101、107、117、123、155
住友不動産	57、143、145、147、164
住友ベークライト	20、53
住友林業	23、145、147

【セ】

セーレン	107、115
セイコーHD	87
セイコーエプソン	87、88、101、109、111
セイノーHD	137
セガサミーHD	177、179、198、203
セキチュー	237
セキド	231、233
セコム	131、168、169、184
セシール	225、230
ゼット	230
セディナ	269
ゼビオ	231
セプテーニHD	195、209
セブン&アイHD	23、59、60、71、187、213、217、221、223、235、239、240、248、255
セブン銀行	217、254
セリア	232、233
ゼリア新薬工業	49、55
セルシード	50
セレスポ	174、175
ゼロ	137
センコー	137、138、139
ゼンショーHD	70、71、72
セントケアHD	169
セントラルスポーツ	56、57
セントラル硝子	118、119
生化学工業	49
積水化学工業	20、35、145、147
積水ハウス	144、147、164、180
石油資源開発	149、155
千趣会	171、224、225

【ソ】

ソースネクスト	193
ソケッツ	197
ソニー	37、38、42、52、78、80、82、84、87、88、102、111、160、197、198、200、202
ソニーフィナンシャルHD	27、255
ソフトバンク	42、156、186、193、210、259
そーせいグループ	50
総合メディカル	235
総合臨床HD	50
双日	68、131、243、245、247、248
象印マホービン	81
相鉄HD	135

【夕】

ダイエー	212、213、215
ダイキン工業	43、79、80、102、260
ダイジェット工業	101
ダイショー	63
ダイセル	21
ダイソー	21、50、163
ダイドードリンコ	61
ダイドーリミテッド	229
ダイナック	73
ダイナパック	121
ダイニチ工業	159
ダイハツ工業	13、15、102
ダイビル	133、143
ダイフク	131
ダイト	50
ダイヘン	101、113、155
ダイヤモンドパワー	151
ダイユーエイト	237
ダイヨシトラスト	175
ダイワボウHD	99、115
タカキタ	25
タカチホ	215、229
タカショー	237
タカタ	104、106
タカラスタンダード	147

280

企業索引

サトーHD	89
サトレストランシステムズ	74
サニーサイドアップ	201,209
サノヤスHD	91
サマンサタバサ	231,239,248
サン・ライフ	170,171
サンエー・インター	229
サンゲツ	147,243
サンケン電気	109,111
サンデー	215,237
サンデーサン	71
サンデン	106
サンドラッグ	235
サントリーHD	57,59,60,68,73,181,225
サンマルクHD	73
サンヨーホームズ	145
サンライズ	203
サンリオ	177
サンワドー	237
さいか屋	221
さが美	217,229
酒井重工業	93
堺化学工業	49
佐藤食品工業	63
札幌臨床検査センター	50,235
沢井製薬	48,49
燦HD	170,171
三桜工業	106,117
三愛石油	131,149,243
三機工業	31,35
三協立山	147
三光マーケティングフーズ	72,75
三信電気	243
三洋化成工業	21
三陽商会	229
三和HD	147
参天製薬	51
山九	31,137,138,139

【シ】

ジーエフシー	75
ジーテクト	105
ジーフット	215,231
シーボン	55
シーマ	231
ジーンズメイト	229
ジーンテクノサイエンス	50
ジェイ・パワーシステムズ	155
ジェイアイエヌ	228,231
ジェイグループHD	75
ジェイコムHD	173
ジェイテクト	97,105
ジェーシー・コムサ	69,71
シキボウ	115
シスメックス	53
シダー	169
シダックス	57,72,75,175,179,184
シチズンHD	89,99
シップヘルスケアHD	169,235
シノブフーズ	75
シベール	65
シミックHD	50,241
シャープ	42,79,80,82,84,87,102,156
シャディ	225
ジヤトコ	105
ジャパン・フード＆リカー	63
ジャパンケアサービス	169
ジャパンディスプレイ	37,81,84
ジャパンパイル	119
ジャパンフーズ	61
ジャパンマリンユナイテッド	90
ジャムコ	95
シャルレ	225,230
シュッピン	196,223
ジュピターテレコム	188,204
ジュンテンドー	237
ジョイフル	73
ショーワ	105
シンバイオ製薬	50
シンフォニアテクノロジー	95,97
シンプレクスHD	191
シンワアートオークション	196
しまむら	228,229
塩野義製薬	47,76
資生堂	54,55,76
芝浦メカトロニクス	113
島津製作所	31,53,86,89,95
島忠	237,239
蛇の目ミシン工業	89
上新電機	233
商船三井	132,139,143,164
松竹	179,200,201,203
城南進学研究所	167
常磐興産	39,177
松風	53
昭和産業	63,68
昭和シェル石油	44,149,151,157
昭和電工	19,20,109,123,128,163
昭和電線HD	155
信越化学工業	16,107,113,128
神鋼環境ソリューション	31
新川	113
新光電気工業	109
新日軽	147
新日鉄住金	20,31,95,97,113,123,124,125,126,127,133,155,191
新日本科学	50,155
新明和工業	35,93,95

【ス】

スーパーバリュー	237

協和発酵キリン	47、59、76、87	【コ】	
極東開発工業	31、93	コーエーテクモHD	199
極洋	69	コーセー	55、76
近畿車両	97	コーナン商事	25、237
近畿日本鉄道	135、137、164、180、181、183、221	コープケミカル	25
		ゴールドウィン	230
近鉄エクスプレス	133、137、139	コクヨ	225、239
近鉄百貨店	221	ココカラファイン	213、235
【ク】		ココスジャパン	71
クオール	213、235、241	コシダカHD	56、57、179
クオリカプス	20	コジマ	232、233
クスリのアオキ		コスモ・バイオ	50
クックパッド	193、196	コスモスイニシア	144、145
グッドマン	53、260	コスモス薬品	235
クボタ	25、31、35、92、93、102	コスモ石油	20、149、151、157、159、164
クラウディア	171	コタ	55
クラボウ	115	コックス	215、229
クラレ	21、35、37、90、115、128、157、163	コナカ	230
グリー	193、194、195、198、210	コナミ	57、175、184、199
グリーンランドリゾート	177	コニカミノルタ	87、88
クリエイトSD HD	235	コマツ	92、97、99、102
クリエートメディック	53	コメリ	25、236、237、248
クリップコーポレーション	167	ゴルフ・ドゥ	230
クリナップ	147	ゴルフダイジェスト	196、223
クルーズ	195	コロナ	81
クリムゾン	229	コロプラ	195、199
クレオ	193	コロワイド	70、71、72
クレハ	18、19、37、49、163	コンセック	101
グローリー	97	こころネット	171
クロス・マーケティング	196	湖池屋	64、65
クロスカンパニー	229	小糸製作所	97、105
クロスプラス	147	合同製鉄	125
グンゼ	57、85、115、230	鴻池運輸	137
くらコーポレーション	74	神戸製鋼所	31、93、95、97、113、123、124、127、128、243
ぐるなび	183、196		
熊谷組	141	幸楽苑	74
栗本鉄工所	125	国際石油開発帝石	148、149
桑山	231	極楽湯	179
【ケ】		小林製薬	51、55、76
ケーズHD	233	【サ】	
ケーヒン	105	ザ・パック	121
ゲームオン	199	サークルKサンクス	75、213、214、218
ケーヨー	237	サイゼリヤ	73
ケア21	169	サイバー・コミュニケーションズ	209
ケアサービス	169	サイバーエージェント	194、208
ケイブ	195、199	サイバーステップ	195、199
ゲオHD	179	サカイ引越センター	137
ゲンキー	235	サカタインクス	21
ケンコーコム	193、196、223、224	サカタのタネ	23、24
ケンコーマヨネーズ	63	サガミチェーン	74
京王電鉄	135、181	サクセスHD	166、167
京成電鉄	135、177	ササクラ	35
京阪電気鉄道	135、181	ザッパラス	197
京浜急行電鉄	135、181	サッポロHD	44、58、60、67
健康コーポレーション	223	サッポロドラッグストアー	235

282

企業索引

オストジャパングループ ……… 235
オハラ ……………………………… 119
オプト ……………………………… 209
オプトエレクトロニクス ………… 89
オムロン ………………… 53, 81, 89
オリエンタルランド ……… 176, 184
オリコン ……………………… 197, 218
オリックス … 43, 143, 145, 157, 261, 264
オリンパス ……… 52, 79, 80, 87, 88
オリンピック ……………………… 237
オルガノ ……………………… 20, 35
オルタステクノロジー …………… 85
オルトプラス ……………… 192, 195
オルビス …………………………… 225
オンキヨー ………………………… 81
オンコセラピー …………………… 50
オンリー …………………………… 230
オンワードHD …………………… 229
王子HD ………… 23, 120, 128, 151, 247
王将フードサービス ……………… 74
大泉製作所 ………………………… 89
大阪チタニウム ……… 95, 113, 123
大崎電気工業 …………………… 155
大塚HD ………… 46, 47, 51, 61, 76, 247
大塚家具 …………………………… 229
大塚商会 …………………… 191, 225
岡本製作所 ……………………… 239
岡本工作機械製作所 …………… 99
岡谷鋼機 ………………………… 243
岡山製紙 ………………………… 121
小田急電鉄 …………… 135, 141, 181
小野薬品工業 ……………………… 47
音通 ……………………………… 233

【カ】

カーピュー ……………………… 196
ガーラ ……………………… 195, 199
カイオム・バイオ ………………… 50
カイノス ……………………………… 50
カウネット ………………………… 225
カカクコム ………………… 193, 196, 207
カゴメ ……………… 23, 24, 39, 59, 63
カシオ計算機 …… 81, 83, 85, 89, 102
カッシーナ・イクスシー ………… 239
カッパ・クリエイトHD ……… 69, 74
カネカ ………………………… 21, 157
カネ美食品 ………………… 75, 217
カプコン ………………………… 199
カルソニックカンセイ ………… 105
カルナバイオサイエンス ………… 50
カルビー ……………………………… 63
カルピス ………………… 59, 60, 62, 63, 68
カルラ ……………………………… 75
カワチ薬品 ……………… 234, 235
カワニシHD ……………………… 243
カワムラサイクル ……………… 169

カンセキ ………………………… 237
ガンホー・オンライン …… 195, 199
かんぽ生命 ……… 26, 27, 29, 252, 253
花王 ……………………… 54, 55, 76
柿安本店 …………………………… 75
学情 ……………………… 172, 173, 205
科研製薬 …………………………… 49
河西工業 ………………………… 106
家族亭 ……………………… 74, 221
片倉工業 ……………………… 25, 93
片倉チッカリン …………………… 25
学校社 ……………………………… 50
学研HD ………………… 166, 167, 169
加藤産業 ………………… 241, 247
加藤製作所 ………………………… 93
兼房 ……………………………… 101
兼松 ……………………… 191, 245, 247
歌舞伎座 ………………… 200, 201
亀田製菓 …………………………… 65
河合楽器製作所 ………………… 81
川口化学工業 ……………………… 50
川崎汽船 ……………… 132, 133, 139, 164
川崎重工業 … 15, 31, 53, 90, 93, 94, 97, 101, 153, 159
川澄化学工業 ……………………… 53
川本産業 …………………………… 53
関西ペイント ……………………… 21

【キ】

キーエンス ………………………… 89
キーコーヒー …………… 61, 72, 73
キタムラ ………………………… 233
キッコーマン ……… 39, 61, 63, 66, 76
キッセイ薬品工業 ………………… 49
キッツ ……………………………… 57
キトー ……………………………… 93
キムラタン ……………………… 229
キヤノン ……… 37, 44, 53, 83, 86, 111, 113
ギャバン …………………………… 63
キャリアデザインセンター …… 196
キャリアリンク ………………… 196
キャンドゥ ……………… 233, 248
キャンパス ………………………… 50
キユーピー ………… 23, 39, 63, 137
キョーリン製薬HD ………… 47, 115
キリンHD ……… 40, 44, 47, 53, 58, 68
キリン堂 ………………………… 235
キング ……………………………… 229
きちり ……………………………… 75
北の達人コーポレーション …… 223
鬼怒川ゴム工業 ……………… 105, 117
共栄タンカー …………………… 133
京三製作所 ………………………… 97
京セラ …… 83, 87, 101, 108, 156, 159, 189
協立情報通信 …………………… 191
共立メンテナンス …………… 174, 175

283

	231、235、237、239、240、248、255
イズミ	213、248
イズミヤ	213
イデアインターナショナル	239
イトーキ	239
イナリサーチ	50
イハラケミカル工業	25
イビデン	31、109
イマージュHD	225
イマジニア	197
インスペック	113
インタースペース	209
インデックス	195、199
インフォコム	191、197
いすゞ自動車	14、15、102、161
いなげや	215
医学生物学研究所	50
石塚硝子	119
石原産業	21、25
伊勢化学工業	119
井関農機	25、93
市光工業	106
市進HD	167
壱番屋	63、74
一休	183、196
出光興産	18、25、148、155、159、163、164
伊藤園	60、61、73、76
伊藤忠エネクス	243
伊藤忠商事	15、33、37、43、53、59、
	61、63、64、67、68、163、175、191、197、208、
	209、213、227、230、241、243、245、271
伊藤忠食品	240、241
伊藤ハム	63、67
井村屋グループ	65
岩崎電気	147
岩谷産業	243
岩塚製菓	65

【ウ】

ヴィアHD	75
ウィザス	167
ヴィレッジヴァンガード	239
ウェアハウス	179
ウェザーニューズ	196
ウエストHD	157
ウェブクルー	196
ウエルシアHD	215、235
ウォーターダイレクト	35、225
ウチヤマHD	169、179
ウッドワン	147
内田洋行	239、243
宇部興産	20、50、95、117、119、163

【エ】

エーザイ	46、47、51、76
エージービー	131
エースコック	64
エア・ウォーター	21、67、128
エイアンドティー	50
エイアンドエフ	91
エイチーム	171、195、199
エイチワン	105
エイティング	195、199
エイベックス	184、187、195、200
エキサイト	197
エクセディ	106
エコミック	175
エス・エム・エス	196
エス・バイ・エル	145、233
エスエス製薬	51
エスクリ	171
エステー	55
エスビー食品	63
エスフーズ	67
エックスネット	191
エディオン	233、248
エニグモ	197、223
エバラ食品工業	63
エフ・シー・シー	105
エフテック	105
エムアップ	196
エムスリー	197
エムティジェネックス	175
エリアリンク	174、175
エルピーダメモリ	110、111
エン・ジャパン	196
エンシュウ	99
エンチョー	237
栄研化学	50
栄光HD	166、167
駅探	196
江崎グリコ	55、65、68
荏原	31、35

【オ】

オーウイル	61
オーエス	179
オーエムツーネットワーク	67
オークファン	192、196
オークマ	99
オークワ	235
オーケー食品工業	64
オーデリック	81
オートウェーブ	237
オートバックスセブン	237
オーナミ	91、133
オーバル	89
オービック	191
オールアバウト	196
オイシックス	223
オイレス工業	106
オエノンHD	61
オカモト	51、107、117

284

企業索引

SCSK ··· 191
SG HD ···························· 137、138、139、223
SmartEbook.com ····························· 196
SMK ··· 109
SUMCO ················ 38、39、113、123、156、157

【T】
TAC ··· 167
TBS HD ················ 192、204、205、210、239
TDK ································ 107、108、109、163
THK ·· 99、116、169
TOTO ······································ 146、147
TPR ··· 106
TSI HD ·· 229

【U】
UBIC ······································ 174、175
UCC HD ································ 61、73、225
UCOM ·· 189
UMNファーマ ···································· 50
UT HD ·· 173

【W】
WDB HD ··· 173
WDI ·· 73
WOWOW ·· 205

【ア】
アークランドサカモト ··············· 236、237
アース製薬 ······························ 47、55
アーネストワン ································· 145
アールテック・ウエノ ······················· 49
アイ・ケイ・ケイ ································· 171
アイエーグループ ·························· 237
アイシン精機 ·························· 105、159
アイスタイル ···································· 196
アイセイ薬局 ································· 235
アイダエンジニアリング ··················· 99
アイディホーム ································· 145
アイビー化粧品 ································· 55
アイフリーク ····································· 197
アイリスオーヤマ ················ 81、236、237
アイレップ ······································· 209
アイロムHD ···································· 173
アインファーマシーズ ············ 213、235
アウトソーシング ······························ 173
アエリア ································ 195、199
アクセルマーク ························ 195、209
アクトス ·· 57
アコーディア・ゴルフ ················ 177、178
アサツーディ・ケイ ···············197、208、210
アサヒグループHD ····· 40、41、42、44、55、
58、63、66、68
アシックス ······································· 230
アジュバンコスメジャパン ················· 55
アスカネット ···································· 197
アスクル ···························· 193、194、223、224
アステラス製薬 ························ 46、47、76
アズビル ································· 88、89

アスモ ··· 75
アスラポート・ダイニング ·················· 71
アタカ大機 ······························· 35、91
アダストリアHD ····························· 228
アツギ ··· 230
アップ ··· 167
アドアーズ ······································· 179
アドヴァン ······································· 147
アドウェイズ ···························· 208、209
アドバンテスト ································ 113
アトム ··· 71
アニコムHD ····································· 263
アプライド ····································· 233
アフラック ·· 26
アプリックスIP HD ························· 195
アマガサ ··· 231
アマダ ·································· 99、100
アミタHD ··· 31
アミューズ ······································· 201
アリアケジャパン ······························ 63
アルパイン ······································· 81
アルバック ································ 39、113、157
アルプス技研 ·································· 173
アルプス電気 ··························· 81、109
アルフレッサHD ······················ 241、242
アルペン ································ 57、230
あさひ ···································· 230、237
あすか製薬 ····································· 49
あらた ·· 241
愛眼 ··· 231
愛三工業 ······································· 105
愛知製鋼 ·································· 105、125
青山商事 ······················· 226、230、248
曙ブレーキ工業 ························ 97、106
旭化成 ·············· 18、32、43、49、52、114、
117、128、145、147、163
旭硝子 ····················· 44、50、118、157、163
旭精機工業 ······································ 95
旭ダイヤモンド工業 ························ 101
朝日インテック ································ 125
朝日工業 ································ 25、125
味の素 ············ 39、48、49、55、62、63、
64、66、67、68、69、76
阿波製紙 ·· 121

【イ】
イー・アクセス ······················· 186、189
イー・ガーディアン ·························· 196
イーグル工業 ························· 106、117
イーデザイン ·································· 263
イートアンド ····································· 74
イービーエス ··································· 50
イーブックイニシアティブ ················ 196
イエローハット ································· 237
イオン ··············· 23、43、44、171、178、212、
214、215、216、219、220、221、229、

企業索引

【A】
- ABCマート ······ 43、228、231
- ADEKA ······ 21
- ANA HD ······ 37、130、138、139、164、181
- AOC HD ······ 148、149
- AOKI HD ······ 171、179、230
- As-meエステール ······ 231

【B】
- BPカストロール ······ 149
- B-Rサーティワン ······ 65、68、73

【C】
- CAC ······ 191
- CFSコーポレーション ······ 213、235
- CVSベイエリア ······ 218

【D】
- D&M HD ······ 81
- DAC ······ 208、209
- DCM HD ······ 25、237
- DeNA ······ 193、194、198、209、210、223
- DIC ······ 21、57、152
- DNAチップ研究所 ······ 50
- DOWA HD ······ 31、123、128
- DTS ······ 190、191

【E】
- EMシステムズ ······ 235
- enish ······ 195、199

【F】
- F&AアクアHD ······ 231
- FDK ······ 161

【G】
- G-7HD ······ 237
- GMOインターネット ······ 197、209
- GSユアサコーポレーション ······ 160

【H】
- H2Oリテイリング ······ 74、221
- HIS ······ 164、176、177、182、183
- HOYA ······ 53、87、102、119

【I】
- IBJ ······ 195
- IDEC ······ 157
- IGポート ······ 203
- IHI ······ 31、90、93、94、107、153、156、161
- IIJ ······ 187
- ISID ······ 191、207
- IT HD ······ 191

【J】
- J-オイルミルズ ······ 63
- J.フロント ······ 212、220、239、248
- JAL ······ 39、130、137、139、164、260
- JALUX ······ 131
- JBCC HD ······ 191
- JBイレブン ······ 74
- JFE HD ······ 31、90、111、125、126、127、128、155、163、191、242
- JMS ······ 53
- JP HD ······ 166、167
- JR東海 ······ 96、134、143、164、221
- JR西日本 ······ 97、131、135、164、183、221
- JR東日本 ······ 57、71、97、134、135、143、143、164、181、183、207、221
- JSR ······ 21、50、116、117、163
- JT ······ 42、49、61、69、76、186
- JTB ······ 182、183、193、204
- JUKI ······ 89、101
- JVCケンウッド ······ 81、201
- JX HD ······ 95、123、143、148、151、155、156、159、163、164
- Jパワー ······ 151、159

【K】
- KDDI ······ 156、187、188、205、210、255
- KI HD ······ 95
- KNT-CT HD ······ 38、39、182、183
- KYB ······ 95、97、106、

【L】
- LIXILグループ ······ 146、147、237

【M】
- MonotaRO ······ 223
- MrMax ······ 237
- MS&AD HD ······ 27、29、262、263
- MTI ······ 197
- MUTOH HD ······ 89

【N】
- NEC ······ 78、81、82、85、89、94、111、138、161、162、191、197、265
- NJK ······ 191
- NOK ······ 35、106、117
- NPC ······ 157
- NSD ······ 191
- NTN ······ 97、106、159
- NTT ······ 142、151、157、187、191、210
- NTTドコモ ······ 81、186、196、198、201、210、218、223、224、225、269、271

【O】
- OKI ······ 89、111
- OKK ······ 99
- OSG ······ 101
- OSGコーポレーション ······ 35

【P】
- P&P HD ······ 173
- Paperboy&co. ······ 197
- PGM HD ······ 177、178
- PLANT ······ 237

【S】
- SANKYO ······ 184
- SBI HD ······ 255、261
- SBS HD ······ 137

286

ビジネスリサーチ・ジャパン―代表・鎌田正文。週刊誌や月刊誌、ネットマガジンなどを中心に執筆。チームを組んで個々の企業から経済全般まで分析・取材。ビジネスに役立つ数値の見方や、先を読む力がつく情報を収集・発信し続けている。

近著に『図解 儲けの秘密がよくわかる本』(PHP研究所)、『図解 これから伸びる企業が面白いほどわかる本』(新人物往来社)、『図解 人気外食店の利益の出し方』(講談社＋α文庫)などがある。

講談社＋α文庫 図解 早わかり業界地図2014

ビジネスリサーチ・ジャパン

©Business Research Japan 2013

本書のコピー、スキャン、デジタル化等の無断複製は著作権法上での例外を除き禁じられています。本書を代行業者等の第三者に依頼してスキャンやデジタル化することは、たとえ個人や家庭内の利用でも著作権法違反です。

2013年6月20日第1刷発行

発行者	鈴木 哲
発行所	株式会社 講談社
	東京都文京区音羽2-12-21 〒112-8001
	電話 出版部(03)5395-3529
	販売部(03)5395-5817
	業務部(03)5395-3615
デザイン	鈴木成一デザイン室
本文データ制作	慶昌堂印刷株式会社
カバー印刷	凸版印刷株式会社
印刷	慶昌堂印刷株式会社
製本	株式会社国宝社

落丁本・乱丁本は購入書店名を明記のうえ、小社業務部あてにお送りください。
送料は小社負担にてお取り替えします。
なお、この本の内容についてのお問い合わせは
生活文化第二出版部あてにお願いいたします。
Printed in Japan ISBN978-4-06-281520-8
定価はカバーに表示してあります。

講談社+α文庫 ビジネス・ノンフィクション

世界と日本の絶対支配者ルシフェリアン

ベンジャミン・フルフォード

著者初めての文庫化。ユダヤでもフリーメーソンでもない闇の勢力…次の狙いは日本だ！

695円
G
232-1

「3年で辞めさせない！」採用

樋口弘和

膨大な費用損失を生む「離職率が入社3年で3割」の若者たちを、戦力化するノウハウ

600円
G
233-1

管理職になる人が知っておくべきこと

内海正人

伸びる組織は、部下に仕事を任せる。人事コンサルタントがすすめる、裾野からの成長戦略

638円
G
234-1

IDEA HACKS!
今日スグ役立つ仕事のコツと習慣

小山龍介

次々アイデアを創造する人の知的生産力を高める89のハッキング・ツールとテクニック！

733円
G
0-1

TIME HACKS!
劇的に生産性を上げる「時間管理」のコツと習慣

小山龍介

同じ努力で3倍の効果が出る！創造的な時間を生み出すライフハッカーの秘密の方法!!

733円
G
0-2

STUDY HACKS!
楽しみながら成果が上がるスキルアップのコツと習慣

小山龍介

無理なく、ラクに続けられる。楽しみながら勉強を成果につなげるライフハックの極意！

733円
G
0-3

整理HACKS!
1分でスッキリする整理のコツと習慣

小山龍介

何も考えずに、サクサク放り込むだけ。データから情報、備品、人間関係まで片付く技術

733円
G
0-4

図解 人気外食店の利益の出し方

ビジネスリサーチ・ジャパン

マック、スタバ……儲かっている会社の人件費、原価、利益、就職対策・企業研究に必読！

648円
G
235-1

図解 早わかり業界地図2014

ビジネスリサーチ・ジャパン

あらゆる業界の動向や現状が一目でわかる！250社の最新情報をどの本より早くお届け！

590円
G
235-2

すごい会社のすごい考え方

夏川賀央

グーグルの奔放、IKEAの厳格……選りすぐった8社から学ぶ逆境に強くなる術！

619円
G
236-1

*印は書き下ろし・オリジナル作品

表示価格はすべて本体価格（税別）です。本体価格は変更することがあります